高等院校财经类专业系列教材

互联网金融实务

主　编　李鸿昌　范实秋
副主编　李　慧　张　燕
　　　　张　丽　王文杰

南京大学出版社

图书在版编目(CIP)数据

互联网金融实务 / 李鸿昌,范实秋主编. — 南京:
南京大学出版社,2017.6(2020.8 重印)
普通高等院校"十三五"规划教材. 金融专业
ISBN 978 - 7 - 305 - 18609 - 7

Ⅰ. ①互… Ⅱ. ①李… ②范… Ⅲ. ①互联网络—应
用—金融—高等学校—教材 Ⅳ. ①F830.49

中国版本图书馆 CIP 数据核字(2017)第 099739 号

出版发行　南京大学出版社
社　　址　南京市汉口路 22 号　　　　邮编　210093
出 版 人　金鑫荣

丛 书 名　普通高等院校"十三五"规划教材·金融专业
书　　名　互联网金融实务
主　　编　李鸿昌　范实秋
责任编辑　胡晓爽　蔡文彬　　　　编辑热线 025 - 83592123

照　　排　南京开卷文化传媒有限公司
印　　刷　虎彩印艺股份有限公司
开　　本　787×1092　1/16　印张 15.75　字数 393 千
版　　次　2017 年 6 月第 1 版　　2020 年 8 月第 3 次印刷
ISBN　978 - 7 - 305 - 18609 - 7
定　　价　39.00 元

网　　址:http://www.njupco.com
官方微博:http://weibo.com/njupco
官方微信号:njupress
销售咨询热线:(025)83594756

前　言

近年来,互联网金融业迅速崛起。截至 2015 年底,中国互联网金融市场规模达到 12 万亿—15 万亿元,占 GDP 近 20%。互联网金融用户人数超过 5 亿,成为世界第一。其中,P2P 网贷交易额达数千亿元,第三方支付交易额超过 10 万亿元,均全球领先。第三方支付、P2P 网货、宝宝类产品等已经成了大众投融资和日常消费的必要手段。

2015 年 1 月 4 日,国务院总理李克强率财政部、银监会、证监会等部委一把手视察深圳前海微众银行,并希望互联网金融银行用自己的方式倒逼传统金融机构改革,同时与传统金融机构融为一体,互相合作,共同实现"普惠金融"。2015 年 3 月政府报告中,李克强总理首次提出了"互联网+"行动计划,其中"互联网+金融"再次成为热议焦点。2015 年 3 月,银监会普惠金融部召集会议,公布了较为完整的 P2P 监管文件,其中不仅对 P2P 提出了 3 000 万元注册资本门槛限制,更提出对 P2P 必须实行杠杆管理。

2015 年 7 月 18 日,央行等十部委发布《关于促进互联网金融健康发展的指导意见》,明确规定一行三会分别对互联网金融七大业态领域进行监管,央行监管互联网支付,银监会监管网络借贷、互联网信托和互联网消费金融,证监会监管股权众筹融资和互联网基金销售,保监会监管互联网保险。

目前,互联网金融业正从单纯的支付业务向转账汇款、跨境结算、小额信贷、现金管理、资产管理、供应链金融、基金和保险代销、信用卡还款等传统银行业务领域渗透,在金融产品和服务方面的创新弥补了传统金融业的不足。

传统金融行业与互联网结合正成为助推经济发展的新生力量,互联网牵手金融业可谓大势所趋。国内银行、券商、基金、保险等金融巨头纷纷利用互联网拓展传统业务,将会出现更多互联网企业与金融业结合的案例。

互联网金融如日中天的同时,问题和风险也逐渐暴露,P2P 逾期跑路现象屡见不鲜,众筹、第三方支付等问题层出不穷,传统金融机构互联网化和移动化转型迫在眉睫,实践上亟需一部教程;教育部为此设立了新的互联网金融专业目录。基于此,郑州财经学院互联网金融学院组织编写了《互联网金融实务》教材。

本教材共 12 章,对互联网金融的发生和发展趋势,对网络借贷、互联网支付、众筹、互联网基金、信托、保险和互联网消费金融、供应链金融等进行了介绍,对互联网金融风险、投资人保护和监管进行了全面阐述,并对传统金融机构的信息化、大数据应用、互联网金融平台等展开了深入探讨,是财经专业学生的基本教材,也是金融机构、投资者、互联网金融从业和创业者的参考读物。

本教材由李鸿昌、范实秋担任主编,李慧、张燕、张丽、王文杰担任副主编,李景航、刘清源、朱苗苗、钱素娟、胡巧玲、王雪垠、杨贵仓参与编写;郑州财经学院校长李鸿昌教授确定了教材大纲和写作思路,并进行了全书的总纂。

互联网金融本身是个新生事物,本教材的顺利出版要感谢郑州财经学院、郑州大学、厦门华夏学院等相关院校领导的大力支持,要感谢各位编写人员的辛勤劳动,还要感谢南京大学出版社领导和编辑老师对本教材的支持与编审工作。在此一并表示深深的谢意。

本教材在编写的过程中广泛参考了多位专家、学者、同仁的研究成果,借鉴了有关教材的部分内容,利用了各种媒体所提供的资料,书中未一一列出,在此一并向有关作者表示衷心的感谢。由于编者学识水平和能力有限,本教材内容肯定有不足之处,书中的谬误和疏忽在所难免,敬请广大读者批评指正,以利今后丰富完善。

李鸿昌

2017 年 5 月日

课件 PPT

目　录

第一章 互联网金融概论

 **本章内容**

 **学习目标**

——**知识目标**

了解互联网金融产生的背景,理解互联网金融的本质、理论基础,熟悉互联网金融的主要模式。

——**能力目标**

根据互联网金融的本质和理论,观察和判断现实运营的互联网金融机构的经营模式、发展趋势。

互联网金融决战已来

2015 年,国内互联网金融行业进入全新发展阶段,未来大量中小互联网金融创业平台将消失,市场开始出现寡头效应。特别是近期国家十部委联合发布了《关于促进互联网金融健康发展的指导意见》,意味着国家监管已成常态,野蛮生长时期彻底结束,各大互联网金融平台进入了最后的决战阶段。

资本助力互联网金融创业公司"枪炮上膛"

目前,国内互联网金融行业的广阔市场空间已经被互联网巨头、国内国际资本、互联网创业者等各方势力占据,未来几年,互联网金融行业里必然会诞生数家几十亿甚至几百亿美元以上的"独角兽"公司。而这个巨大市场潜力也吸引了众多的参与者,目前主要有三大派系的玩家:一派是互联网巨头派,主要有阿里巴巴、腾讯、京东等;另一派是银行系,主要有民生易贷、陆金所等;最后一派是创业派,主要有战富、人人贷、积木盒子等。

在即将诞生的互联网金融行业"独角兽"中,阿里、腾讯等互联网巨头必有一席之地,陆金所、民生易贷等也可能跻身其中,最大的变数来自包括玖富在内数十家互联网金融创业公司。过去几年里,国内有数十家互联网金融公司获得巨额融资,如今年 4 月刚刚宣布获得 1.1 亿美金的玖富、2015 年获得 8 400 万美元融资的积木盒子等,还有数家在近年获得数千万元融资的互联网金融创业公司。这些获得资本支持的互联网金融企业无疑具有了继续留在市场里搏杀的资格,另外一些遭遇资本断供的互联网金融创业公司将不得不退出竞争舞台。

资料来源:瑞莱观点 2015 - 07 - 26　　http://it. sohu. com/20150726/n417553097. shtml

第一节　互联网金融的定义

一、互联网

互联网(internet),又称网际网络,或音译为因特网,是网络与网络之间串连成的庞大网络,这些网络以一组通用协议相连,形成逻辑上的单一巨大国际网络。通常 internet 泛指互联网,而 Internet 则特指因特网。这种将计算机网络互相连接在一起的方法称作"网络互联",在此基础上发展出的全球性互联网络称互联网,即互相连接在一起的网络结构。互联网并不等同万维网,万维网只是一个基于超文本链接的全球性系统,是互联网提供的服务之一。

中国共产党第十八届中央委员会第五次全体会议于 2015 年 10 月 26 日至 29 日在北京举行。全会提出,拓展新空间,形成沿海沿江沿线经济带为主的纵向横向经济轴带,培育壮大若干重点经济区,实施网络强国战略,实施"互联网＋"行动计划,发展分享经济,实施国家大数据战略。

因特网 1969 年始建于美国,美军在 ARPA(美国国防部研究计划署)制定的协定下,首先用于军事连接,后将美国西南部的加利福尼亚大学洛杉矶分校、斯坦福大学研究学院、加利福尼亚大学和犹他州大学的四台主要的计算机连接起来。这个协定由剑桥大学的 BBN 和 MA执行,1969 年 12 月开始联机。

这个网络中有交换机、路由器等网络设备,各种不同的连接链路,种类繁多的服务器和数不尽的计算机、终端。使用互联网可以将信息瞬间发送到千里之外的人手中,它是信息社会的基础。

1978 年,UUCP(UNIX 和 UNIX 拷贝协议)在贝尔实验室被提出来,1979 年,在 UUCP的基础上新闻组网络系统发展起来。新闻组(集中某一主题的讨论组)紧跟着发展起来,为在全世界范围内交换信息提供了新方法。然而,新闻组并不是互联网的一部分,因为它并不共享TCP/IP 协议,它连接着遍布世界的 UNIX 系统,并且很多互联网站点都充分地利用新闻组。新闻组是网络世界发展中非常重大的一部分。

1989 年发明出第一个检索互联网的成就,由 Peter Deutsch 及其全体成员为 FTP 站点建立了档案,命名为 Archie。这个软件能周期性地到达所有开放的文件下载站点,列出它们的文件并且建立可以检索的软件索引。

　　当时 Thinking Machines(智能计算机公司)发明了 WAIS(广域信息服务),能够检索一个数据库下所有文件和允许文件检索。根据复杂程度和性能情况不同有很多版本,最简单的可以让网上的任何人利用。在它的高峰期,智能计算机公司维护着全世界范围内能被 WAIS 检索的超过 600 个数据库的线索。包括所有的在新闻组里的常见问题文件和所有的正在开发中的用于网络标准的论文文档等。

　　1989 年,蒂姆·伯纳斯和其他欧洲粒子物理实验室的人提出了分类互联网信息的协议。1991 年后,这个协议被称为 WWW(World Wide Web),即基于超文本协议连接的系统,阅读这些页面的时候,可以随时用他们选择一段文字链接。

　　由于最开始互联网是由政府投资建设的,所以最初只限于研究部门、学校和政府部门使用,其他的商业行为是不允许的。20 世纪 90 年代初,独立的商业网络开始发展起来,使得从一个商业站点发送信息到另一个商业站点而不经过政府资助的网络中枢成为可能。

　　1991 年,第一个连接互联网的友好接口在明尼苏达大学开发出来。当时学校只是想开发一个简单的菜单系统通过局域网访问学校校园网上的文件和信息。紧跟着,大型主机的信徒和支持客户—服务器体系结构的拥护者们的争论开始了。客户—服务器体系结构的倡导者们很快做出了先进的示范系统 Gopher。Gopher 非常好用,之后几年里全世界范围内出现10 000 多个 Gopher。它不需要 UNIX 和计算机体系结构的知识。在一个 Gopher 里,只需要敲入一个数字,选择你想要的菜单选项即可。今天可以用明尼苏达大学的 Gopher 选择全世界范围内所有 Gopher 系统。

(一) 运行原理

　　计算机网络是由许多计算机组成的,要实现计算机之间传输数据,必须做两件事,数据传输目的地址和保证数据迅速可靠传输的措施,因为数据在传输过程中很容易丢失或传错,Internet 使用专门的计算机语言(协议),以保证数据安全、可靠地到达指定的目的地,这种语言分两部 TCP(Transmission Control Protocol 传输控制协议)和 IP (Internet Protocol 网间协议)。TCP/IP 协议的数据传输过程:TCP/IP 协议采用的通信方式是分组交换。就是数据在传输时分成若干段,每个数据段称为一个数据包,TCP/IP 协议的基本传输单位是数据包,两个协议可以联合使用,也可以与其他协议联合使用。

　　互联网在现实生活中应用很广泛,可以聊天、玩游戏、查阅东西等,更重要的是还可以进行广告宣传和购物。互联网给现实生活带来很大方便。网民在互联网上可以在数字知识库里寻找自己学业上、事业上的所需,从而帮助自己工作与学习。一些人利用互联网为自己的产品宣传,促进了一些新兴行业的诞生,例如网络营销等。互联网日益影响着我们的生活,我们也因此获得更大的改变。

　　互联网应用模式分为网络信息获取应用模式、电子商务应用模式、网络交流互动应用模式、网络娱乐应用模式和电子政务应用模式。互联网应用模式包含的一、二级应用模式见表 1-1。

表 1 - 1　网络应用模式的体系结构

一级应用模式	二级网络应用模式
（信息需求） 网络信息获取应用模式	网络新闻模式
	搜索引擎模式
	信息分类模式
	信息聚合模式
	知识分享模式
（交易需求） 电子商务应用模式	B2B　B2C C2C　O2O
（交流需求） 网络交流互动应用模式	即时通信模式
	个人空间模式
	社交网络模式
	网络论坛模式
（娱乐需求） 网络娱乐应用模式	网络游戏模式
	网络文学模式
	网络视频模式
（办公需求） 电子政务应用模式	G2G 电子政务模式
	G2E 电子政务模式
	G2B 电子政务模式
	G2C 电子政务模式

　　网络信息获取应用模式又细分为网络新闻模式、搜索引擎模式、信息分类模式、信息聚合模式和知识分享模式；电子商务应用模式细分为 B2B 电子商务模式、B2C 电子商务模式、C2C 电子商务模式和 O2O 电子商务模式；网络交流互动应用模式细分为即时通信模式、个人空间模式、网络社交模式、网络论坛模式；网络娱乐应用模式细分为网络游戏模式、网络文学模式、网络视频模式。

　　互联网互通是全球性的，是属于全人类的。互联网结构是按照"包交换"的方式连接的分布式网络，因此，在技术层面上，互联网绝对不存在中央控制问题，也就是说，不可能存在某个国家或者某个利益集团通过某种技术手段控制互联网的问题，反过来，也无法把互联网封闭在一个国家之内。这样一个全球性网络，必须有某种方式确定联入其中的每一台主机。在互联网上绝对不能出现类似两个人同名的现象，这就要有固定的机构为每台主机确定名字，由此确定这台主机在互联网上的"地址"。这仅仅是"命名权"，这种确定地址的权力并不意味着控制的权力。负责命名的机构除了命名之外，不能做更多的事情。

　　这个全球性网络也需要有个机构制定所有主机都必须遵守的交往规则（协议），否则就不可能建立起全球所有不同的电脑、不同的操作系统都能通用的互联网，下一代 TCP/IP 协议将对网络上的信息等级进行分类，以加快传输速度（比如，优先传送浏览信息，而不是电子邮件信息），就是这种机构提供的服务。这种制定共同遵守的"协议"的权力，也不意味着控制的权力。

互联网的这些技术特征说明,互联网的管理仅与"服务"有关,而与"控制"无关。

互联网还远远不是"信息高速公路"。不仅因互联网的传输速度不够,更重要的是互联网还没有定型,还在发展、变化。因此,任何对互联网的技术定义也只是当下的、现时的。

在越来越多的人加入到互联网、越来越多地使用互联网的过程中,也会不断地从社会、文化的角度对互联网的意义、价值和本质提出新的理解。

G20 中的发达国家互联网年增长 8%,对 G20 的 GDP 贡献率将达 5.3%,发展中国家增长率高达 18%,2010—2016 年 G20 的互联网经济将近翻番,增加 3 200 万个就业机会。

互联网的出现固然是人类通信技术的一次革命,但仅仅从技术角度理解互联网的意义远远不够,互联网的发展早已超越了当初的军事和技术目的,几乎从一开始就是为人类交流服务的。

把网络看成电脑之间的连接是不对的,网络把使用电脑的人连接起来了。互联网的最大成功不在于技术层面,而在于对人的影响。电子邮件对于电脑科学来说不是重要的进展,对于人们的交流则是一种全新的方法。互联网的持续发展对所有人都是技术上的挑战,可是我们永远不能忘记给更大的电脑群体带来的巨大变化,不能忘记为将来的变化所拥有的潜力。从互联网的发展过程看,网络就是传媒,互联网是一个能够相互交流沟通,相互参与的互动平台。

(二)优缺点

基本优点:不受空间限制进行信息交换;信息交换具有时域性(更新速度快);交换信息具有互动性(人与人,人与信息之间可以互动交流);信息交换的使用成本低(通过信息交换,代替实物交换);信息交换的发展趋向于个性化(容易满足每个人的个性化需求);使用者众多;有价值的信息被资源整合,信息储存量大、高效、快速;信息交换能以多种形式存在(视频、图片、文字等)。

主要缺点:虚假信息、网络欺诈、病毒与恶意软件、色情与暴力、网瘾、数据丢失、网络爆红、阴谋论、过于公开、过于商业化、黑客攻击。例如,服装店主蔡某怀疑一女孩是小偷,将其照片发到了网络上,让网友对其发起"人肉搜索"。结果,广东省陆丰市高中女生琪琪个人隐私曝光,不堪忍受,投河身亡。

(三)中国状况

中国互联网已经形成规模,互联网应用走向多元化。互联网越来越深刻地改变着人们的学习、工作以及生活方式,甚至影响着整个社会进程。截至 2015 年 12 月,中国网民规模达到 6.88 亿人,互联网普及率达到 50.3%,中国居民上网人数已过半。其中,2015 年新增网民 3 951 万人,增长率为 6.1%,较 2014 年提升 1.1 个百分点,网民规模增速有所提升。手机网民规模达 6.20 亿人,90.1% 的网民通过手机上网。只使用手机上网的网民达到 1.27 亿人,占整体网民规模的 18.5%。

2015 年,基础应用、商务交易、网络金融、网络娱乐、公共服务等个人应用发展日益丰富,其中,手机网上支付增长尤为迅速。截至 2015 年 12 月,手机网上支付用户规模达到 3.58 亿,增长率为 64.5%,网民使用手机网上支付的比例由 2014 年底的 39.0% 提升至 57.7%。

网民数量的激增和旺盛的市场需求推动了互联网领域更广泛的应用发展热潮。2015 年,1.10 亿网民通过互联网实现在线教育,1.52 亿网民使用网络医疗,9 664 万人使用网络预约出租车,网络预约专车人数已达 2 165 万。互联网的普惠、便捷、共享特性,已经渗透到公共服务领域,也为加快提升公共服务水平、有效促进民生改善与社会和谐提供了有力保障。

中国企业的日常运营越来越离不开互联网。截至 2015 年 12 月,中国企业计算机使用比例、互联网使用比例与固定宽带接入比例,同比分别上升了 4.8 个、10.3 个和 8.9 个百分点,达到 95.2%、89.0%和 86.3%;中国网站总数 423 万个,较 2014 年增长了 88 万个,年增长率达到 26.3%。中国企业越来越广泛地使用互联网工具开展交流沟通、信息获取与发布、内部管理等方面的工作,为企业"互联网＋"应用奠定了良好基础。企业开始将"互联网＋"行动计划列为企业战略规划的重要组成部分,突出表现在企业对互联网专业人才的重视、开展网上销售和采购业务以及运用移动端进行企业营销推广等。

截至 2015 年 12 月,34.0%的企业在基层设置了互联网专职岗位,24.4%的企业设置了互联网相关专职团队,13.0%的企业由决策层主导互联网规划工作。受中国网络零售市场快速发展的带动,企业开展网上销售、采购业务的比例均超过 30%,销售规模增长迅速。随着网络移动端的广泛使用,移动营销成为企业推广的重要渠道。在开展过移动营销的企业中,微信营销推广使用率达 75.3%,成为最受企业欢迎的移动营销推广方式。

网络经济得到快速增长。2011 年网络经济市场规模突破 2 300 亿元,到 2013 年达到 5 400亿元。在细分市场结构中,2011 年移动互联网和网络广告的占比均有小幅提升,电子商务的占比仍维持着 40%以上的占比。其中,移动互联网市场的增长,主要源于传统电商企业快速拓展移动业务以及移动支付的快速推进;电子商务市场稳定态势的保持,主要源于网络购物和旅行预订市场的持续增长;广告主网络广告投放比重持续增加,助推整体网络广告市场保持稳定上扬态势;而网络游戏市场,由于网游用户付费市场接近饱和,网络游戏市场规模增长逐步趋向平缓。

在互联网产业及中国经济发展向好的预期下,互联网企业再现上市潮。2010 年以来,中国互联网公司频频赴海外上市,其中以美国 IPO 居多,这批上市公司占到了美国 IPO 公司总数的 1/4 强,成为 2000 年北京新浪互联信息服务有限公司、北京搜狐互联网信息服务公司、广州网易计算机系统公司等网络公司上市后的第二波集体上市浪潮。2011 年 5 月,4 只中国网络股先后上市。

2013 年 1—6 月,我国互联网宽带接入用户较上年末净增 1 109.4 万户,较上年同期净增量减少 293.7 万户,总数达 1.81 亿户,占互联网接入用户的比例达 97.0%。光纤入户工作稳步推进,FTTH/0 用户新增 931.1 万户,每月净增超过 150 万户,达到 2 969.2 万户,宽带用户总数的比重由上年末的 11.6%提升至 16.4%。

(四) 功能分类

通信(即时通信、电邮、微信、百度 Hi)

社交(Facebook、微博、人人、QQ 空间、博客、论坛)

网上贸易(网购、售票、转账汇款、工农贸易)

云端化服务(网盘、笔记、资源、计算等)

资源共享化(电子市场、门户资源、论坛资源、媒体—视频音乐文档、游戏,信息)

服务对象化(互联网电视直播媒体、数据以及维护服务、物联网、网络营销、流量)

移动网络是未来另一个发展前景巨大的网络应用,它已经在亚洲和欧洲的部分城市发展迅猛。苹果 iPhone 是美国市场移动网络的一个标志事件。这仅仅是个开始，在未来 10 年里，将有更多的定位感知服务可通过移动设备来实现，例如当你逛当地商场时候，会收到很多你定制的购物优惠信息；或者你驾车的时候，收到地图信息；或者你周五晚上跟朋友在一起的时候收到玩乐信息。我们也期待大型的互联网公司如 YAHOO、GOOGLE 成为主要的移动门户网站，还有移动电话运营商。

诺基亚、索尼-爱丽克、黑莓、微软等公司都已经涉足移动网络好几年了，移动网络大大提高了用户的使用便捷性。

（五）网络经济

互联网业务提供商（ISP：Internet Service Provider），是指向广大用户综合提供互联网接入业务、信息业务和增值业务的电信运营商。ISP 是经国家主管部门批准的正式运营企业，享受国家法律保护。互联网内容提供商（ICP：Internet Content Provider），是指向广大用户综合提供互联网信息业务和增值业务的电信运营商。ICP 是经国家主管部门批准的正式运营企业，享受国家法律保护，国内知名 ICP 有新浪、搜狐、163、21CN 等。

在互联网应用服务产业链"设备供应商—基础网络运营商—内容收集者和生产者—业务提供者—用户"中，ISP/ICP 处于内容收集者、生产者以及业务提供者的位置。由于信息服务是中国信息产业中最活跃的部分，ISP/ICP 也是中国信息产业中最富创新精神、最活跃的部分。到 2006 年底中国注册增值业务提供商约有 2.1 万多家，其中大部分为基于互联网开展业务的 ISP/ICP。随着以内容为王的互联网发展特征逐步明晰，大部分 ICP 同时扮演着 ISP 的角色。

互联网迅速渗透到经济与社会活动的各个领域，推动了全球信息化进程。全球互联网内容和服务市场发展活跃，众多 ISP 参与到国际互联网服务的产业链中，如 Google、Yahoo、eBAY 等，成为具有全球影响力的互联网企业。

中国的 ISP 公司有三种基本的商业模式：第一种是大而全的商业模式，ISP 提供广泛的互联网业务。比如，在 20 世纪 90 年代，雅虎是这种方式的代表。第二种是专注于主营业务的模式。比如，腾讯专注于即时通信业务；在 Nasdaq 上市的"如家"公司是一家专门从事酒店业的 ISP。第三种是综合经营型的商业模式。比如，新浪这类大门户，在主营新闻信息服务的同时，还经营网络游戏，提供网络广告服务等多种互联网业务，并从这些非主营业务中获利。

中国 ISP 大多采用综合经营信息服务的模式，在关注核心业务的同时，兼顾提供其他互联网信息服务。通过这种经营模式，ISP 得以扩展自身的业务运营领域，扩展营利来源，丰富运营模式，增强自身的核心竞争力。

中国 ISP 大多同国内电信运营商合作。中国电信推出互联星空合作平台，成为众多 ISP 寻求同中国电信合作共赢的良好土壤。各 ISP 在中国电信的网络平台上提供互联网业务服务，不仅推动了宽带产业链发展，也保障了自身用户和业务发展，促进了自身良好的运营。中国移动构架的移动梦网平台，是众多提供移动互联网业务的 ISP 同中国移动合作的良好平台。一般而言，传统电信运营商会同 ISP 采用业务收入分成来共享收益。这种合作模式带来了通信产业链的发展和延伸，价值分配逐步走向合理均衡。虽然这种模式在国内外都比较成功，但是在整个商业活动过程中，传统电信运营商还是占据了主要的控制地位，中国的电信运营商正在对这种分成模式进行调整，"50/50"新模式的出现预示着中国 ISP 新一轮运营模式调整已经开始。虽然"内容为王"已经逐渐成为中国互联网业务市场的重要特征,但是 ISP 在内容上具有的明显优势并没有根本改变产业链的主导力量,网络资源和用户资源仍然是决定互联网业务产业链上谁是主角的重要因素。

按照主营业务划分,中国 ISP 主要有以下几类。

1. 搜索引擎 ICP

中国搜索引擎市场中国内 ISP,比如百度,已超过 Google 成为主要的市场占有者。提供的搜索服务也越来越丰富,包括地图搜索、论坛搜索、博客搜索等越来越多的细分服务。2015年,中国搜索引擎中,搜狐 2015 年总收入 19 亿美元,百度 2015 年总收入约合 106.18 亿美元。而雅虎 2015 财年总收入 49.68 亿美元,Google 2015 年总收入 749.64 亿美元。

2. 即时通信 ICP

即时通信 ISP 主要提供基于互联网和基于移动互联网的即时通信业务。由于即时通信的 ISP 自己掌握用户资源,因此在即时通信的业务价值链中,即时通信 ISP 能起到主导作用。这在同运营商合作的商业模式中非常少见。

中国联通的策略是和国内外最著名的即时通信 ISP 合作,优势互补,做大市场。腾讯公司是在中国开展即时通信业务最早、市场占有率最高的本土 ISP。从 2003 年开始,中国联通和腾讯合作,在中国联通提供的 CDMA 网络中,提供了腾讯 QQ 即时通信服务。

3. 移动互联网业务 ICP

移动互联网业务 ISP 主要提供移动互联网服务,包括 WAP 上网服务、移动即时通信服务、信息下载服务等。

空中网作为无线增值服务提供商和无线互联网门户运营商,2006 年的第三季度总收入 2 501万美元,同比增长 24%。空中网来自无线互联网门户的总广告收入为 5.9 万美元,比上一季度的 2.2 万美元增长了 168%。随着无线互联网门户业务的稳步发展,空中网来自无线互联网门户的广告收入呈现增长趋势,2015 年总收入约 1.78 亿美元。

（六）网络安全

在对 2020 年互联网的展望中,计算机学家们已经着手研究,重新考虑每一件事:从 IP 地址到 DNS,再到路由表单和互联网安全的所有事情。他们的目标就是创建一个没那么多安全漏洞,具有更高信任度的互联网。

互联网的风险很高,一些专家担心随着网络攻击的规模和严重性不断增加,对多媒体内容的需求与日俱增,以及对新移动应用的需求的出现,互联网将会崩溃。

随着越来越多的重要基础设施,如银行系统、智能电网和上至政府下至市民的通信等都纷纷转向互联网,如今业界取得了一个共识——互联网需要彻底检修,所有研究的中心就是要让互联网更安全,重点是如何解决互联网的安全问题。

（七）网络信用

今日中国,互联网已成为思想文化信息的集散地和社会舆论的放大器,有着日益强大的社会影响力。充分发挥互联网在我国社会主义文化建设中的重要作用,切实把互联网建设好、利用好、管理好,是我国互联网发展始终秉持的重要战略。有关部门先后开展了"大兴网络文明之风"、"绿色·阳光网络工程"等活动,持续开展依法打击互联网和手机媒体淫秽色情专项行动,人民群众满意度提升,"文明办网、文明上网",成为互联网业界和广大网民的共识。一个文明的网络文化环境,是互联网自身健康发展的内在要求。我们要大力倡导和构建网络文明秩序和道德,要站在世界科技、文化发展的最前沿,以时代的眼光、创新的思维、改革的精神对待网络文化建设,牢牢把握网络文化建设的正确方向。

社会信用体系建设只有起点没有终点,网络社会信用体系的建设是实体社会的延伸。目前我国网上交易已经非常发达,特别是电子商务,不仅是全世界最大规模,而且在很多地方引领着世界潮流。社会信用体系是一种社会机制,是信用经济时代在市场上建立的新的游戏规则。建立社会信用体系不仅要在实体社会,也要延伸至网络。实体社会要建立的规则,网络也要建立。

2016年11月16日下午,世界互联网大会首次发布15项世界互联网领先科技成果,有的已经投入应用,有的刚从实验室诞生。在不远的将来,这些领先科技成果都将会很大程度地改变我们的生活。

这些成果是,特斯拉增强型自动辅助驾驶、深度学习神经网络处理器、神威太湖之光、百度大脑、微信生态创新、量子通信、IBM Watson 2016、以飞天平台为基础的大规模分布式高可用电子商务处理平台、卡巴斯基工控安全平台、微软 Hololens 混合现实全息眼镜、Transistor Density Increase by 1000X、三星复合生物信号处理器、SAP 工业 4.0 互联制造解决方案、华为麒麟 960 手机 soc 芯片、Qualcomm 5G NR 原型系统和试验平台。

大会组委会成立了由 33 位知名的互联网专家组成推荐委员会,征集一年来全球范围内的领先科技成果、理论成果、技术成果,以及最具影响力的产品。第一类是基础理论,在互联网基础理论上,希望有公认的突破性技术;第二是互联网创新技术;第三是互联网的产品;第四是跟互联网有关的创新的商业模式。

二、金融

金融指货币的发行、流通和回笼,贷款的发放和收回,存款的存入和提取,汇兑的往来等经济活动,是人们在不确定环境中进行资源跨期的最优配置决策行为。

《新帕尔·格雷夫经济学大字典》中,金融指资本市场的运营,资产的供给与定价,其基本内容包括有效率的市场、风险与收益、替代与套利、期权定价和公司金融等。

金融的本质是价值流通。金融产品种类很多,主要包括银行、证券、保险、信托等。金融涉及的学术领域主要包括:会计、财务、投资学、银行学、证券学、保险学、信托学等。

金融是一种交易活动,金融交易本身并未创造价值,为什么能在金融交易中赚钱呢?按照著名经济学家陈志武的说法,金融交易是一种将未来收入变现的方式,也就是明天的钱今天花。金融交易的频繁程度反映了一个地区、区域乃至国家经济繁荣能力。

重庆市市长黄奇帆说,金融的本质就三句话:一是为有钱人理财,为缺钱人融资;二是信用、杠杆、风险;三是金融为实体经济服务,金融如果不为实体经济服务,就没有灵魂,就是毫无意义的泡沫。在这个意义上,金融业就是服务业。

如今,金融已经成为整个经济的"血脉",渗透到了社会的方方面面。人体活动会带动血液的流动,同样,所有经济活动都会带动金融(资金和价值)的流动。离开了流通性,金融就变成"一潭死水",价值就无法转换;价值无法转换,经济就无法运转;经济无法运转,新的价值也无法产生;新的价值无法产生,人类社会就无法发展。

　　金融的核心是跨时间、跨空间的价值交换,所有涉及价值或者收入在不同时间、不同空间之间进行配置的交易都是金融交易,金融学就是研究跨时间、跨空间的价值交换为什么会出现、如何发生、怎样发展。

　　货币的出现首先是为了把今天的价值储存起来,等明天、后天或者未来任何时候,把储存其中的价值用来购买别的东西。

　　货币同时也是跨地理位置的价值交换,今天在张村把东西卖了,带上钱到李村,又可以用这笔钱去买想要的东西。因此,货币解决了价值跨时间的储存、跨空间的转移问题,货币的出现对贸易、对商业化的发展是革命性的创新。

　　明清时期发展起来的山西"票号",主要以异地价值交换为目的,让本来需要跨地区运物、运银子才能完成的贸易,只要送过去山西票号出具的"一张纸",即汇票就可以了! 好处是大大降低异地货物贸易的交易成本,让物资生产公司、商品企业把注意力集中在他们的特长商品上,把异地支付的事情留给票号经营商,体现各自的专业分工。交易成本降低之后,促进了跨地区贸易市场的快速发展。

　　借贷交易是最纯粹的跨时间价值交换,今天从银行或者从张三手里借到一万元,先用上,即"透支未来",以后再把本钱加利息还给银行、还给张三。对银行和张三来说,正好相反,他们把今天的钱借出去,转移到以后再花。

　　现代社会,金融交易已经超出了简单的人际交换安排,更加复杂。比如,股票实现的金融交易,表面看也是跨时间的价值配置,今天投资人买下宇通客车股票,把今天的价值委托给了宇通客车和市场,日后得到投资回报;宇通客车先用股东投资的钱,日后再给股东回报。股东与宇通客车之间就这样进行价值的跨时间互换。但是,这种跨时间的价值互换又跟未来的事件连在一起。如果宇通客车未来赚钱了,可能给股东分红;如果未来不赚钱,宇通客车就不给股东分红,股东就有可能血本无归。所以,股票这种金融交易也涉及跨时间、跨空间的价值交换,这里"空间"指未来不同盈利/亏损状态,未来不同的境况。

　　在一般性定义和具体金融品种之上,人类社会已经推演、发展出了规模庞大的各类金融市场,包括建立在一般金融证券之上的各类衍生金融市场,都是为类似于上述简单金融交易服务的。金融交易范围扩大到村镇、地区、全省、全国,并进一步扩大到全球。

　　金融的构成要素有五点。(1)金融对象:货币(资金)。由货币制度规范的货币流通具有垫支性、周转性和增值性。(2)金融方式:以借贷为主的信用方式为代表。金融市场上交易的对象,一般是信用关系的书面证明、债权债务的契约文书等,包括直接融资,无中介机构介入;间接融资,通过中介机构实现的金融。(3)金融机构:通常区分为银行和非银行金融机构。(4)金融场所:即金融市场,包括资本市场、货币市场、外汇市场、保险市场、衍生性金融工具市场等。(5)制度和调控机制:对金融活动进行监督和调控等。

　　各要素之间关系是,金融活动一般以信用工具为载体,并通过信用工具的交易,在金融市场中实现货币资金使用权的转移,金融制度和调控机制在其中发挥监督和调控作用。

　　金融随着经济、科技、社会的发展而发展,在"互联网＋"时代必须利用互联网创新,同时加强金融服务的正规性与合法性,在有效的监管下发挥网络技术优势,实现普惠金融的理想。

三、互联网金融

　　进入21世纪,随着搜索引擎、大数据、社交网络和云计算技术的不断发展,互联网行业和金融行业发生着悄无声息的变革,原本两个平行发展的行业,在现代信息技术不断成熟的背景下,相互交融、碰撞终于产生了交集,互联网金融时代已经来临。这两个行业最近两年竞争十分激烈,都希望在互联网金融时代中先发制人,为自己今后的产业和业务布局打下基础。互联网企业携大数据及电子商务优势,占得先机,会同众多第三方支付组织和人人贷公司,已经深入传统金融的支付结算和信贷这两项银行的核心业务;而拥有庞大资金和公信力的商业银行,为了获取客户的商业信息,增加客户黏性,巩固与客户之间的存贷、支付等业务关系,也相继推出电商平台、移动支付等一些非传统银行业务。

尽管电子商务金融已出现并高速发展了 30 多年,但传统金融机构作为金融业主体的地位至今仍没有改变;互联网技术的应用使金融市场和金融业获得了很大的发展,增加了新的内涵,实现了金融的全球化。美国贸易发展委员会把网络金融(online finance)定义为通过互联网进行金融服务的输送活动,认为在线金融包括在线经纪、在线银行、在线保险等金融服务。互联网金融主要涉及 3 个领域:电子支付系统、传统金融企业运营、金融市场模式。网络金融是指利用电子通信和计算技术提供金融服务和市场。有企业家把传统金融机构利用互联网开展金融业务称为金融互联网。这些对网络金融相关范畴的研究,既涉及互联网金融的定义,也涉及其主要领域;其定义着眼于传统金融业的互联网化,侧重于传统金融业对互联网技术的应用,是基于互联网技术在传统金融业广泛运用的事实;传统金融业的存在是其前提;特别强调了互联网金融服务输送渠道的作用、平台的作用、工具的作用和载体的作用。这些研究较早涉及互联网金融的研究,基本反映了其主要内涵和主要领域,是进一步研究互联网金融的逻辑起点,但稍显笼统。

随着互联网金融的进一步发展,逐渐涌现出了许多新形式的互联网金融业态,比如:区别于银行卡支付的第三方支付和虚拟货币支付,区别于股票融资的众筹融资模式,区别于金融机构借贷的 P2P 信贷等。这些新金融模式大多是由非金融性质的互联网企业发起。互联网金融是不同于商业银行间接融资,也不同于资本市场直接融资的第三种金融融资模式;电商金融是以电商平台为担保方实现合作伙伴的资金融通;实践者把互联网企业从事金融业务的行为称为互联网金融。从这些相关范畴的研究看出:互联网不仅是金融服务输送的渠道,而且是创造金融服务的载体和基础,互联网的存在是互联网金融的前提。这些研究是以互联网为出发点,着眼于互联网的业务创新,侧重于互联网业对金融业的渗透,体现了目前新金融模式的鲜明特点和更加丰富的内涵,有可能引起传统金融业发生革命性改变,并为金融业注入新的血液和活力。

2012 年 8 月,谢平在《互联网金融模式研究》一文中把"互联网金融"定义为,受互联网技术、互联网精神的影响,从传统银行、证券、保险、交易所等金融中介到无中介瓦尔拉斯一般均衡之间的所有金融交易和组织形式。互联网金融的形式既不同于商业银行间接融资,也不同于资本市场直接融资。这一定义体现了互联网金融去中介化的特点。未来,互联网金融将没有严格的金融中介。

实际上,准确定义"互联网金融"是比较困难的事情。有些强调互联网金融呈现出去中介化和新型金融业态的特征;有些认为互联网只是工具,更多是为金融的发展提供支持;有些关注互联网精神在金融中的应用。第一,不同机构以及个人从不同角度理解和解读互联网金融。同时,不同领域以及不同模式的互联网金融存在一些共同点,也存在不少差异,因此难以完全概括。第二,"互联网金融"及"金融互联网"是动态的、阶段性概念,需要历史地看待和评价。

比如,今天再来评价十多年前互联网证券交易在中国的发展,似乎属于"金融互联网"的范畴,可就当时的大环境而言,这已经是非常超前的了,或许应该归于"互联网金融"。第三,严格意义上的互联网金融与金融互联网是一个链条的两端,现实世界的业态主要分布在中间状态,有些可能距离理想化的互联网金融更近一些,有些可能更靠近金融互联网这一端,因此在区分时只能做个大致判断。

现有文献对互联网金融的研究,主要从两个角度开展:第一个角度是传统金融机构应用互联网技术实现金融服务输送,互联网主要作为可供选择的渠道、载体或者平台;第二个角度是基于互联网技术的新型金融模式创新,互联网不仅是输送金融服务的渠道,更重要的是这些模式结合了互联网开放、平等、协作、分享的精神,具有区别于第一个角度的显著特点,许多非金融企业特别是互联网企业充当了关键角色。这表明研究人员对互联网金融的定义和模式出现了分化:金融业互联网化和互联网金融新模式。有学者进一步指出:互联网金融泛指一切通过互联网技术进行资金融通的行为。这种广义的互联网金融定义和分类,基本抓住了互联网金融的实质。

根据现有相关研究成果,结合互联网金融的发展,从已研究的互联网金融的内涵出发,我们将互联网金融界定义为:基于互联网实现的价值交换相关活动,这种价值交换应体现互联网特有的开放、平等、协作、分享精神。在此基础上,我们将互联网金融模式分为两类:其一,传统金融机构应用互联网信息技术输送金融服务的金融信息化模式;其二,以互联网为基础的互联网金融模式已经出现并在不断演进,以第三方支付、P2P 和在线众筹等为代表,具体包括阿里巴巴的余额宝、腾讯的理财通和百度的理财宝等,称为互联网新金融模式。

互联网金融是一个全新概念,是指借助于互联网技术、移动通信技术实现资金投融资、支付和信息中介等业务的新兴金融模式,既不同于商业银行间接融资,也不同于资本市场直接融资的融资模式。互联网金融包括三种基本的企业组织形式:网络小贷公司、第三方支付公司以及金融中介公司。当前商业银行普遍推广的电子银行、网上银行、手机银行等也属于此类范畴。近年来,以第三方支付、网络信贷机构、人人贷平台为代表的互联网金融模式越发引起人们的高度关注,互联网金融以其独特的经营模式和价值创造方式,对商业银行传统业务形成直接冲击甚至替代。以互联网为代表的现代信息科技将会对传统金融模式产生根本影响。

第二节 互联网金融的产生和发展

互联网金融是在互联网上发展起来的金融。互联网起源于 1969 年,是个别网络与个别网络之间串联形成的覆盖全世界的网络。如今互联网作为大众传媒中最迅速最高效的一种方式,正在以它的节奏影响和改变着世界经济、政治等各方面的发展走向。因此互联网+金融也应运而生。

一、外国

有许多新兴事物都是先从国外发展起来,这主要是受限于科技实力和社会思维。互联网金融也不例外。

尽管互联网金融最早发源于美国,但其在美国并没有形成独立的金融体系,所以美国不使用"互联网金融"这一名词,而是称其为电子银行(E-Banking)、网络银行(Online Banking,在线银行)等多种称谓。两者区别不大,都是金融信息服务在互联网平台上的拓展。

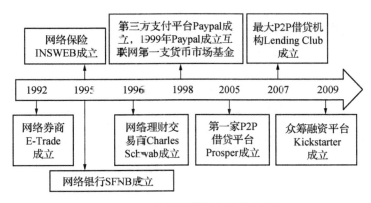

图 1-1　美国互联网金融的发展

（一）萌芽:20世纪90年代互联网热潮对互联网金融的催生

20世纪90年代,美国民用互联网技术率先在美国出现并迅速在各行业普及,由此带动了高科技和信息产业的发展。

20世纪90年代中期,网络浏览器的开发为互联网产业的发展提供了平台。此时与互联网相关的事物像指数爆炸一样增长。美国互联网金融的萌芽就在此次"爆炸"中破土而出。

依靠互联网技术的便利,商业和金融业的交易成本大大降低,而交易速度却节节提高。比如,1992年,美国第一家互联网经纪商E-Trade成立,由于其佣金远比传统经纪商低廉,所以它成立后大大推动了整个行业的网络化和信息化。

1995年,全球第一家互联网银行——美国安全第一网络银行(SFNB)成立,其最大的特点就是不设置物理实体网点,而是将自己的营业网点全部设置在互联网上,因此其服务变得更加高效、便捷和安全,并借此优势在短短三年跃居为美国第六大银行。几年后西班牙一家互联网公司同爱尔兰互联网银行第一集团正式签约,组建业务覆盖全球的第一家互联网金融服务企业,互联网金融迅速在全世界蔓延。

在互联网信息技术和依靠互联网新兴的互联网金融行业发展迅猛的刺激下,传统金融行业不得不虚心"请教"互联网,拉近与前者的差距,把自己的服务拓展到互联网上。这一现象也称为"传统金融互联网化"。

这一阶段金融行业迈入了互联网这个圈内,虽然没有太多的金融创新,但是为日后互联网金融的发展奠定了坚实基础。

（二）巩固:2000年互联网泡沫破灭对互联网金融的滋养

2000年前后,由于与互联网相关的科技公司的股票下跌,使纳斯达克指数进入下行通道,美国对高科技和互联网相关产业的投资热度逐渐降温,互联网金融的发展也变得更加理性和平稳。但是互联网和金融之间的火花并没有被浇灭,因为在其发展的这几年,它使人们养成了使用互联网金融的习惯,毕竟它更加便利和快捷,这也说明互联网金融正在融入人们的生活。而且传统金融行业也尝到了互联网金融给自己带来的利益,所以以大银行为代表的传统金融行业进一步加快了其服务的信息化和网络化的步伐,"传统金融互联网化"快速占据主导,成为这一时代的主流。

互联网金融在 20 世纪 90 年代快速发展并取得了优秀成绩后,全世界大量经济学家、金融学家和学术组织对其产生了浓厚的兴趣并对其进行了深入研究。虽然有观点对互联网金融的模式产生怀疑,但是主流观点认为,传统金融和互联网金融是融合和竞争的关系,必定会带来巨大效益。

这一阶段,由于专家学者的研究和完善,互联网金融的结构模式得到升级,并建立了与其配套的法律,提高了监管力度,使其能够在法律的约束下健康地发展。

(三)爆发:次贷危机以及全球金融危机对互联网金融的推动

2008 年次贷危机在美国爆发,许多银行倒闭,抵押贷款变得无比艰难,个人信用贷款更是难上加难,以 Lending Club 为首的 P2P(个人对个人)借贷市场正式上线,全面开启了互联网时代的 P2P 借贷服务。这种点对点的网络信用贷款服务几乎使金融中介消失,贷款利率十分亲民,所以一经上线就展现出巨大活力。以美国最大的 P2P 平台——Lending Club 为例,其贷款额自 2007 年成立,年增长率超过 100%。

2009 年 4 月,kickstarter 网站在纽约正式上线标志着互联网金融的新形势众筹的兴起。众筹是可以让有创造能力但没有资金能力的人在网络平台面向大众筹募小额资金的融资模式。与此同时,移动设备和移动互联网技术的完善以及第三方支付和移动支付得到发展,极大地方便了人们交易行为。

美国法律对互联网金融的监管值得中国借鉴。美国政府出台了多项法案规范互联网金融及其衍生金融产品,减少了投资人的风险,也减少了互联网金融发展的阻碍,避免了其在从事借贷融资时可能触碰的非法集资的相关法律风险,这也是中国在发展互联网金融需要特别关注的地方。

二、中国

(一)中国改革开放和互联网技术的引进对互联网金融的铺垫

20 世纪末互联网技术在美国诞生并迅速卷向全世界,当时中国正在进行改革开放,所以中国也有幸加入此次浪潮中。这个新兴技术一来到中国就散发出无限活力,融入许多行业,银行业就是其中一员。由于中国社会自身和银行体制的问题,中国并没有出现同时期外国出现的利用互联网创新的金融业,仅仅是单纯地把银行业务放在了互联网上,就是电子银行和网上银行,称为金融的互联网化。如招商银行的网上银行、易保在线的网络投保等都是在这一阶段兴起的。

改革开放带来的不只是互联网技术,大量与互联网金融相关的知识、思想和创新也随之而来。一批先行者开始向互联网金融方向靠拢,以实际行动在中国大地上种下了有"中国血统"的互联网金融的种子。

从本质意义上看,以上都不是互联网金融。但是无论是金融的互联网化或互联网的金融化都是这个时代的进步,也为下一个时代的到来奠定了基础。

（二）互联网金融防守阶段

此阶段是外国对于互联网金融深入研究和初步发展的阶段,完善的互联网金融体系正在逐步确立,而且真正意义上的互联网金融——P2P网络借贷平台开始上线。中国看到P2P在国外迅速发展后,也想将P2P模式搬到中国市场上以减轻小企业贷款的难度。2009年P2P在中国进入试水阶段,这是中国互联网金融的萌芽期。

虽然萌芽已经出现,但因为没有结合中国国情而导致了水土不服,发展缓慢,而且在发展过程中出现了许多问题,如资金不足、灵活度低、模式单一、客户范围小、交易额度低、风险性较大等。解决这些问题成了燃眉之急。

互联网金融的诞生只是触发传统金融业打了个"哈欠",并未能让它产生警觉,预见几年后这个新生儿的手将放到自己的钱袋中大把抓钱。

（三）互联网金融抗争阶段

经过几年的发展,互联网金融的中国化程度越来越高。并且随着第三方支付的扩张、众筹的出现,以及大数据的收集和分析系统完善,互联网金融的阵营中又添加了几员猛将。互联网金融凭借着十年磨一剑的电子商务为其提供的雄厚资金基础和早已习惯通过互联网消费的忠诚群众基础,终于在2013年取得了爆发性发展。

2013年是中国互联网金融元年。这一年中国金融界发生了一件大事——余额宝上线。2013年6月,支付宝推出余额宝,打响了活期存款抢夺战的第一枪。其远高于银行存款的利率备受客户青睐,截至2014年1月,仅仅四个月,规模已经达到2 000亿元,客户将近5 000万人。随后这场"战争"变得如火如荼,百度推出"百度百发";苏宁推出"零钱宝";东方财富网发布"活期宝"……这些理财产品收益率都远高于银行存款利率。

银行正在为活期存款的流失而忙得不可开交之时,另一块阵地又失守了,那就是银行的核心业务——资产业务,主要包括信贷资产业务、信用业务领域。攻陷此阵地的是2014年2月13日由京东发布的产品——"京东白条",消费者使用其购物时可以获得1.5万元的信用额度,享受先消费后付款的服务。"蚂蚁支付"是其追随者。京东利用其在"京东商场"中收集的客户大数据加以分析可以很快地得出客户的"信用状况"并下发信用额度,所以京东敢声称从客户申请到下发全程不超过两分钟。

"快"是互联网金融的特性,"宝宝们"在传统金融行业口袋中快速掏钱时,长期安逸的银行这才扭动着臃肿的身躯想要抓住"小偷",开始着急了。

（四）互联网金融爆发阶段

着急的银行们到处对大众说"宝宝们"是附在银行身上吸血的寄生虫,是影响经济发展的不良因素,并求助"国家爸爸"将"宝宝们"纳入监管体制,甚至提议取缔它们。但是一句话打消了其全部念头——"促进互联网金融健康发展!"2014年3月5日上午李克强总理在第十二届全国人大二次会议的政府报告中兑出了这句话。这一天,互联网金融的逆袭反击战正式打响!

凭借国家的支持而层出不穷的互联网金融产品迅速占据了消费者和投资者的眼球,大量P2P平台和众筹平台依靠大数据分析帮助小微企业和创业者,移动智能设备和移动互联网技术的完善也在使互联网金融变得更快、更准、更具有影响力。

　　一切有利因素都在向互联网金融倾斜。面对互联网金融的全方位入侵,传统金融业如果"执迷不悟",依旧独自蹲在墙角数钱,那不仅是业务缩水的问题,更可能是被这个新时代淘汰的大问题,那样连"国家爸爸"也难以使其起死回生。

　　近年来,第三方支付、网络信贷、众筹融资以及其他网络金融服务平台等互联网金融业迅速崛起。

　　2014年底中国互联网金融规模突破10万亿。第三方支付平台、P2P网货、宝宝类产品等进入普通人的视野。2016年淘宝"双11",已经发展成集购物、娱乐、文化于一身的体验式购物节。据第三方机构监测统计,2016年"双11"全网交易额已突破1 800亿元,再创新高。

　　2015年1月4日,国务院总理李克强率财政部、发改委、工信部、银监会、证监会等多个部委一把手视察深圳前海微众银行,希望互联网金融银行用自己的方式倒逼传统金融机构改革,同时与传统金融机构融为一体,互相合作,共同实现"普惠金融"。2015年3月政府报告中,李克强总理首次提出了"互联网＋"行动计划,其中"互联网＋金融"再次成为热议焦点。2015年3月,银监会普惠金融部召集会议,公布了较完整的P2P监管文件,其中不仅对P2P提出了3 000万元的注册资本的门槛限制,更提出对P2P必须实行杠杆管理。

　　目前,互联网金融业正从单纯的支付业务向转账汇款、跨境结算、小额信贷、现金管理、资产管理、供应链金融、基金和保险代销、信用卡还款等传统银行业务领域渗透,在金融产品和服务方面的创新弥补了传统金融业的不足。

　　传统金融行业与互联网结合正成为助推经济发展的新生力量,互联网"牵手"金融业是大势所趋。国内银行、券商、基金、保险等金融巨头纷纷利用互联网拓展传统业务,将会出现更多互联网企业与金融业结合的案例。

　　证监会主席刘士余把我国互联网金融的发展分为三个阶段。第一阶段是2005年以前。在这个阶段,互联网与金融的结合主要体现为互联网为金融机构提供技术支持,帮助银行把业务搬到网上,还没有出现真正意义的互联网金融业态。第二阶段是2005年后,网络借贷开始在我国萌芽,第三方支付机构逐渐成长起来,互联网与金融的结合开始从技术领域深入到金融业务领域。标志性事件是2011年人民银行开始发放第三方支付牌照,第三方支付机构进入了规范发展的轨道。第三阶段的起点是2013年。2013年称为"互联网金融元年",是互联网金融得到迅猛发展的一年。P2P网络借贷平台快速发展,以"天使汇"等为代表的众筹融资平台开始起步,第一家专业网络保险公司获批,一些银行、券商也以互联网为依托,对业务模式进行重组改造,加速建设线上创新型平台。同时,政府部门也开始关注互联网金融的规范发展问题。

（五）互联网金融的基本框架

　　金融服务实体经济的基本功能是融通资金,将资金从储蓄者手中转移到投资者手中。传统方式下,资金供需双方的匹配通过两类中介进行:一类是银行,对应间接融资模式;另一类是股票和债券市场,对应直接融资模式。这两类融资模式对资源配置和经济增长有重要作用,但也产生了很大的交易成本,直接体现为银行和券商的利润。据统计,2011年中国银行和证券公司的全部利润达到1.1万亿元,税收约5 000亿元,员工薪酬约1万亿元。以互联网为代表的现代信息科技,特别是移动支付、云计算、社交网络和搜索引擎等,将对人类金融模式产生根本影响,可能出现一个既不同于商业银行间接融资,也不同于资本市场直接融资的第三种金融融资模式,金融专家称为"互联网直接融资市场"或"互联网金融模式"。在互联网金融模式下,因为有搜索引擎、大数据、社交网络和云计算,信息不对称程度非常低,交易双方资金期限匹配、风险分担的成本非常低,银行、券商和交易所等中介都不起作用,贷款、股票、债券等的发行和交易以及支付直接在网上进行,市场充分有效,接近一般均衡定理描述的无金融中介状态。在这种金融模式下,支付便捷,搜索引擎和社交网络降低了信息处理成本,资金供需双方直接交易,可以达到与直接融资和间接融资一样的资源配置效率,在促进经济增长的同时,还能大幅减少交易成本。

（六）互联网金融的运行方式

互联网金融的核心由三部分组成:支付方式、信息处理和资源配置。

在支付方式方面,互联网金融模式下的支付方式是以移动支付为基础,通过移动通信设备(智能手机、平板电脑),利用无线通信技术进行支付。传统的支付方式仅包含现金支付、票据支付、银行卡支付和资金汇兑,但是在互联网的时代下,网上支付和移动支付逐渐成为趋势,目前典型的移动支付方式有手机炒股、手机购物支付、手机银行等。

信息处理是金融体系的核心内容之一。金融信息中最重要的是资金供需双方信息,特别是资金需求方的信息(如借款者、发债企业、股票发行企业的财务信息等),是金融资源配置和风险管理的基础,将这些金融信息搬到互联网上,借贷双方更容易获取资金的供需信息,信息的传播更加快捷,双方的交易成本也会大大降低。

资金供需信息直接在网上发布并匹配,供需双方可以直接联系和交易,不需要经过银行、券商或交易所等中介。借助于现代信息技术,个体之间直接金融交易突破传统的安全边界和商业可行性边界,焕发出新的活力。在供需信息几乎完全对称、交易成本极低的条件下,互联网金融模式形成了"充分交易可能性",诸如中小企业融资、民间借贷、个人投资渠道等问题较容易得到解决,促进资源的最佳配置。

总之,在互联网金融模式下,支付便捷,市场信息不对称程度非常低,资金供需双方直接交易,不需要经过银行、券商和交易所等金融中介。

（七）创新和监管促进互联网金融健康发展

政府提出支持互联网金融健康发展,提出"互联网＋"以及"大众创业,万众创新"的战略;大众热烈拥护互联网金融并成为互联网金融忠诚的客户,这些都使其前景不可限量。专家推测中国当下互联网金融的发展,很有可能仅用5年就能推动全球金融生态结构性改变。"创新"不仅限于互联网金融自身的创新,不只限于创造新的金融产品,还要和各个行业进行融合,互相促进,互相发展,比如互联网金融和移动通信业的融合,互联网金融能够如此迅速的发展,移动通信业功不可没。

目前互联网金融是个灰色地带,现行监管体系无法完全覆盖,一些不法分子乘机钻法律的空白,比如近期大量P2P平台跑路现象和打着众筹非法集资的现象等日益突出,相关法律的制定迫在眉睫,由于涉及相关立法和监管体系的变化,必定需要较长时间,但国家一定会在不久的将来扫除灰色地带,还互联网金融一个阳光下的发展空间!

2015年7月,《国务院关于积极推进互联网行动的指导意见》提出,降低创新型、成长型互联网企业的上市准入门槛,结合《证券法》修订和股票发行注册制改革,支持处于特定成长阶段、发展前景好但尚未盈利的互联网企业在创业板上市。到 2018 年,实现互联网与经济社会各领域的融合发展进一步深化,基于互联网的新业态成为新的经济增长动力,互联网支撑"大众创业、万众创新"的作用进一步增强,互联网成为提供公共服务的重要手段,网络经济与实体经济协同互动的发展格局基本形成。到 2025 年,网络化、智能化、服务化、协同化的"互联网＋"产业生态体系基本完善,"互联网＋"新经济形态初步形成,"互联网＋"成为经济社会创新发展的重要驱动力量。

为鼓励金融创新,促进互联网金融健康发展,明确监管责任,规范市场秩序,由中国人民银行、工业和信息化部、公安部、财政部、国家工商总局、国务院法制办、中国银行业监督管理委员会、中国证券监督管理委员会、中国保险监督管理委员会、国家互联网信息办公室于 2015 年 7 月发布《关于促进互联网金融健康发展的指导意见》(银发〔2015〕221 号),使互联网金融监管迈入了新阶段。

第三节　互联网金融的理论基础

互联网金融快速发展受到了国家决策层的重视。中国人民银行 2013 年 2 季度货币政策执行报告给予互联网金融正面评价,认为互联网金融具有透明度高、参与广泛、中间成本低、支付便捷、信用数据更为丰富和信息处理效率更高等优势。2014 年 3 月,国务院总理李克强在政府工作报告中明确提出"促进互联网金融健康发展",这是国家层面第一次肯定互联网金融。部分地方政府(比如浙江、上海、广州、深圳和贵阳等)已将互联网金融作为一个重要的新兴产业予以扶持,出台了一系列促进互联网金融发展的优惠措施。

实现互联网金融健康发展,客观上要求夯实互联网金融的基础理论。

一、互联网金融的理论支柱

互联网金融是一个谱系概念,涵盖因为互联网技术和互联网精神的影响,从传统银行、证券、保险、交易所等金融中介和市场,到瓦尔拉斯一般均衡对应的无金融中介或市场情形之间的所有金融交易和组织形式。

(一)互联网技术的影响

互联网技术以大数据、社交网络、搜索引擎以及云计算等为代表,体现了三个重要趋势。

第一,信息的数字化。各种传感设备逐步普及,人类活动逐渐转到互联网上(比如购物、消费和阅读等,3D 打印普及后制造业也会转向线上),互联网上会产生很多复杂的沟通和分工协作方式。在这种情况下,全社会信息被数字化的比例会越来越高。此外,搜索引擎除了网页检索、查询和排序等功能外,还内嵌了很多智能化的大数据分析工具和 IT 解决方案,逐渐变成信息处理引擎。在这种情况下,如果个人和企业的大部分信息都存放在互联网上,那么基于网上信息就能准确评估这些个人和企业的信用资质和盈利前景,而这正是金融交易和风险定价的信息基础。

第二,计算能力不断提升。在集成电路领域,摩尔定理至今仍有效,而云计算、量子计算和生物计算等还有助于突破集成电路性能的物理边界,达到超高速计算能力。

第三,通信技术发展。互联网、移动通信网络、有线电话网络和广播电视网络等逐渐融合,高速 Wi-Fi 的覆盖面越来越广。

上述三个方面可称为"颠覆性技术",人类近 80 年才出现一次。

(二)互联网本身就可以定义为金融市场

互联网对金融的影响将是深远的,不能简单地把互联网视为一个在金融活动中仅处于辅助地位的技术平台或工具。互联网会促成金融交易和组织形式的根本性变化。

传统金融中介和市场存在的基础是信息不对称和交易成本等摩擦性因素。货币的产生,是为减少"需求双重巧合"造成的交易成本。银行的基础理论是 Diamond-Dybvig 模型,核心功能是流动性转换和受托监督借款人。资本市场的基础理论主要是 Markowtiz 资产组合理论、Black-Scholes 期权定价公式以及关于市场有效性的研究等。保险的基础理论是大数定理。

然而,互联网能显著降低交易成本和信息不对称,提高风险定价和风险管理效率,拓展交易可能性边界,使资金供需双方可以直接交易,从而改变金融交易和组织形式。比如,储蓄存款人和借款人可以在互联网上通过各种应用程序解决金额、期限和风险收益的匹配,互联网还能给出每个借款人的评级和违约概率。

互联网作为由众多应用程序组成的生态系统,本身就可以定义为金融市场。

随着互联网发展,金融系统将逐渐逼向瓦尔拉斯一般均衡对应的无金融中介或市场情形。这是定义互联网金融的基础。互联网金融是个谱系概念(图 1-2)。互联网金融谱系的两端,一端是传统银行、证券、保险、交易所等金融中介和市场,另一端是瓦尔拉斯一般均衡对应的无金融中介或市场情形,介于两端之间的所有金融交易和组织形式,都属于互联网金融的范畴。目前的互联网金融有 6 种主要类型——金融互联网化、移动支付和第三方支付、基于大数据的征信和网络贷款、P2P 网络贷款以及众筹融资。但是,互联网金融谱系的各种形态之间不存在清晰界限,而且是动态变化的。

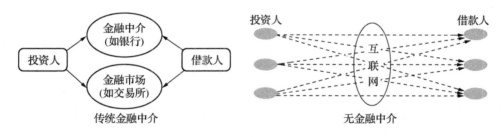

图 1-2　互联网金融谱系的两端

注:箭头表示资金流向

(三)边际成本递减和网络效应

在与互联网有关的领域中,普遍存在以下两个特征,互联网金融也不例外。

第一,固定成本很高,但边际成本递减(甚至可以趋近 0)。

第二,网络效应(网络外部性),即网络参与者从网络中可能获得的效用与网络规模存在明显的相关性。在这种情况下,互联网金融的很多模式只要能超越一定的"关键规模"(Critical Mass),就能快速发展,从而取得竞争优势;反之,在竞争上就会处于劣势。

这种"先行者优势"对互联网金融行业的竞争产生了很大影响。比如,移动支付领域的网络效应及其对推广移动支付的政策含义。又如,在我国 P2P 网络贷款行业,"先行者优势"要求 P2P 网络贷款平台尽快扩张规模,行业中大量存在的本金担保、"专业放贷人+债权转让"和对接理财的"资金池"等做法即根源于此,但这些也容易引发监管风险。

(四)金融功能和金融契约的内涵不变

互联网尽管影响金融交易和组织形式,但不影响金融的两个关键属性。

首先,金融的核心功能不变。互联网金融仍在不确定环境中进行资源的时间和空间配置,以服务实体经济,具体为:① 为商品、服务和资产交易提供支付清算;② 分割股权和筹集大规模资金;③ 为在时空上实现经济资源转移提供渠道;④ 管理不确定性和控制风险;⑤ 提供价格信息和促进不同部门的分散决策;⑥ 处理信息不对称和激励问题。

其次,股权、债权、保险和信托等金融契约的内涵不变。金融契约的本质是约定在未来不确定情景下缔约各方的权利义务,主要针对未来现金流进行。比如,股权对应股东对公司的收益权和控制权,债权对应债权人定期向债务人收取本金和利息款项的权利。在互联网金融中,金融契约多以电子形式存在,并建立了有关托管、交易和清算机制。但不管金融契约以何种形式存在,其内涵不变。

二、互联网金融的核心特征

(一)交易成本降低

第一,互联网替代传统金融中介和市场中的物理网点和人工服务,降低了交易成本。比如,手机银行本身不需要设立网点、不需要另外的设备与人员等,交易成本显著低于物理网点和人工柜员等方式。再如,部分手机银行(移动支付)的用户,可以使用具有生物识别能力的软件进行远程开户,可以显著降低交易成本。

第二,互联网促进运营优化,从而降低交易成本。比如,第三方支付集成多个银行账户,能提高支付清算效率。在传统支付模式下,客户不能与中央银行之间直接建立联系,必须分别与每一家商业银行建立联系,支付清算效率较低。在第三方支付模式下,客户与第三方支付公司建立联系,第三方支付公司代替客户与商业银行建立联系。此时第三方支付公司成为客户与商业银行支付清算的对手方,第三方支付公司通过在不同银行开立的中间账户对大量交易资金实现轧差,少量的跨行支付则通过中央银行的支付清算系统完成。第三方支付通过采用二次结算的方式,实现了大量小额交易在第三方支付公司的轧差后清算,降低了交易成本。

第三,互联网金融的去中介化趋势缩短了资金融通中的链条,降低了交易成本。

(二)信息不对称程度降低

在互联网金融中,大数据广泛应用于信息处理(体现为各种算法,自动、高速、网络化运算),提高了风险定价和风险管理效率,显著降低了信息不对称。

一般认为大数据有四个基本特征:数据体量庞大(Volume)、价值密度低(Value,也可理解成应用价值巨大)、来源广泛和特征多样(Variety)、增长速度快(Velocity,也可理解成需要高速分析能力)。大数据产生的背景是整个社会走向数字化,特别是社交网络和各种传感设备的发展。大数据有三个主要类型:记录数据、基于图形的数据以及有序数据。云计算和搜索引擎的发展,使得对大数据的高效分析成为可能,核心问题是如何在种类繁多、数量庞大的数据中快速获取有价值的信息,主要有两类任务:第一是预测任务,目标是根据某些属性的值,预测另外一些特定属性的值。第二是描述任务,目标是导出概括数据中潜在联系的模式,包括相关、趋势、聚类、轨迹和异常等,具体可分为分类、回归、关联分析、聚类分析、推荐系统、异常检测、链接分析等。大数据分析有很强的实用主义色彩。

预测在大数据分析中占有很大比重,对预测效果的后评估也是大数据分析的重要内容。

大数据与超高速计算机结合,使相关性分析的重要性将超过因果分析、行为分析的重要性,不低于财务报表分析。

在信贷领域,可以根据大数据决定动态违约概率。对某个信用主体,很多利益相关者都可以在互联网上给予评价,这样根据自主信息和主观判断,任何时点都可以知道违约概率,并且是最有效的。总的效果是,地方信息和私人信息公开化,只可意会的信息显性化,分散信息集中化,类似"充分统计量"的指标或指数能反映汇聚的信息,使信息在人与人之间实现"均等化"。

证券市场可能同时具有行为金融学和有效市场假说描述的特征。一方面,在社交网络的促进下,投资者之间的交流、互动和相互影响会非常有效,个体和群体行为会接近行为金融学的描述(Coviello,发现,人类情绪可以通过社交网络产生传染效果),进而对单个证券或整个证券市场产生可观测的影响。另一方面,在大数据分析的促进下(内幕信息不属于大数据),市场信息充分、透明,市场定价效率非常高(比如证券定价中的一些复杂计算转化为应用程序,简单化),证券市场会接近有效市场假说的描述。

在保险领域,大数据能提高保险精算的准确性,使保费充分考虑个体差异性,并且动态调整,类似动态违约概率。比如,在非寿险中,保险公司可以为客户提供根据行驶里程及时间定价的保险(Pay As You Drive),根据驾驶行为定价的保险(Pay How You Drive),以及可以协助被保险人完善驾驶习惯(Manage How You Drive);寿险精算在生命表的基础上,将来会充分考虑个人的基因、家族遗传、饮食运动习惯和职业等,时效性也将进一步提高。随着精算效率的提高,互联网金融中的保险,将接近完美的风险转移模型——自愿、自由、公平地进行风险转移。第一,保险产品丰富化,对人身和财产方面的每一种风险,均可能出现相应的保险产品。第二,保险费率由公平原则厘定。第三,风险转移给社会中有相应风险偏好的人,由他们自愿承担。

(三) 交易可能性集合拓展

互联网使交易成本和信息不对称逐渐降低,金融交易可能性集合拓展,原来不可能的交易成为可能。比如,在P2P网络贷款中,陌生人之间也可以借贷,而线下个人之间的直接借贷,一般只发生在亲友间。在众筹融资中,出资者和筹资者之间的交易较少受到空间距离的制约,而传统VC遵循"20分钟规则"(被投企业距VC不超过20分钟车程)。余额宝用户数达1.49亿(2014年三季度),其中有很多不属于传统理财的服务对象。特别是,互联网金融具有的边际成本递减和网络效应等特征,也有助于拓展互联网金融的交易可能性集合。

　　但交易可能性集合扩大伴随着"长尾"风险。第一,互联网金融服务人群的金融知识、风险识别和承担能力相对欠缺。第二,这些人的投资小而分散,"搭便车"问题突出,针对互联网金融的市场纪律容易失效。第三,个体非理性和集体非理性更容易出现。第四,一旦互联网金融出现风险,从涉及人数上衡量,对社会负外部性很大。因此,金融消费者保护是互联网金融监管的重要内容。

(四) 交易去中介化

　　在互联网金融中,资金供求的期限、数量和风险的匹配,不一定需要通过银行、证券公司和交易所等传统金融中介和市场,可以通过互联网进行。

　　在信贷领域,个人和小微企业在消费、投资和生产中,有内生的贷款需求(比如平滑消费、启动投资项目和流动资金等)。这些贷款需求属于合法权利(即贷款权)。与此同时,个人通过投资使财富保值增值,并自担风险,也属于合法权利(即投资权)。但这些贷款权和投资权都很分散,面临匹配难题和交易成本约束。比如,我国很多地方存在的"两多两难"(企业多融资难,资金多投资难)问题,就反映了信贷领域的这种摩擦。P2P 网络贷款能缓解贷款权和投资权匹配中的信息不对称,降低交易成本,有存在的必然性。很多传统金融不能满足的贷款权和投资权,通过 P2P 网络贷款得到了满足。在征信基础比较好的地方(比如美国),P2P 网络贷款的生命力就显现出来。此外,P2P 网络贷款平台与借款者之间的重复博弈能抑制诈骗。在大数据背景下,金融民主化、普惠化与数据积累之间有正向激励机制。

　　鉴于 P2P 网络贷款的经济合理性,有三个发展方向:第一,P 的扩大。P2P 网络贷款目前主要是自然人对自然人的借贷,将来可以拓展到个人对机构、机构对机构的借贷。第二,随着基于大数据的征信的发展,P2P 网络贷款中的定价效率会显著提高。贷款利率也会趋向合理水平,不同 P2P 网贷平台之间的套利消失。第三,P2P 网络贷款平台可以提供信用保险功能。投资者在交纳一定保费后,可以将借款人的部分或全部信用风险转移出去。这既为投资者提供新的风险管理工具,还会进一步拓展 P2P 网络贷款的交易可能性边界。

　　证券领域,在目前技术条件下,投资者可以直接在股票交易所开户,不需要通过证券公司,实现百分之百的网络交易,使证券公司的经纪业务没有存在的必要。另外,众筹融资可能发展成"融资工具箱"。在信息足够透明、交易成本足够低的情况下,一些企业(特别是资质比较好的企业)的融资可以不通过股票市场或债券市场等,直接在众筹融资平台(甚至自己网站上)进行,而且各种筹资方式一体化。企业根据自己需要,动态发行股票、债券或混合型资本工具,供投资者选择。投资者可以实时获取自己组合的头寸、市值、分红、到期等信息,相互之间还能进行证券的转让和交易。

　　在保险领域,会出现"众保"模式。保险的核心功能是经济补偿,即保险公司基于大数定理为投保人提供针对意外损失的经济补偿。在经济补偿中,没有发生意外损失的投保人通过自己交纳的保费间接补偿了发生意外损失的投保人。在充分竞争的理想情况下,全体投保人支付的保费应该正好能覆盖他们作为一个整体的意外损失敞口(即净均衡原理),保险公司居中起到保费转移支付的作用。"众保"模式体现了保险的去中介化。在"众保"模式中,一群风险保障需求相当的人可以通过网络签署协议,约定只要有人发生意外损失,其他人均有义务给予补偿,开展互助。比如我国的"抗癌公社",其目标是通过网络平台,征集到 3 万名公社成员,约定一旦有成员患癌,每名会员提供 10 元捐助,从而筹集到 30 万的专项医疗费,并且平台本身非营利、不经手捐助款。大数据技术使信息越来越透明，对"众保"模式有促进作用。

（五）支付变革与金融产品货币化

在互联网金融中，以移动支付和第三方支付为基础，在很大程度上活跃在银行主导的传统支付清算体系之外，并且显著降低了交易成本。如果第三方支付发展得足够大，并联合起来形成中央银行之外的支付清算系统，从理论上有可能挑战中央银行作为支付清算中心的地位。另一个情景是，所有个人和机构通过互联网在中央银行的超级网银开账户。这样二级银行账户体系就不存在，货币政策操作方式完全改变。比如，中央银行和商业银行竞争存款，中央银行批发资金给商业银行发放贷款。

在互联网金融中，支付与金融产品挂钩，会促成丰富的商业模式。突出例子是以余额宝为代表的"第三方支付＋货币市场基金"合作产品——平时作为投资品获取收益，需要时快速转换为支付工具。通常情况下，当一种金融产品的流动性趋向无穷大的时候，收益会趋向于0。但余额宝通过"T＋0"和移动支付，使货币市场基金既能用作投资品，也能用作货币，同时实现支付、货币、存款和投资四个功能。未来，随着支付的发展，在流动性趋向无穷大的情况下，金融产品仍可以有正收益。许多金融产品（或投资品）将同时具有类似现金的支付功能，称为"金融产品货币化"。比如，可能用某个保险产品或某只股票换取商品。这对货币政策和金融监管都是挑战，需要重新定义货币、支付、存款和投资。

互联网金融中还会出现互联网货币。以比特币为代表的互联网货币的流行说明，点对点、去中心化的私人货币（根据密码学和互联网技术设计），在纯粹竞争环境下不一定比不上中央银行的法定货币。在现代社会，货币不一定总与信用联系在一起（比特币更接近一种人造黄金）。此外，互联网货币天生的国际性、超主权性，丰富了对可兑换的认识。

理论上，互联网市场体系中产生多边交易认可的互联网货币，以"自适应"方式存在于互联网，内生于以互联网为主的实体经济交易中，根据规则自动调整发行量（不像比特币那样事先限定发行量，而是随着互联网市场运转，货币成比例增长），以保持币值稳定。这种情况下，货币政策也会完全改变。目前主流的货币理论假设货币是外生变量，因此有控制的必要。但对这种内生、超主权的互联网货币，货币政策既不是数量控制，也不是价值控制，而是对经济体中总的风险承担水平的控制，更接近宏观审慎监管。

（六）银行、证券和保险的边界模糊

一些互联网金融活动天然具有混业特征。比如，在金融产品的网络销售中，银行理财产品、证券投资产品、基金、保险产品和信托产品完全可以通过同一个网络平台销售。又如，P2P网络贷款就涉及银证保三个领域。从功能上，P2P网络贷款是替代银行存贷款。P2P网络贷款还可以视为通过互联网的直接债权融资，美国主要是SEC监管P2P网络贷款。从保险角度，P2P网络贷款的投资人相当于购买信用保险产品。比如，假设一个投资者有100万元，去银行存款，一年期利率3.5％，年收益3.5万元；在P2P网络贷款平台上给50个人贷款（假设平均贷给每人2万元），利率在12％—15％之间。在50个借款人中，如果只有3个人违约（假设违约后贷款完全损失），投资者的年净收益为47×2×12％－3×2＝5.28万元（按最低利率12％计算），还是高于银行存款的收益3.5万元。这就体现了大数定理的应用。但也需要指出，互联网金融的混业特征会带来一些监管难题。

（七）金融和非金融因素融合

互联网金融创新内生于实体经济的金融需求，一定程度上接近"内生金融"概念。一些实体经济企业积累了大量数据和风险控制工具，可以用在金融活动中，代表者是阿里巴巴和京东等电子商务公司。阿里巴巴为促进网上购物、提高消费者体验，先通过支付宝打通支付环节，再利用网上积累的数据发放小额信贷，然后又开发出余额宝，以盘活支付宝账户的沉淀资金，满足消费者的理财需求。阿里巴巴的金融创新经验表明，互联网金融的根基是实体经济，互联网金融一旦离开实体经济，会变成无源之水、无本之木。

共享经济（Sharing Economy）正在欧美国家兴起，我国也出现了一些案例。交换活动普遍存在，只要人与人之间资源禀赋不一样或者分工不一样，就存在交换和匹配。

从互联网视角解读市场、交换和资源配置等基本概念可以发现，互联网提高了交换和匹配的效率，使很多原来不可能交易的东西，以交易或共享的方式匹配。比如，打车软件（腾讯的滴滴打车和阿里巴巴的快的打车，背后是两者支付账户的竞争）使出租车的市场匹配发生了很大变化，减少了旅客排队等出租车的时间，也减少了出租车"扫大街"空驶的情况。将来的可能是，每辆出租车有若干固定客户，每个客户也有若干出租车司机为他服务，每个人还可以通过市场自行拼车，这样出租车市场的资源配置效率会非常高。再比如住房共享（代表者是美国的Airbnb 公司），不一定交换房屋产权，但可以交换房屋使用权。住房共享平台为房东提供在线服务平台，将其未使用的居住空间（包括整套房子、单个房间和床位等）短期租赁给房东所在城市旅行的房客，使闲置住房资源通过互联网实现共享。

电子商务、共享经济与互联网金融有天然的紧密联系。它们既为互联网金融提供了应用场景，也为互联网金融打下数据和客户基础，而互联网金融对它们也有促进作用，从而形成良性循环。未来，实体经济和金融活动在互联网上会达到高度融合，使得互联网金融创新具有非常不同于传统金融创新的特点。

传统金融创新主要是金融产品（契约）创新，即使用金融工程技术和法律手段，设计新的金融产品，部分新产品具有新的现金流、风险和收益特征，实现新的风险管理和价格发现功能，从而提高市场完全性，比如期权、期货和掉期等衍生品；部分创新产品则以更低交易成本实现已有金融产品（及其组合）的功能，比如交易所交易基金。总的来说，传统金融创新强调流动性、风险收益转换。

互联网金融创新则体现了互联网精神对金融的影响。互联网精神的核心是开放、共享、去中心化、平等、自由选择、普惠和民主。互联网金融反映了人人组织和平台模式在金融业的兴起，金融分工和专业化淡化，金融产品简单化，金融脱媒、去中介化，金融民主化、普惠化。因此，互联网金融的很多创新产品与衣食住行和社交联系在一起，经常内嵌在应用程序中，产品实用化、软件化，自适应生成，强调行为数据的应用，一定程度上体现了共享原则。典型案例有：① 余额宝，实现了支付、货币、存款和投资的一体化；② 京东白条，本质是"免息赊购＋商品价格溢价"，给消费者一定信用额度，不计利息，但能从商品价格中得到补偿；③ 微信红包颠覆了传统的红包概念，体现了互联网金融在社交中的应用。类似这样的"跨界"创新产品将来会大量出现。

三、互联网金融的政策含义

互联网金融有消极和积极两方面政策含义。消极含义是指，互联网金融反映了我国金融体系中低效率或扭曲因素，以及金融监管中的问题。积极含义是指，互联网金融有助于缓解我国普惠金融发展面临的难题，并有很强的社会功能。

（一）消极含义

互联网金融在我国发展迅速，一个很重要的原因是我国金融体系中的低效率或扭曲因素为互联网金融创造了空间。第一，我国正规金融一直未能有效服务中小企业和"三农"金融需求，而民间金融（或非正规金融）有内在局限性，风险事件频发。第二，经济结构调整产生了大量消费信贷需求，其中很大部分不能从正规金融机构得到满足。第三，在目前存贷款利差仍受保护的情况下，银行业利润高，各类资本都有进入银行业的积极性。第四，受管制的存款利率经常跑不过通货膨胀，2008年—2014年股票市场多年不振，再加上近年来对购房的限制，老百姓的投资理财需求得不到有效满足。第五，目前IPO管理体制下，股权融资渠道不通畅。第六，证券、基金、保险等的产品销售受制于银行渠道，有动力拓展网上销售渠道。

在这些背景下，目前我国互联网金融主要针对个人和中小企业的信贷融资需求、创意性项目的类股权融资需求、老百姓的投资理财需求以及金融产品销售的"去银行渠道化"，在很大程度上属于普惠金融的范畴。互联网金融对大企业、大项目融资等对公业务的影响还不大。但未来，这些对公业务的比重也会下降。此外，我国金融资源长期集中在中央和国有部门。未来10年内可预见的趋势是，大量金融资源将从中央分散到地方，从国有部门转移到私营部门。金融资源分配格局的这种深刻变化，也会促进互联网金融的发展。

互联网金融显示了我国金融监管体系存在的问题。这一点在余额宝中表现最明显。2014年底，余额宝已超5 789亿元。余额宝达到这么大规模，有多方面原因：第一，余额宝的资金主要投向银行协议存款，而在利率市场化背景下，协议存款利率（已市场化）高于活期存款（尚未市场化）。第二，余额宝在2013年年中推出适逢"钱荒"，银行间市场利率高企，所以余额宝的投资收益比较高，但2014年以来已逐渐下降。第三，协议存款不用交准备金，银行能给出高利率。第四，协议存款"提前支取不罚息"，是余额宝流动性的关键保障。

后两个原因有一定监管套利色彩。人民银行已决定协议存款要交准备金，并且不能有"提前支付不罚息"条款。第二个原因是暂时性的。第一个原因是关键，说明老百姓对投资收益非常敏感，只要利率市场化没有完成，以余额宝为代表的"第三方支付＋货币市场基金"合作产品就有生存空间。

（二）积极含义

互联网金融有助于缓解我国金融体系存在的一些问题。最大的问题是"普惠金融悖论"，即金融服务的需求方希望以低成本获得金融服务，而金融服务的供给方则希望以高收益提供金融服务。互联网和移动通信技术降低了金融服务成本，扩大了金融服务边界，特有的网络效应保障了金融服务收益，两方面的结合使得互联网金融在发展普惠金融业务上具有了商业可持续性。从我国实践看，互联网金融发展更多地惠及三四线城市和农村、偏远地区群体，在发展普惠金融上表现出了不俗效果。

　　互联网金融有较强的社会功能。互联网金融在创造机会、改善公平、消除贫困和缩小收入差距等方面发挥了传统金融难以替代的作用。从这个意义上讲,互联网金融在一定程度上能回答 Shiller 提出的问题:金融到底在社会发展中扮演怎样的角色? 不论作为一门科学、一种职业,还是一种创新的经济来源,金融如何帮助人们达成平等社会的终极目标? 金融如何能为保障自由、促进繁荣、促成平等以及取得经济保障贡献一份力量? 如何才能使得金融民主化,从而使得金融能更好地为所有人服务?

　　在传统金融中,一般将人的需求和行为中的非理性成分作为一种干扰甚至扭曲金融运行的外在因素。互联网金融则是将人的发展(即使其中有非完美成分)作为服务目标,通过合理设计的金融产品,使金融更好地服务人的衣食住行和社交需求,激发创业精神和企业家精神,节约交易成本和提高经济活力。

第四节　互联网金融的发展趋势

　　从大局看,互联网金融稽核了新时期"五大发展理念"。一是创新发展,互联网金融是技术创新驱动的一个新的业态模式;二是协调发展,由于互联网金融跨界的缘故,对金融产业与经济的发展都提出了协调要求;三是开放发展,互联网金融不仅要求金融走出过去的垄断、封闭运营,还要求中国金融和世界金融的贯通;四是绿色发展,互联网金融能极大地减少产耗、能耗;五是共享发展,互联网金融可盘活、增强传统金融的资源。

　　从具体应用看,互联网金融是供给侧改革的重要抓手。借助 P2P、众筹以及更多新的互联网金融模式创新,为金融客户提供服务,有效增加新供给。

　　从政策方向看,互联网金融符合"双创"精神,可为发展打造新引擎、注入新动能。

一、互联网金融发展趋势

　　从 2016 年 Apple Pay 的推出到五大银行免除手机转账汇款手续费用等一系列动作,都表明互联网金融再次由传统金融机构领跑发力了。

　　基于 P2P 结构、区块链技术形成的共识算法、智能合约等技术,会成为新一代技术创新或金融创新的支撑点。将区块链技术应用于金融票据领域中是目前互联网金融发展的重点,票据区块链技术在点对点价值传递、信息记录与积累、有效风险控制等方面有着得天独厚的优势,将在未来的金融科技服务中发挥积极作用。

　　互联网金融正与西方全面对接,将推动中国金融改革与世界接轨,随着国际合作的推进,将为中国投资者铺平全球资产配置之路;通过与国际顶级机构合作让中国投资者能购买美国以及其他国家的借贷资产。未来这类合作将为中国高净值人士提供更多渠道,真正实现全球资产配置;越来越多的中国科技金融公司将通过上市等方式,得到资本市场的认可。

　　互联网金融有非常大的发展潜力,很多技术还没有应用到金融领域,这依然是技术创新不足与技术改造金融不足带来的问题。

　　拥抱金融科技成为未来趋势。未来五年到十年金融行业所处的运行环境将产生深刻变化,在新的竞争格局和社会分工下,金融科技将通过改变金融服务模式重新定义金融行业,金融科技性金融机构也将在安全性、用户体验、专业化服务等方面凸显出巨大优势,并影响传统金融机构的边际利润、市场份额和信息安全,从而帮助他们降低成本,留存客户,打破瓶颈,完成金融科技时代的转型。

放眼未来十年,中国将拥有完善的金融体系。草根阶层创业将得到更多的金融支持;科技金融的创新者也将得到更多机会。

多层级的智慧监管体系将得以实现,相关监管细则陆续出台,行政监管与行业自律有机结合,互联网金融将走向规范化、法制化和阳光化轨道。

互联网和金融将呈现出深度融合态势,互联网技术将对金融产品、业务、组织和服务等方面产生更加深刻的影响。

互联网金融在促进普惠金融发展,提升金融服务质量和效率,满足多元化投融资需求等方面的作用将更加突出。

当整个中国经济从投资出口转向消费发展的时候,当老百姓兜里的钱越来越多的时候,当整个中国零售、第三产业,零售品的供给,消费品的供给越来越丰富的时候,消费金融必然是未来二三十年间巨大的风带。

科技金融公司将告别欺诈。未来的市场借贷机构将通过与商业银行合作,所有交易实现全面监管。跑路、虚假交易等将逐渐被杜绝,风控升级伴之以用户体验升级。科技金融的从业者通过技术能力,将拥有更好的风险管理系统,在极大降低风险的同时,为用户带来更加简单便捷的体验。

中国将会建成"信用社会"。信用的观念将通过基础教育从小抓起,信用的重要性深入人心,信用体系也逐步建设完善,中国将建成既有"硬件"又有"软件"的信用社会。在这个社会中,跨界合作将成为常态。互联网公司与金融公司之间,传统行业和科技金融公司之间,有更多合作,各自发挥所长,通过合作达成共赢。

"科技金融"、"互联网金融"这样的词汇将消失。因为未来所有的金融必将是由科技驱动的,"科技"、"互联网"将不再是新鲜的概念。

二、对互联网金融行业的监管

第一,要认清互联网金融监管的本质。整治互联网金融环境并不是对互联网金融进行打击,而是更好地夯实互联网金融发展的基石。

第二,政府已经转变态度,由从前的刚性监管、严厉打击转变为谦虚倾听。

第三,风险意识是互联网金融行业自知自律的重要基础,有助于推动行业规范的发展与监管政策的落实。

第四,互联网金融发展必须以用户为中心,以保护消费者权益和落实消费者权益为中心。

第五,应在双向互动的基础上制定政策。

第六,进行监督规范的准则可归纳为:软法为先,硬法托底,刚柔相济,混合为治。

在当前环境下,既不要把互联网金融神圣化,也不要把互联网金融妖魔化,应该看准趋势,正确理解政策,持续地推动互联网金融健康发展。普惠金融、绿色金融、共享金融既是互联网金融发展的归宿,也是互联网金融行业的使命和未来。

本章小结

本章分析了互联网金融产生和发展的背景,是互联网技术、我国传统金融体系低效率或扭曲为互联网金融创造了空间;阐述了互联网金融的定义,泛指一切通过互联网技术进行资金融通的行为;明确了互联网金融的本质仍然是资金的融通,主要模式包括互联网支付、网络借贷、股权众筹融资、互联网基金销售、互联网保险、互联网信托和互联网消费金融等,实现条件和途径涉及大数据金融、信息化金融机构、互联网金融门户等,运营过程中还需要进行互联网金融监管;论述了互联网金融的理论,以互联网技术为基础,包括信息不对称理论、瓦尔拉斯一般均衡理论和边际成本递减和网络效应,传统金融功能和金融契约。互联网金融的核心特征包括,交易成本低、信息不对称程度降低、交易集合、交易去中介化、支付迅速便捷和金融产品货币化、传统金融业态边界融合等。

 **复习思考题**

1. 回顾互联网金融产生和发展的背景,从中受到哪些启发?
2. 什么是互联网金融,其本质表现在哪些方面?
3. 互联网金融的主要模式有哪些,发展趋势是什么?
4. 简述互联网金融的理论基础和主要特征。
5. 互联网金融为何需要监管?

附录: 互联网金融激励政策

2015 年 3 月 5 日《政府工作报告》两次提到"互联网金融",并将其表述为"异军突起",要求促进"互联网金融健康发展"。国家寄希望于互联网金融发挥草根金融的优势,在解决中小微企业融资难融资贵中发挥作用;另一方面希望互联网金融可以加快改革和转型步伐。

2015 年 5 月 8 日《发改委关于 2015 年深化经济体制改革重点工作的意见》指出,2015 年深化经济体制改革的重点工作包括制定完善金融市场体系实施方案,出台促进互联网金融健康发展的指导意见,制定推进普惠金融发展规划。

2015 年 7 月 4 日《国务院关于积极推进"互联网+"行动的指导意见》出现 15 次"互联网金融"这一关键词,2 次出现"网络借贷"。提到要促进互联网金融健康发展,培育一批具有行业影响力的互联网金融创新型企业。规范发展网络借贷和互联网消费信贷业务,鼓励互联网企业依法合规提供创新金融产品和服务,更好满足中小微企业、创新型企业和个人的投融资需求。

2015 年 7 月 18 日《关于促进互联网金融健康发展的指导意见》,正式承认了 P2P 的合法地位,也明确了 P2P 的信息中介性质,并以"鼓励创新、防范风险、趋利避害、健康发展"为总的要求,明确了包括股权众筹融资、P2P 网络借贷、互联网支付在内的多种互联网金融业态的职责边界。这是 P2P 行业第一部全面的基本法,为 P2P 行业的创新发展真正指明了方向。

2015 年 7 月 31 日《非银行支付机构网络支付业务管理办法(征求意见稿)》指出:支付机构不得为金融机构,以及从事信贷、融资、理财、担保、货币兑换等金融业务的其他机构开立支付账户。

2015 年 8 月 6 日《最高人民法院关于审理民间借贷案件适用法律若干问题的规定》,划定了 24% 的民间借贷利率红线,进一步明确了 P2P 平台的媒介身份。此外,《规定》指出的 P2P 平台作为提供媒介服务的中介平台,无须履行担保责任,视为 P2P 行业未来去担保化的重要开端。

2015 年 11 月 3 日《中共中央关于制定国民经济和社会发展第十三个五年规划建议》提到,"坚持创新发展,着力提高发展质量和效益",具体"构建发展新体制"中表述为:规范发展互联网金融。这是互联网金融首次写入中央五年规划。

2015 年 12 月 28 日《网络借贷信息中介机构业务活动管理暂行办法(征求意见稿)》。由银监会连同多个部门共同研究起草,正式向社会公众公开征求意见。这意味着 P2P 监管细则已经上线,征求意见的过程就是行业适应以及适当修改调整意见的过程。

2015 年 12 月 28 日,《非银行支付机构网络支付业务管理办法》发布。

2015 年 12 月 31 日,国务院《推进普惠金融发展规划(2016—2020 年)》发布。

2016 年 1 月 27 日,中央一号文件《关于落实发展新理念加快农业现代化实现全面小康目标的若干意见》提到,引导互联网金融、移动金融在农村规范发展。

2016 年 2 月 4 日,国务院《防范和处置非法集资工作的意见》发布。

2016 年 3 月 25 日,中国互联网金融协会在上海成立。

2016 年 8 月 24 日,银监会等四部委出台《网络借贷信息中介机构业务活动管理暂行办法》,规定网贷借贷金额应以小额为主,并明确划定了借款人的借款上限。其中"不得从事的债权转让行为,不再提供融资信息中介服务的高风险领域"为新增禁止行为。网贷暂行管理办法对网贷主管机构银监会和地方金融监管机构职能进行了分工,实行"双负责"原则,即有银监会及其派出机构对网贷业务实施行为监管,制定网贷业务活动监管制度;地方金融监管机构负责网贷机构的监管。网贷暂行管理办法的出台,意味着在中国发展近十年的网贷行业迎来监管时期。

2016 年 10 月 31 日,中国互联网金融协会发布《互联网金融信息披露个体网络借贷》标准(T/NIFA 1—2016)和《中国互联网金融协会信息披露自律管理规范》。《信息披露标准》定义并规范了 96 项披露指标,其中强制性披露指标逾 65 项、鼓励性披露指标逾 31 项,分为从业机构信息、平台运营信息与项目信息三方面。

2016 年 11 月 30 日,银监会、工业和信息化部、工商总局联合发布《网络借贷信息中介机构备案登记管理指引》。

第二章　互联网支付

本章内容

学习目标

——知识目标

1. 了解互联网支付的方式。

2. 掌握第三方支付的含义、分类、特点与交易流程；了解常见的第三方支付网站的服务功能；了解第三方支付的发展现状。

3. 掌握移动支付方式。

——能力目标

1. 熟练掌握支付宝、财付通等第三方支付网站的相关产品服务；学会第三支付网站的账号申请、充值；能使用第三方网站完成网上支付；在熟练使用互联网支付的基础上，适应新的支付方式的变革。

2. 学会使用移动支付工具。将互联网支付方式和金融工具结合，为以后的金融投资工作奠定基础。

互联网金融行业：支付牌照管理收紧行业迎来整合快速期

今年以来，针对支付牌照的收购案频发，支付牌照的市场价水涨船高，利好已获取支付牌照的厂商。本文就支付牌照的详细情况，监管政策，支付行业的发展情况进行分析研究。

第三方支付牌照监管收紧。第三方支付牌照许可的业务类型主要包括：互联网支付、移动电话支付、固定电话支付、数字电视支付、预付卡发行与受理、银行卡收单。目前央行共发放270张支付牌照，吊销3张牌照，存量为267张支付牌照。为了规范行业清理违规行为，央行逐渐收紧牌照发放，具体表现在：① 新增牌照发放减少，2015年仅发放1张，2016年没有发放；② 牌照续展工作从严把控，牌照5年到期后，将面临严格的续展审核；③ 对支付机构实行分类监管。

行业迎来整合快速期。① 支付牌照收紧导致兼并购频发：一方面支付是交易的最后一环，获取支付牌照是实现商业闭环的重要手段；另一方面，支付关系到企业与客户之间的资金流与信息流，拥有支付牌照才真正拥有数据。2016 年以来，支付牌照的收购案频发，加速行业整合；② 收单费率下调使得行业马太效应凸显。2016 年 3 月央行下调银行卡刷卡手续费，已具备一定规模（规模经济）或业务多元化（其他业务补贴支付业务）的收单机构有望"挤出"规模小且业务单一的收单机构，线下收单行业将面临进一步的整合。

资料来源：凤凰财经 2016. 11. 29　http://finance. ifeng. com/a/20161129/15041124_0. shtml

当支付遇到互联网，一场革命自然不可避免。现实情况是传统的现金支付已经"退居二线"，各种在线支付方式成为人们日常消费的主要支付方式。银行推出的网银以及民营企业推出的各种各样的第三方支付平台大大方便了人们的生活，互联网支付终端也从桌面电脑扩展到移动终端和电视等多种形式的终端上，互联网支付变得无处不在。

网银、第三方支付、移动支付作为互联网支付的主要表现形式。从微观层面上说，互联网支付直接涉及用户的财产安全等切身利益；从宏观层面上，还关系到国家金融体系的稳定。例如第三方支付公司拥有巨额的沉淀资金，获得了开展金融业务的潜在能力，能够对整个金融体系产生影响。

第一节　互联网支付概述

互联网支付手段是以计算机网络为基础的，它使用负载有特定信息的电子数据取代传统的支付方式来进行资金流转，这种支付方式具有时效性。电子支付市场的培育者是银行、第三方支付公司和商户，三者缺一不可。在网上支付，消费者、商家、银行三者存在着互相独立的合同关系，即买卖合同和金融服务合同。

2010 年，央行发布《非金融机构支付服务管理办法》，部分民营第三方支付企业将获得牌照，摆脱"灰色地带"的尴尬。银联发力第三方支付，使第三方支付的竞争局势更为复杂。站在整个移动互联网产业发展的高度上，由电信运营商主导手机支付标准更具合理性。因为银联不像电信运营商那样在移动互联网产业链上具备强大的影响力，在发展支付衍生的增值业务上缺乏优势。

一、支付 APP 的现状

1. 现存的支付类 APP 的排名

网银、第三方支付、移动支付作为互联网支付的主要表现形式。从微观层面上说，互联网支付直接涉及用户的财产安全等切身利益；从宏观层面上，还关系到国家金融体系的稳定。例如第三方支付公司拥有巨额的沉淀资金，获得了开展金融业务的潜在能力，能够对整个金融体系产生影响。目前，愈演愈烈的支付 APP 排名如下：

表 2-1　2016 年 7 月支付类 APP 活跃用户数 TOP30

排名	APP 名称	月活跃用户数(万人)	排名	APP 名称	月活跃用户数(万人)	排名	APP 名称	月活跃用户数(万人)
1	支付宝钱包	18874.6	11	顺手付钱包	123.8	21	即付宝	41.0
2	翼支付	590.8	12	钱宝	96.3	22	易付宝钱包	38.5
3	财付通	485.4	13	快钱钱包	74.3	23	荣耀钱包	29.0
4	银联手机支付服务	405.3	14	翼支付钱包	61.3	24	e 钱包	21.7
5	京东钱包	390.2	15	和包	59.9	25	趣分期	21.4
6	银联钱包	271.2	16	拉卡拉收款宝	52.7	26	网易宝	21.2
7	全民付	261.2	17	百度钱包	47.8	27	速刷	20.7
8	手机支付	182.6	18	闪银	47.1	28	快钱	17.7
9	壹钱包	169.2	19	支付通 Qpos	45.1	29	中银易商	14.8
10	拉卡拉	134.8	20	中国移动手机钱包	43.7	30	融 e	14.3

2. 关于支付类 APP 用户黏性分析

支付宝可以为买家提供简单、安全、便捷的购买和支付方式,极大限度地减少买家的流失。同时,支付宝与国内各大银行建立了稳固的战略合作关系,使支付宝成为电子支付领域最值得信任的合作伙伴。

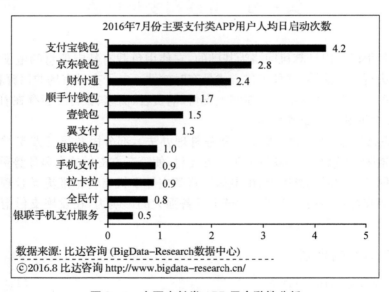

图 2-1　主要支付类 APP 用户黏性分析

支付宝钱包用户活跃度最高,其用户人均日启动次数达 4.2 次,京东钱包和财付通排在第二、三位,用户人均日启动次数分别为 2.8 次和 2.4 次。对于支付 APP 的用户来说,支付的快捷与安全最重要,用户选择支付宝钱包便是看中了这些。支付宝钱包用户量巨大,安全可靠,并与各大商家合作,出行吃喝玩乐,支付宝钱包可完成一切。

二、互联网支付分类

（一）按支付工具分类

1. 电子信用卡网络支付

信用卡是银行或其他财务机构签发给资信状况良好人士的一种特制卡片，是一种特殊的信用凭证。电子信用卡网络支付模式可以分为无安全措施的电子信用卡支付模式、借助第三方代理机构的电子信用卡支付模式、基于 SSL 协议机制的电子信用卡支付模式和基于 SET 协议机制的电子信用卡支付模式。电子信用卡网络支付模式覆盖范围宽广，但对网络安全环境的要求较高。

2. 数字现金支付

电子现金是一种以数据形式流通的、能被客户和商家普遍接受的、通过 Internet 购买商品或服务时使用的货币。通过隐蔽签名技术的使用，允许数字现金的匿名，从而最大限度地保护了用户的隐私。无须银行中介的直接支付和转让使得这种支付模式十分经济。

3. 智能卡支付

智能卡是使用计算机集成电路芯片（即微型 CPU 和存储器 RAM）用来存储用户的个人信息和电子货币信息，具有进行支付与结算等功能的消费卡。智能卡的网络支付方式依据在线或离线可分为两类，前者更多的是将智能卡当作拥有中央处理器的信用卡使用，而后者的典型代表则是我们日常使用的公交 IC 卡。

4. 虚拟货币支付

货币是社会生产发展的自然产品，是一种作为一般等价物的特殊商品，主要有三种职能：价值度量、价值储藏和交换媒介。从理论上来讲，除去传统的金本位，任何一种商品只要拥有作为一般等价物的资格都可以作为支付工具，虚拟货币应运而生。但因为 2009 年 6 月文化部、商务部联合下发《关于网络游戏虚拟货币交易管理工作》，明确指出同一企业不能同时经营虚拟货币的发行与交易，并且虚拟货币不得支付购买实物，因此现在我们所说的虚拟货币并不包括网游中的虚拟货币（主要指 Q 币、U 币等）。

5. 网银支付

网上银行又称网络银行、在线银行，是指银行利用 Internet 技术，通过 Internet 向客户提供开户、销户、查询、对账、行内转账、跨行转账、信贷、网上证券、投资理财等传统服务项目，使客户可以足不出户就能够安全便捷地管理活期和定期存款、支票、信用卡及个人投资等。可以说，网上银行是在 Internet 上的虚拟银行柜台。

6. 电子支票网络支付

电子支票是客户向收款人签发的，无条件的数字化支付指令。它可以通过因特网或无线接入设备来完成传统支票的所有功能。电子支票网络支付继承了纸质支票支付的优点的同时，又降低了交易的费用成本，而因为使用公用关键字加密签名或个人身份证号码（PIN）代替手写签名等方法确保了交易的安全性，因此，电子支票网络支付得到了 B2B 电子商务的认可。

7. 电子汇票系统支付

电子汇票系统是依托网络和计算机技术，接收、登记、存储、转发电子汇票数据电文，提供与电子汇票货币给付、资金清算行为相关服务,并提供纸质汇票登记查询和汇票公开报价服务的综合性业务处理平台。该系统支持金融机构一点或多点接入。

(二)按支付终端分类

1. 移动支付

用户使用移动终端(通常是手机)对所消费的商品或服务进行账务支付的一种服务方式。目前移动支付业务主要是由移动运营商、移动应用服务提供商(MASP)和金融机构共同推出。手机支付分为近场支付和远程支付两种。近场支付是指将手机作为 IC 卡承载平台以及与 POS 机通信的工具进行支付。远程支付仅仅把手机作为支付用的简单信息通道,通过 Web、SMS、语音等方式进行支付,又可分为手机话费支付方式、指定绑定银行支付和银联快捷支付三种。除手机外,平板电脑、上网本等其他移动终端也可以进行移动支付。

2. 电脑支付

电脑支付是最先兴起的互联网支付方式,从某种程度上来说,电脑支付的兴起推动了电子商务产业的发展。虽然近期随着移动支付的兴起,其地位受到挑战,但在目前仍然占据着互联网支付中最多的份额。

3. 互联网电视支付

主要分为两种,一是将类似 POS 机的装置植入遥控器当中;二是将银行卡的支付功能植入数字电视机顶盒里面。

中国已经进入互联网支付时代。面对我国电子商务产业爆发式增长的局面,面对现代企业以及广大持卡人日益广泛的互联网支付现实需求,面对政府打造电子服务平台的迫切愿望,作为中国银行卡组织,中国银联积极联合产业相关各方,构建了更加安全、便捷、高效的网上支付通道和环境。

三、第三方支付概述

所谓第三方支付,就是一些和产品所在国家以及国内外各大银行签约,并具备一定实力和信誉保障的第三方独立机构提供的交易支持平台。在通过第三方支付平台的交易中,买方选购商品后,使用第三方平台提供的账户进行货款支付,由第三方通知卖家货款到达、进行发货;买方检验物品后,就可以通知付款,第三方再将款项转至卖家账户。

第三方支付采用支付结算方式。按支付程序分类,结算方式可分为一步支付方式和分步支付方式,前者包括钞票结算、票据结算(如支票、本票、银行汇票、承兑汇票)、汇转结算(如电汇、网上支付),后者包括信用证结算、保函结算、第三方支付结算。

第三方支付起源于美国的独立销售组织(Independent Sales Organization, ISO)制度,指收单机构和交易处理商委托 ISO 做中小商户的发展、服务和管理工作的一种机制。企业开展电子商务势必接受信用卡支付,因而需要建立自己的商业账户(Merchant Account)。商业账户是一个以商业为目的的接受和处理信用卡订单而建立的特殊账户。收单银行必须是 VISA 或 MasterCard 的成员银行,这类银行需要由 VISA 或 MasterCard 组织认证。收单机构的商户拓展、评估、风险管理、终端租赁、终端维护、客户服务等往往需要借助 ISO 完成,ISO 扮演着商户与收单机构的中介作用。

通常,第三方支付服务商是指具备一定实力和信誉保障的独立机构,采用与各大银行签约的方式,为商户与消费者提供与银行支付结算系统接口的交易支持平台的网络支付模式。

第三方支付服务商通过和银行、运营商、认证机构等合作,并以银行的支付结算功能为基础,向企业和个人用户提供个性化的支付结算服务和营销增值服务。

在社会经济活动中,结算归属于贸易范畴。贸易的核心是交换,交换是交付标的与支付货币两大对立流程的统一。在自由平等的正常主体之间,交换遵循的原则是等价和同步。同步交换,就是交货与付款互为条件,是等价交换的保证。

在实际操作中,对于现货标的的面对面交易,同步交换容易实现;但许多情况下由于交易标的的流转验收(如商品货物的流动、服务劳务的转化)需要过程,货物流和资金流的异步和分离的矛盾不可避免,同步交换往往难以实现。而异步交换,先收受对价的一方容易违背道德和协议,破坏等价交换原则,故先支付对价的一方往往会受制于人,自陷被动、弱势的境地,承担风险。异步交换必须附加信用保障或法律支持才能顺利完成。

同步交换,可以规避不等价交换的风险,因此为确保等价交换要遵循同步交换的原则。这就要求支付方式应与交货方式相适配,对当面现货交易,适配即时性一步支付方式;对隔面或期货交易,适配过程化分步支付方式。过程化分步支付方式应合了交易标的流转验收的过程性特点,款项从启动支付到所有权转移至对方不是一步完成,而是在中间增加中介托管环节,由原来的直接付转改进为间接汇转,业务由一步完成变为分步操作,从而形成一个可监可控的过程,按步骤有条件进行支付。这样就可货走货路,款走款路,两相呼应,同步起落,使资金流适配货物流进程达到同步相应的效果,使支付结算方式更科学化,合理化地应和市场需求。

传统的支付方式往往是简单的即时性直接付转,一步支付。其中钞票结算和票据结算适配当面现货交易,可实现同步交换;汇转结算中的电汇及网上直转也是一步支付,适配隔面现货交易,但若无信用保障或法律支持,异步交换容易引发非等价交换风险,现实中买方先付款后不能按时按质按量收获标的,卖方先交货后不能按时如数收到价款,被拖延、折扣或拒付等引发经济纠纷的事件时有发生。

在现实的有形市场,异步交换权且可以附加信用保障或法律支持来进行,但在虚拟的无形市场,交易双方互不认识,不知根底,故此,支付问题曾经成为电子商务发展的瓶颈之一,卖家不愿先发货,怕货发出后不能收回货款;买家不愿先支付,担心支付后拿不到商品或商品质量得不到保证。博弈的结果是双方都不愿意先冒险,网上购物无法进行。为应和同步交换的市场需求,第三方支付应运而生。支付宝(alipay)是国内领先的第三方支付平台,由阿里巴巴集团 CEO 马云先生创立。马云进入 C2C 领域后,发现支付是 C2C 中需要解决的核心问题,因此就想出了支付宝这个工具,支付宝最初仅作为淘宝网公司为了解决网络交易安全所设的一个功能,该功能为首先使用的"第三方担保交易模式",由买家将货款打到支付宝账户,由支付宝向卖家通知发货,买家收到商品确认后指令支付宝将货款放于卖家,至此完成一笔网络交易。2004 年 12 月支付宝独立为浙江支付宝网络技术有限公司。在 2005 年瑞士达沃斯世界经济论坛上马云首先提出"第三方支付平台"。

第三方是买卖双方在缺乏信用保障或法律支持的情况下的资金支付"中间平台",买方将货款付给买卖双方之外的第三方,第三方提供安全交易服务,其运作实质是在收付款人之间设立中间过渡账户,使汇转款项实现可控性停顿,只有双方意见达成一致才能决定资金去向。第三方担当中介保管及监督的职能,并不承担什么风险,所以确切地说,这是一种支付托管行为,通过支付托管实现支付保证。

　　第三方支付是现代金融服务业的重要组成部分,也是中国互联网经济高速发展的底层支撑力量和进一步发展的推动力。第三方支付平台不仅在弥补银行服务功能空白,提升金融交易效率等方面表现突出,同时在健全现代金融体系、完善现代金融功能方面起着重要作用。随着国内电子商务的兴起,一些信息服务企业兴办的支付平台也开始崭露头角,第三方支付作为新技术、新业态、新模式的新兴产业,具有广阔的市场需求前景。

　　第三方支付系统主体有消费者、商家、第三方支付平台、认证机构和银行,其机构如图所示。

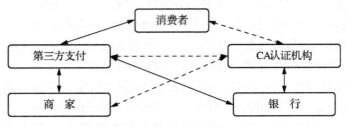

图 2-2　第三方支付机构关系图

(一)第三方支付运营模式

　　第三方支付使商家看不到客户的信用卡信息,同时又避免了信用卡信息在网络多次公开传输导致信用卡被窃事件。第三方支付一般的运行模式为:

　　1. 消费者在电子商务网站选购商品,决定购买,买卖双方在网上达成交易意向。

　　2. 消费者选择利用第三方支付平台作为交易中介,用借记卡或信用卡将货款划到第三方账户,并设定发货期限。

　　3. 第三方支付平台通知商家,消费者的货款已到账,要求商家在规定时间内发货。

　　4. 商家收到消费者已付款的通知后按订单发货,并在网站上做相应记录,消费者可在网站上查看自己所购买商品的状态;如果商家没有发货,则第三方支付平台会通知顾客交易失败,并询问是将货款划回其账户还是暂存在支付平台。

　　5. 消费者收到货物并确认满意后通知第三方支付平台。如果消费者对商品不满意,或认为与商家承诺有出入,可通知第三方支付平台拒付货款并将货物退回商家。

　　6. 消费者满意,第三方支付平台将货款划入商家账户,交易完成;消费者对货物不满,第三方支付平台确认商家收到退货后,将该商品货款划回消费者账户或暂存在第三方账户中等待消费者下一次交易的支付。

(二)第三方支付模式案例

　　1. 网上消费者浏览商户检索网页并选择相应商品,下订单达成交易。

　　2. 随后,在弹出的支付页面上,网上消费者选择具体的某一个第三方支付平台,直接链接到其安全支付服务器上,在第三方支付的页面上选择合适的支付方式,点击后进入银行支付页面进行支付。

　　3. 第三方支付平台将网上消费者的支付信息按照各银行支付网关技术要求,传递到相关银行。

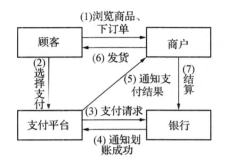

图 2 - 3　网上支付流程图

4. 由相关银行(银联)检查网上消费者的支付能力、实行冻结、扣账或者划账,并将结果信息回传给第三方支付平台和网上消费者。

5. 第三方支付平台将支付结果通知商户。

6. 接到支付成功的通知后,商户向网上消费者发货或者提供服务。

7. 各个银行通过第三方支付平台与商户实施清算。

（三）运营模式总结

纵观中国当前经营状况相对较好的第三方支付平台企业,主要基于以下两种经营模式:

1. 支付网关模式

第三方支付平台将多种银行卡支付方式整合到一个界面上,充当了电子商务交易各方与银行的接口,负责交易结算中与银行的对接,消费者通过第三方支付平台付款给商家,第三方支付为商家提供一个可以兼容多银行支付方式的接口平台。

2. 信用中介模式

为了增强线上交易双方的信任度,更好地保证资金和货物的流通,充当信用中介的第三方支付服务应运而生,实行"代收代付"和"信用担保"。交易双方达成交易意向后,买方须先将支付款存入其在支付平台上的账户内,待买家收货通知支付平台后,由支付平台将买方先前存入的款项从买家的账户中划至卖家在支付平台上的账户。这种模式的实质便是以支付公司作为信用中介,在买家确认收到商品前,代替买卖双方暂时保管货款。

3. 第三方支付平台具有以下优势

第一,第三方支付平台作为中介方,可以促成商家和银行的合作。对于商家第三方支付平台可以降低企业运营成本,同时对于银行,可以直接利用第三方的服务系统提供服务,帮助银行节省网关开发成本。

第二,第三方支付服务系统有助于打破银行卡壁垒。由于中国实现在线支付的银行卡"各自为政",每个银行都有自己的银行卡,这些自成体系的银行卡纷纷与网站联盟推出在线支付业务,客观上造成消费者要自由地完成网上购物,手里面必须有十几张卡。同时商家网站也必须装有各个银行的认证软件,这样就会制约网上支付业务的发展。第三方支付服务系统可以很好地解决这个问题。

第三,第三方支付平台能够提供增值服务,帮助商家网站解决实时交易查询和交易系统分析,提供方便及时的退款和止付服务。

第四，第三方电子支付平台可以对交易双方的交易进行详细记录，从而防止交易双方对交易行为可能的抵赖以及为后续交易中可能出现的纠纷问题提供相应的证据，虽没有使用较先进的 SET 协议，却起到了同样的效果。总之，第三方电子支付平台是当前所有可能的突破支付安全和交易信用双重问题中较理想的解决方案。

相对于其他的资金支付结算方式，第三方支付可以比较有效地保障货物质量、交易诚信、退换要求等环节，在整个交易过程中，可以对交易双方进行约束和监督。在不需要面对面进行交易的电子商务形式中，第三方支付为保证交易成功提供了必要的支持，因此随着电子商务在中国的快速发展，第三方支付行业也发展迅猛。2001 年中国第三方网上支付平台市场支付规模是 1.6 亿元人民币，2004 年增长到 23 亿元，2007 年第二季度已达 140 亿元。

第二节　第三方支付

第三方支付主要包括两大类：一类是以支付宝、财付通、盛付通为首的互联网型支付企业，它们以在线支付为主，捆绑大型电子商务网站，迅速做大做强；另一类是以银联电子支付、快钱、汇付天下为首的金融型支付企业，侧重行业需求和开拓行业应用。

目前中国国内的第三方支付产品主要有 PayPal（易趣公司产品）、支付宝（阿里巴巴旗下）、拉卡拉、财付通（腾讯公司，腾讯拍拍）、盛付通（盛大旗下）、易票联支付、易宝支付（Yeepay）、快钱（99bill）、捷诚宝（捷诚易付）、国付宝（Gopay）、百付宝（百度 C2C）、物流宝（网达网旗下）、网易宝（网易旗下）、网银在线（chinabank，京东集团）、环迅支付、汇付天下、汇聚支付（joinpay）、宝付（我的支付导航）。本文就目前主要的支付方式进行介绍。

一、支付宝

支付宝（中国）网络技术有限公司是国内领先的独立第三方支付平台，是由阿里巴巴集团 CEO 马云先生在 2004 年 12 月创立的第三方支付平台，是阿里巴巴集团的关联公司。支付宝致力于为中国电子商务提供"简单、安全、快速"的在线支付解决方案。

支付宝公司 2004 年成立，始终以"信任"作为产品和服务的核心，不仅从产品上确保用户在线支付的安全，同时让用户通过支付宝在网络间建立起相互的信任，为建立纯净的互联网环境迈出了非常有意义的一步。

使用支付宝支付服务需要先注册一个支付宝账户，分为"个人账户"和"企业账户"两类。在支付宝官方网站或者支付宝钱包注册均可。

（一）支付宝注册

1. 个人支付宝注册——手机号注册

第一步，打开互联网页，输入 https://www.alipay.com/，进入界面。也可通过搜索支付宝注册进入支付宝注册页面。

第二步，点击【我是个人用户】，点击"立即注册"。

默认选择【中国大陆】，输入手机号码和验证码，点击【下一步】，注册时，可以使用手机号进行注册，也可以使用邮箱进行注册。如果用手机号注册，手机号码将作为账户名，邮箱注册的邮箱号码就是账户名。注意：即便是用邮箱注册也会让输入手机号码，这是支付宝为了用户信息安全等考虑而设定。

第三步，填入手机上收到的校验码，点击【下一步】（系统默认是手机号码注册，填入的手机号如已注册过会提示"此手机号码已经被注册，请更换号码注册或登录"）；如校验码一直没有收到，可以点击【重发校验码短信】。

第四步，填写账户基本信息（账户注册成功则默认支付宝账户绑定手机）。"真实姓名"必填，需要您的真实姓名。注册完成后不可修改。

第五步，点击【确认】成功后，会有两种情况：

第一种：① 未通过身份证验证，可以在网上购物，但不可以充值、查询收入明细、收款金额会被冻结（解决方法：点击完成【实名认证】，查看实名认证流程）。② 原来已有支付宝账户通过了实名认证，请点击【关联认证】操作，查看关联认证流程。

第二种：通过身份信息验证，可以使用支付宝所有功能（但收款额度只有 5 000 元/年，解决方法：完成实名认证后，无收款额度限制，查看实名认证流程）。① 姓名和身份证号码通过身份信息验证后，页面提示银行绑定银行卡，输入用户的银行卡卡号及该卡银行预留手机，点击【确定】，输入校验码，点击【确认，注册成功】完成开通支付宝服务且绑定银行卡成功。② 开通支付宝服务成功，点击【完善账户信息】补全用户职业及身份证有效期信息。

2. 个人支付宝注册——邮箱注册

第一步，进入支付宝注册官网 https://www.alipay.com，点击【免费注册】。

第二步，点击【个人账户】，国家或地区系统默认选择【中国大陆】，输入邮箱地址和验证码，点击【下一步】。

第三步，点击【立即查收邮件】，如果没有收到邮件，可点击【重新发送邮件】。

第四步，收到激活支付宝账户的邮件，点击【继续注册】。

第五步，填写个人信息后，点击【确定】；"真实姓名"必填，需要您的真实姓名。注册完成后不可修改。

第六步，点击【确认】成功后，会有两种情况：

第一种：① 未通过身份证验证，可以在网上购物，但不可以充值、查询收入明细、收款金额会被冻结（解决方法：点击完成【实名认证】，查看实名认证流程）。② 原来已有支付宝账户通过了实名认证，请点击【关联认证】操作，查看关联认证流程。

第二种：通过身份信息验证，可以使用支付宝所有功能（但收款额度只有 5 000 元/年，解决方法：完成实名认证后，无收款额度限制，查看实名认证流程）。① 姓名和身份证号码通过身份信息验证后，页面提示银行绑定银行卡，输入用户的银行卡卡号及该卡银行预留手机，点击【确定】，输入校验码，点击【确认，注册成功】完成开通支付宝服务且绑定银行卡成功。② 开通支付宝服务成功，点击【完善账户信息】补全用户职业及身份证有效期信息。

提示：部分账户注册成功后，该登录名可在支付宝、天猫、淘宝、聚划算、一淘、阿里巴巴国际站、阿里巴巴中文站、阿里云网上通用（注册成功页面有提醒），且登录密码与支付宝登录密码一致。

3. 企业支付宝注册

第一步，打开互联网页，输入 https://www.alipay.com/，进入界面。

第二步，点击"我是商家用户"，按提示完成注册。

（二）支付宝运营模式

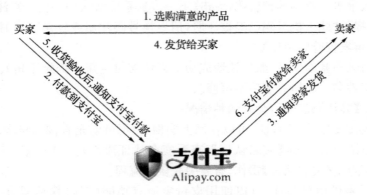

图 2 - 4　支付宝运营模式图

（三）支付宝网上支付服务功能介绍

1. 支付宝针对个人用户提供的网上支付服务功能,简单地说包括网购担保交易、网络支付、转账、信用卡还款、手机充值、水电煤缴费、个人理财等多个领域。在进入移动支付领域后,为零售百货、电影院线、连锁商超和出租车等多个行业提供服务。主要功能包括:① 网上付款服务:a. 直接付款—即时到账付款;b. 支付宝担保支付服务。② 买家保障计划;③ 银行卡卡通支付服务;④ 网上收款服务;⑤ 手机购物支付;⑥ 卖家信贷服务;⑦ 红包。

2. 支付宝针对企业用户提供的网上支付服务功能,主要包括:① 网站集成支付宝:a. 销售型网站;b. 网上募捐型网站。② 商家营销工具:a. 在线客服;b. 积分管理;c. 联系人。③ 商家交易、资金管理。④ 安全中心服务。

（四）为支付宝账户充值

在使用支付宝进行网上支付前,首先必须为支付宝账户充值,这样才能通过支付宝进行网上支付,目前支付宝提供了网上银行充值、卡通充值、线下网点充值、邮局充值四种充值方式。

（五）使用支付宝购物

使用支付宝购物有两种付款流程:

一种是直接付款,原理和过程跟一般的支付网关类似,付款后,货款立即进入卖家的账户。

另一种是支付宝交易,付款后钱不是马上转到对方账户,而是转存到支付宝中介账户中,等买家确认收到卖家商品并且确认满意后,货款才从支付宝中介账户转到卖家账户。这种方式较好地维护了买方的利益,保证了网上购物的安全性。

二、Apple Pay

Apple Pay 是一种简单、安全的移动支付方法,持卡人到时可以将银联卡添加到 iPhone、Apple Watch 以及 iPad 的指定产品上,在商店或是 APP 内购物时可通过 Apple Pay 进行支付,是非常方便的一种付款方式。

Apple Pay 在中国支持工行、农行、建行、中行、交行、邮储、招行、兴业、中信、民生、平安、光大、华夏、浦发、广发、北京银行、宁波银行、上海银行和广州银行等 19 家银行发行的借记卡和信用卡，将它们与 Apple Pay 关联，就能使用新的支付服务。中国是全球第五个、亚洲第一个上线该服务的国家。

Apple Pay 是苹果公司在 2014 苹果秋季新品发布会上发布的一种基于 NFC 的手机支付功能，于 2014 年 10 月 20 日在美国正式上线。

Apple Pay 自上线来，已经占据数字支付市场交易额的 1%。三分之二的 Apple Pay 新用户在 11 月份多次使用这项服务。用户平均每周使用 Apple Pay 1.4 次。

2016 年 2 月 18 日凌晨 5:00，Apple Pay 业务在中国上线。2016 年 12 月 22 日，苹果更新了参加 ApplePay 计划的银行和发卡机构列表，新加入 14 家的银行。目前，苹果在中国大陆地区支持 58 家银行和信用卡组织。新增加的 14 家银行包括：河北银行、成都农村商业银行、中国民生银行、中国浙商银行、重庆农村商业银行、福建农村信用社、汇丰银行（只支持信用卡）、廊坊银行、上海华瑞银行、山西农卡信用合作社、微众银行 WeBank、厦门国际银行、黄河银行和银州银行。

（一）ApplePay 使用方法

使用 Apple Pay 需要在苹果系统自带的 Wallet 程序里添加银行卡。iPhone 用户点击进入 Wallet 后，点击屏幕右上方的十号，再点击"下一步"就可进入申请页面，然后将银行卡正面放置在 iPhone 摄像头前，使卡面出现在屏幕的提示框内，系统会自动识别卡号，当然也可以手工输入卡号，接下来需要手工输入姓名、卡片有效期与安全码，还要阅读业务须知并选择接受。添加卡片成功后需激活才能使用，客户要确认手机号，并接收和输入验证码，才能成功激活。

如果需要在 Apple Watch 上添加，只要在相关联的 iPhone 上打开 Watch APP，轻点"Wallet 与 Apple Pay"，再轻点"添加信用卡或借记卡"，也可同样进行设置。需要注意的是，只有 IOS9.2 以上的版本才支持 Apple Pay。

同一台设备可以添加多张银行卡。工行表示，同一台苹果设备可添加 5 张信用卡，首张添加卡即为默认卡。客户可以在"Wallet"APP 中通过长按卡片并将该卡排列为首位的方式将该卡设为默认付款卡，也可在"设置—Wallet 与 Apple Pay"功能中设置默认付款卡。

使用 Apple Pay 不需要手机接入互联网，也不需要点击进入 APP，甚至无须唤醒显示屏，只要将 iPhone 靠近有银联闪付标志的读卡器，并将手指放在 HOME 键上验证指纹，即可进行支付；也可以在 iPhone 处于黑屏锁定状态时，轻点两下主屏幕按钮进入 Wallet，快速进行购买。如果交易终端显示需要输入密码，还需要输入银行卡的交易密码。只需一两秒钟就可以完成 Apple Pay 支付。

（二）苹果支付的工具

苹果 iPhone 6 手机：

第一步：① 更改 iPhone 手机的地区设置；② 先请在主屏上点击打开"设置"应用；③ 在设置列表中找到"通用"一栏，点进进入。④ 在通用列表找到"语言与地区"一栏，点击进入。⑤ 在语言与地区列表里，点击"地区"一栏。

第二步：开启 Apple Pay 的设置。

当我们把手机的地区位置更改完成以后,接下来返回主屏并打开 Passbook 应用;接下来在 Passbook 里,可以看到多出了一个"设置 Apple Pay"的选项,点击继续。随后请点击"添加新的信用卡或借记卡"一栏;接着可以输入信用卡的信息,也可以使用相机来获取卡片上的信息。

（三）APPLY PAY 的前提条件（硬件及系统要求）

1. 消费者

要求手机系统 IOS 9.2 及以上版本。

Apple Pay 分为线上支付和线下支付两种模式,简单说线上支付就是通过手机内的 APP 进行消费,线下支付就是在实体店进行消费(非国行、非大陆 Apple ID 设备均可)。

线下支付支持机型:iPhone 7、iPhone se、iPhone 6s、iPhone 6s Plus、iPhone 6、iPhone 6 Plus 和 Apple Watch;线上支付支持机型:iPhone 6s、iPhone 6s Plus、iPhone 6、iPhone 6 Plus、iPad Air2、iPad mini 3、iPad mini 4 以及 iPad Pro。

2. 商户方

支付终端上需要有 UnionPay 银联、QuickPass 闪付或 Pay 任意一个标准即可使用。

3. 如何绑定银行卡

绑定银行卡:打开【Wallet】应用——添加借记卡——摄像头扫描——验证完成——添加成功。

如何在 Apple Watch 上添加? 在 iPhone 上打开 Watchapp,找到"Wallet 与 Apple Pay",点击"添加信用卡或借记卡"进行设置。

（四）实际应用场景中 Apple Pay 使用教学

步骤 1:在付款时需告知收营员付款方式:"您好,我想要使用银联/闪付/Apple Pay 手机支付。"在收营员确认支付方式后,会提示你请进行支付操作。

步骤 2:你只需将设置好的 iPhone 靠近输入密码的终端器,系统会自动感应显示 Apple Pay 支付,如不显示也可快速双击主屏幕按钮调出,会提示你"靠近读卡器来支付"。

步骤 3:感应成功后提示"用 Touch ID 支付",此时可选择卡片,将录入指纹的手指放在主屏幕按钮上验证。

步骤 4:验证成功后根据卡片设置不同,可能需要输入密码确认、签字完成一次付款。

三、财付通

财付通是腾讯公司于 2005 年 9 月正式推出专业在线支付平台,致力于为互联网用户和企业提供安全、便捷、专业的在线支付服务。财付通先后荣膺 2006 年电子支付平台十佳奖、2006 年最佳便捷支付奖、2006 年中国电子支付最具增长潜力平台奖和 2007 年最具竞争力电子支付企业奖等奖项,并于 2007 年首创获得"国家电子商务专项基金"资金支持。

财付通构建了全新的综合支付平台,业务覆盖 B2B、B2C 和 C2C 各领域,提供卓越的网上支付及清算服务。针对个人用户,财付通提供了包括在线充值、提现、支付、交易管理等丰富功能;针对企业用户,财付通提供了安全可靠的支付清算服务和极富特色的 QQ 营销资源支持。

财付通网站(www.tenpay.com)是由中国最早、最大的互联网即时通信软件开发商腾讯公司创办的在线支付平台,它为广大的 **QQ** 用户群提供了安全、便捷、简单的在线充值、提现、支付、交易管理等服务,同时为网上交易双方提供信用中介担保。财付通是腾讯公司为促进中国电子商务的发展需要,满足互联网用户价值需求,针对网上交易安全而精心推出的一系列服务,致力于为互联网用户和企业提供安全、便捷、专业的在线支付服务。

(一)财付通注册

支付宝与财付通都是网上的金融支付方式,现在当然也可以用来理财、支付、打款、转账等,下面就介绍财付通的注册方式。

1. 打开网址:https://www.tenpay.com/v2/。可以使用 QQ 账号登录。也可以选择注册新号码。本文就以注册新号码为例。
2. 注册新号码时可以用手机扫描二维码进行注册。
3. 可以用三种方式进行注册,例如用邮箱注册。
4. 如果是第一次注册财付通,系统会提醒你安装控件。
5. 安装后以后,就可以按照要求一步一步地进行注册了。
6. 进入邮箱以后点击激活链接。
7. 财付通就注册成功了。
8. 进行财付通主页,就可以使用了。

(二)财付通网上支付服务功能介绍

1. 财付通网上支付产品:① 充值;② 提现;③ 账户管理;④ 交易管理;⑤ 收款;⑥ 付款。
2. 个人用户商家工具:① 财付通交易按钮;② 网站集成财付通;③ 企业用户商家工具。

四、拉卡拉

拉卡拉集团是首批获得央行颁发《支付业务许可证》的第三方支付公司,是中国最大的便民金融服务公司,联想控股成员企业,致力于为个人和企业提供日常生活所必需的金融服务及生活、网购、信贷等增值服务。2013 年 8 月拉卡拉完成集团化结构调整,下设拉卡拉支付公司、拉卡拉移动公司、拉卡拉商服、拉卡拉销售和拉卡拉电商公司。

拉卡拉集团是联想控股成员企业,成立于 2005 年,是目前中国最大的线下支付公司,2011年第一批获得中国人民银行颁发的《支付业务许可证》。

拉卡拉是中国便民金融服务的开创者及领导者,拉卡拉在全国超过 300 个城市投资了超过 10 万台自助终端,遍布所有知名品牌便利店、商超、社区店,每月为超过 1 500 万人提供信用卡还款、水电煤气缴费等公共缴费服务。

2007 年 9 月,拉卡拉与平安银行签署战略合作协议,双方在电子账单以及信用卡还款方面展开合作。随后,拉卡拉陆续与其他商业银行上展开了类似的合作。目前,拉卡拉已经与中国银联以及包括工、农、中、建四大国有商业银行在内的 50 余家银行建立了战略合作伙伴关系。在任何一个拉卡拉便利支付点,利用拉卡拉的智能刷卡终端,用户可以使用带有银联标志的借记卡为指定信用卡进行还款,支持所有银行的借记卡及拉卡拉签约服务银行的信用卡。

拉卡拉董事长孙陶然此前曾公开表示,拉卡拉的发展分三个层次:1.0 阶段是日常金融类服务,比如余额查询、信用卡还款、转账汇款等;2.0 阶段指生活类服务,包括机票、演出票、彩票、租车等;3.0 则是便利购物服务,"拉卡拉将引入像京东、凡客、携程、艺龙这样的精品商户,让用户更为方便地购买一些产品"。

拉卡拉此前与电商的合作主要集中在支付环节,即通过支付宝渠道实现线上购物、线下刷卡付款。"开店宝"终端的推出,一方面可以改变拉卡拉在电商领域购物、支付分离的用户体验,实现购物、支付一体化;另一方面,可以大举铺设线下终端,意味着拉卡拉扮演的角色将从纯粹的支付工具扩展为"支付+渠道"。

此外,拉卡拉还为用户提供特惠、团购、账单分期等多种增值服务,为用户创造消费价值。拉卡拉始终坚持"让支付更简单"这一经营目标,整合资源,不断创新,提供个性化的服务体验,是用户身边名副其实的便民支付专家。

五、Moneybooker

2003 年 2 月 5 日,MB 成为世界上第一家被政府官方所认可的电子银行,它还是英国电子货币协会 EMA 的 14 个成员之一。目前 MB 被列为仅次于 e-gold 的主要付款形式,更重要的是这家电子银行里的外汇是可以转到我们国内银行账户里的。

Moneybooker 是一家极具有竞争力的网络电子银行,它诞生于 2002 年 4 月,是英国伦敦 Gatcombe Park 风险投资公司的子公司之一。MB 的执行董事长 Benjamin Kullmann 也是这家风险投资公司的执行董事。公司旗下还有著名的体育赌博网站 GAMEBOOK(即人们熟悉的 GB)。Gatcombe Park 风险投资公司的控股股东之一瑞士 Beisheim 公司(拥有 36.61% 股份)是欧洲最著名的新经济投资公司,拥有欧洲 37% 体育在线媒体。

六、PayPal

PayPal 支付基本原理是,通过 PayPal 支付一笔金额给商家或者收款人,可以分为以下几个步骤:

1. 只要有一个电子邮件地址,付款人就可以登录开设 PayPal 账户,通过验证成为其用户,并提供信用卡或者相关银行资料,增加账户金额,将一定数额的款项从其开户时登记的账户(例如信用卡)转移至 PayPal 账户下。

2. 当付款人启动向第三人付款程序时,必须先进入 PayPal 账户,指定特定的汇出金额,并提供收款人的邮箱给 PayPal。

3. 接着 PayPal 向商家或者收款人发出电子邮件,通知其有等待领取或转账的款项。

4. 如商家或者收款人也是 PayPal 用户,其决定接受后,付款人所指定的款项可即时到达收款人的 PayPal 账户。

5. 若商家或者收款人没有 PayPal 账户,收款人得依据 PayPal 电子邮件内容指示连线站进入网页注册取得一个 PayPal 账户,收款人可以选择将取得的款项转换成支票寄到指定的处所、转入其个人的信用卡账户或者转入另一银行账户。

七、易票联支付

易票联支付成立于 1999 年,历经十几年发展,已成为中国大陆领先的第三方零售支付服务提供商,并于 2011 年获得中国人民银行颁发的银行卡收单及互联网支付业务许可证,目前与国内 30 多家主要的银行开展了全面的第三方支付业务合作,并成为中国银联(Union Pay)

和万事达卡(MasterCard)国际清算组织成员机构。

易票联支付一直专注于支付技术的创新,开发了多元化的零售支付和新型的互联网支付系统,并凭借强大的清结算技术、完善的金融信息服务网络,通过了国际 PCI 及国内 CFCA 安全认证及高新技术企业认证,荣获"中小企业服务示范平台"、"高新技术企业"、"创新企业"等多项荣誉称号。

八、捷诚宝支付

捷诚宝是中国(香港)诚泰投资集团的子公司——北京捷成易付信息技术有限公司依托自有技术开发的线下电子商务智能终端产品线。它的惠民服务功能包括从传统的 POS 银行卡支付、信用卡还款、网购支付宝充值,到便民支付如水电燃气物业费缴纳、餐饮消费、车票机票订购、医疗教育支付、农村信用社服务等,并且依托丰富的服务运营平台,与中国银联、银联商务、支付宝等业内巨头建立合作关系,从支付公司、清算平台到电商平台,"捷诚宝"的服务已经全方位覆盖当前的主流行业,为企业单位、小区物业、农村合作社、房地产及汽车业等解决安全支付的时间、空间难题。

第三节　移动支付

移动支付也称为手机支付,就是允许用户使用其移动终端(通常是手机)对所消费的商品或服务进行账务支付的一种服务方式。单位或个人通过移动设备、互联网或者近距离传感直接或间接向银行金融机构发送支付指令产生货币支付与资金转移行为,从而实现移动支付功能。移动支付将终端设备、互联网、应用提供商以及金融机构相融合,为用户提供货币支付、缴费等金融业务。

移动支付主要分为近场支付和远程支付两种,所谓近场支付,就是用手机刷卡的方式坐车、买东西等,很便利。远程支付是指通过发送支付指令(如网银、电话银行、手机支付等)或借助支付工具(如通过邮寄、汇款)进行的支付方式,如掌中付推出的掌中电商、掌中充值、掌中视频等属于远程支付。目前支付标准不统一给相关的推广工作造成了很多困惑。

移动支付是指消费者通过移动终端(通常是手机、PAD 等)对所消费的商品或服务进行账务支付的一种支付方式。客户通过移动设备、互联网或者近距离传感直接或间接向银行金融企业发送支付指令产生货币支付和资金转移,实现资金的移动支付,实现了终端设备、互联网、应用提供商以及金融机构的融合,完成货币支付、缴费等金融业务。

一、移动支付用户特征分析

(一)移动支付用户主要为中青年群体

2015 年,移动支付用户中 21—30 岁群体占比最多,为 54.5%;31—40 岁用户列第二,占比为 26.2%;41—50 岁用户规模列第三,占 8.8%;20 岁以下用户占比为 7.7%。这归因于中青年群体对新兴事物的接受程度较高,对支付便捷性的需求较大,且具备一定的购买能力。

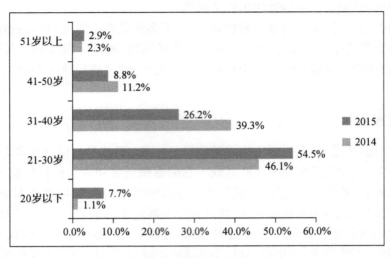

图 2-5 移动支付用户年龄分布

（二）专科及以下学历用户在移动支付用户中占比增加

2015 年，大专及以下学历的移动支付用户排名第一，占比为 56.7%；大学本科学历用户列第二，占比为 38.1%；硕士研究生学历用户列第三，占比为 4.3%；博士及以上高学历用户占比 0.9%。整体来看，专科及以下学历用户占比有明显增加，比 2014 年的 24.1% 增加 32.6 个百分点。

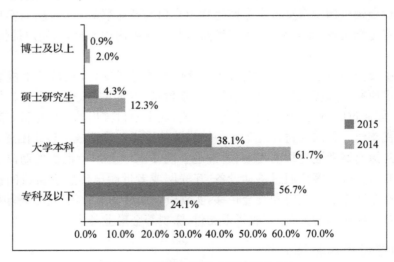

图 2-6 移动支付用户学历情况分布

（三）低收入移动支付用户占比增加

2015 年，移动支付用户个人月收入在 3 000—5 000 元水平的人数最多，占比为 36.6%；5 000—10 000 元水平的用户列第二，占比为23.8%；1 500—3 000 元水平的用户列第三，占比为 19.6%；1 500 元以下水平的用户列第四，占比为 10.5%；10 000 元以上水平用户列第五，占比为 9.5%。与 2014 年相比,3 000 元以下的用户占比显著增加,上升 14.6 个百分点。

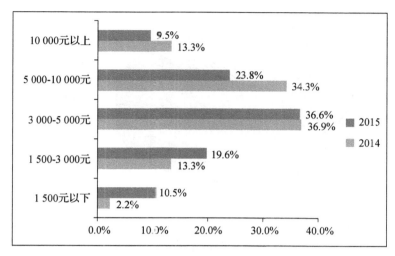

图 2-7　移动支付用户月收入情况分布

(四) 沿海省区及南方移动支付用户较多,且一线、二线城市用户居多

区域分布方面,华东地区移动支付用户最多,占比为 26.2%;华南地区列第二,占比为 23.9%;华北地区列第三,占比为 15.3%;华中地区列第四,占比为 11.6%。

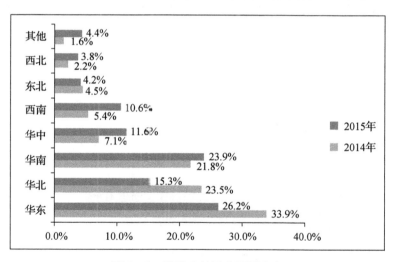

图 2-8　移动支付用户区域分布

城市分布方面,地级市移动支付用户最多,占所有移动用户的 30%;省会城市排名第二,占比为 23.6%;县区地区列第三位,占比为 19%;直辖市列第四位,占比为 15.5%;乡镇和农村地区分列其后。

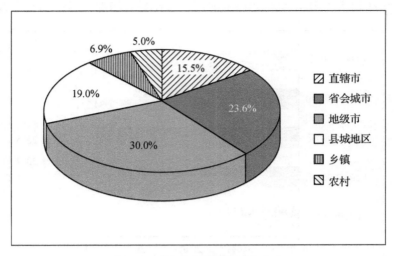

图 2-9　移动支付用户城市分布

二、移动支付用户使用行为分析

（一）用户使用移动支付的频率进一步提高

2015 年,有 33.6％的用户每天使用移动支付;有 36.5％的用户一周使用 2—3 次移动支付;有 10.3％的用户每周使用 1 次移动支付;三者合计为 80.4％,高于 2014 年的 71.3％。

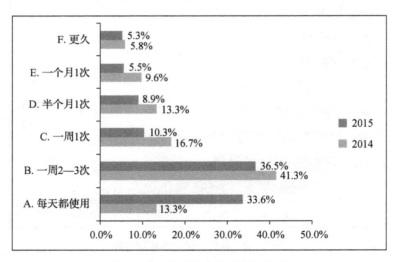

图 2-10　移动支付用户使用频率

（二）移动支付以小额便民支付用途为主

2015 年,有 48.7％的用户单笔支付金额在 100—500 元;32.8％的用户单笔支付金额在 100 元以下,比 2014 年高出 20.2 个百分点;有 10％的用户单笔支付金额在 500—1 000 元; 8.5％的用户单笔支付金额在 1 000 元以上。

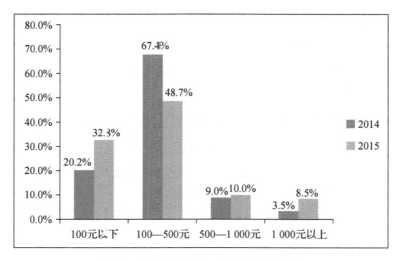

图 2-11　移动支付单笔支付金额情况

(三) 客户端软件支付、手机网页支付是用户最常使用的移动支付方式

用户最常使用的移动支付方式排名顺序如下:手机下载客户端支付的占比为 65.9%;手机网页支付(通过手机访问购物网站,选择适合的支付方式完成交易)的用户占比为 32.9%;通过短信回复进行支付的方式,占比为 27.8%;通过扫二维码进行支付的占比为 24.8%;在终端设备上(例如 POS 机、手机刷卡器等)刷手机(即 NFC 近场支付)的占比约为 16%;通过拨打电话(即拨打指定的支付热线,按语音提示输入信息,完成交易)进行支付的占比为 2.3%。

(四) 借记卡、支付账户和信用卡是用户最常使用的支付工具

2015 年,有 69.4% 的用户使用借记卡进行移动支付,列第一;使用支付账户进行移动支付的用户列第二,占比为 54.8%;使用信用卡进行移动支付的用户列第三,占比为 43.9%;使用手机话费余额进行移动支付的用户列第四,占比为 12.7%。

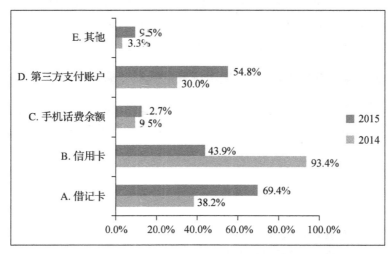

图 2-12　移动支付用户使用账户情况

（五）用户通过与支付账户绑定，登录支付账户直接选择银行卡完成支付占比显著升高

2015 年，有 64.6% 的用户愿意通过与支付账户绑定，登录支付账户直接选择银行卡完成支付；有 14.3% 的用户愿意每次输入银行卡卡号、密码等要素进行支付；35.5% 的用户表示以上这两种方式都可以接受。

（六）操作简单方便、无须携带现金和银行卡是用户愿意使用移动支付的主要原因

有 86.8% 的用户是因为操作简单、方便选择移动支付，较去年增长 28.8 个百分点；选择无须携带现金或银行卡的用户占比为 63.7%；列第三的原因是优惠促销活动多，占比为 33.6%；列第四的原因是商户支持该方式，占比为 30.2%。

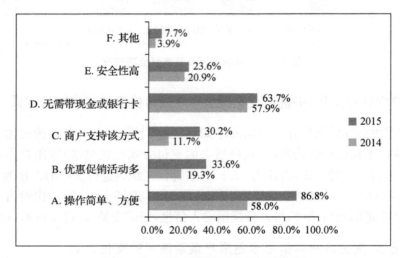

图 2-13　用户使用移动支付原因分析

（七）安全隐患和支付环节操作复杂是用户最担心的问题

在调查中，安全隐患和支付环节操作复杂是移动支付用户最担心的问题，分别占比为 70.6% 和 42.8%；列第三的是限额低，占比为 27.7%；列第四是手机网速慢，占比为 23.8%；用户担心程度较少的问题是支付功能开通流程烦琐，占比为 12.6%。

（八）用户认为移动支付的安全性、应用场景范围和便捷性等需要进一步优化和改善

68.5% 的用户认为未来移动支付交易安全性还需加强；54.3% 的用户认为移动支付应用场景需进一步拓展；40.1% 和 38.9% 的用户认为需进一步提升移动支付的便捷性和服务质量。

三、移动支付的特点

1. 移动性

由于移动终端具有其特定服务实现的随身性和极好的移动性，可以使消费者从长途奔波到指定地点办理业务的束缚中解脱出来，摆脱支付实现的营业厅特定地域限制。

2．实时性

移动通信终端和互联网平台的交互取代了传统的人工操作,使移动支付不再仅仅受限于相关金融企业、商家的营业时间限制,实现了 7″24～时的便捷服务。移动支付的实现使消费者可以足不出户,也避免了毫无价值的排队等候。

3．快捷性

移动支付同时还具有缴费准确、无须兑付零钱、快捷、多功能、全天候服务、网点无人值守的快捷性。

四、移动支付分类

1．微支付

根据移动支付论坛的定义,微支付是指交易额少于 10 美元,通常是指购买移动内容业务,例如游戏、视频下载等。

2．宏支付

宏支付是指交易金额较大的支付行为,例如在线购物或者近场支付(微支付方式同样也包括近场支付,例如交停车费等)。

两者之间最大的区别就在于安全要求级别不同。对于宏支付方式来说,通过可靠的金融机构进行交易鉴权是非常必要的;而对于微支付来说,使用移动网络本身的 SIM 卡鉴权机制就足够了。

另外根据传输方式不同还可以分为空中交易和 WAN(广域网)交易两种。空中交易是指支付需要通过终端浏览器或者基于 SMS/MMS 等移动网络系统;WAN 交易则主要是指移动终端在近距离内交换信息,而不通过移动网络,例如使用手机上的红外线装置在自动贩售机上购买可乐。

五、移动支付的流程

其实移动支付与一般的支付行为没有太大的区别,都要涉及四个环节:消费者、出售者、发行方和收款方,其中发行单位和收款单位都应该是金融机构。见图 2－14。

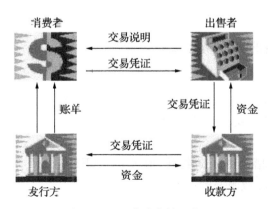

图 2－14　移动支付环节

移动支付与普通的支付不同之处在于交易资格审查处理过程有所不同,因为这些都涉及移动网络运营商以及所使用的浏览协议，例如 WAP 或 HTML、信息系统 SMS 或 USSD（Unstructured Supplementary Service Data）等。

六、移动支付的模式

随着以智能手机为代表的移动终端日益普及，以及 WIH、3G 等无线通信技术的飞速进步和广泛应用，移动互联网蓬勃兴起。人们越来越多地使用各种移动终端从事电子商务，由此促进了移动电子商务的繁荣。而作为移动电子商务主要支付手段的移动支付，也得到了迅猛发展。所谓移动支付，是指用户使用手机或其他移动终端对所消费的商品或服务进行账务支付的一种服务方式。移动支付的模式有不同的划分标准，比较常用的有如下几种。

（一）根据支付账户的不同，移动支付可分为

1. 银行卡账户支付

用户在移动终端上操作银行卡账户进行支付。

2. 话费账户支付

用户在移动终端上操作手机话费账户进行支付。

3. 中间账户支付

用户在移动运营商或第三方支付企业开通自有账户，先充值后消费，用户在移动终端上操作自有账户。

（二）根据运营主体的不同，移动支付可分为

1. 移动运营商为主体的移动支付

移动支付平台由移动运营商建设、运行、维护及管理。

2. 银行系统为主体的移动支付

银行为用户提供付款途径，通过可靠的银行系统进行鉴权、支付。移动运营商只为银行和用户提供信息通道，不参与支付过程。

3. 第三方支付企业为主体的移动支付

移动支付平台由第三方支付企业建设、运行、维护和管理。

（三）根据技术手段的不同，移动支付可分为

1. 远程支付

用户使用移动终端，通过短信、WAP、IVR、APP 等方式远程连接到移动支付后台系统，实现账户查询、转账、信用卡还款、订单支付等功能。

2. 近场支付

用户使用移动终端和配套的受理终端，通过 NFC、RF—SIM、SIMpass、RF—SD 等近距离非接触式技术，实现对商品或服务的近场支付。

七、发展前景

（一）替代纸币虚拟化

美国移动支付公司 Square 的出现引领了一场支付方式革命——抛却烦琐的现金交易和各种名目繁多的银行卡，你只需要一部智能手机或平板电脑即可完成付款；正如 Square 的宣传语一样，整个交易过程"无现金、无卡片、无收据"。

包括 Square 在内，GoogleWallet、PayPal 以及其他 NFC 支付技术正带领我们走向一个无纸货币时代。

（二）银行服务移动化

Simple 又名 BankSimple，是一个专注于移动银行业务的全方位个人理财工具，通过其 iPhone 应用，用户就能完成存取款、转账等各种操作，存取票据用手机拍照保存即可，你再也不用亲自跑去银行取号排队办理业务。

通过与全美最大的无中介费 ATM 网络组织 Allpoint 合作，Simple 的所有操作都不需要任何手续费用。其 CEO Joshua Re.ch 称："目前的银行系统最大的利润来自各种各样让客户迷惑不解的手续费，而非银行服务本身。Simple 的宗旨就是让客户的银行业务简单明了，每一笔钱花在哪里都一清二楚。"

（三）理财工具贴身化

Planwise 是一款免费的个人理财软件，它能让普通消费者为不同的财务目标创建不同的理财计划，并根据实际消费随时进行调整。其创始人 Vincent Turner 有着十多年的金融互联网行业经验，他希望通过 Planwise 让消费者清楚掌控自己的财务状况。

"个人理财应用是主流需求，却不受人们欢迎，因为它们需要登录移动支付用户的银行账号，但大多数人又需要知道自己有多少钱，并且需要有个'顾问'告诉他哪些钱该花哪些不该花。仍在继续发展完善的个人理财工具就将成为这个顾问，并通过实时数据比如历史交易、线上/下支付等帮助人们做出更正确的财务决策。"

（四）虚拟货币国际化

比特币（Bitcoin）是一种 P2P（peer to peer，点对点）虚拟货币，类似于 Q 币，它以文件的形式储存在你的电脑里。你可以用它购买一些虚拟物品，如果对方接受，你也可以用 Bitcoin 购买现实物品。

Bitcoin 与 Q 币和现实货币最大的不同点在于，它不属于国家或任何组织和个人，任何人只需有一台联网的电脑就能参与其中：在 Bitcoin 的世界里，货币的自由度达到空前高度。而因为系统产生 Bitcoin 的速度和数量有限，许多急着使用 Bitcoin 的用户就宁愿用现实货币与其他人兑换，如此一来，Bitcoin 就开始流通。

虽然我国的移动智能终端数增势迅猛，移动付费的需求也日益增长，但业内人士蔡烨总结认为移动支付领域的相关产业还将面临如下五大难点：

1. 远程支付仍将继续。在未来相当一段时间内如何过渡,如何进行政策和标准引导?
2. 可信的平台如何建。如何建及由谁来建可信服务平台(TSM),标准和规则在哪里?
3. 商业受理环境建设。目前六七千万商户只有 300 万户有 POS 机,如何催生市场?
4. 产业生态环境建设。硬件、芯片、制卡及设备制造等整个产业链要打通,要盘活。
5. 产业服务模式设计。包括整个的商业模式、技术模式、安全模式以及监管模式等。

移动支付生态环境的建立是不可能只靠任何一两家企业独立完成,所以一定要通过合作的方式,才有可能把整个产业做起来,达到互利共赢的局面。

本章小结

本章主要介绍了互联网支付的各种方式,主要包括支付宝支付、Apple Pay、财付通等,并详细介绍了几种主要的支付方式的注册、使用等。通过本章的学习,使学生了解当前互联网支付的方式,掌握各种互联网支付的注册、支付等。

复习思考题

1. 互联网支付对货币的影响有哪些?
2. 金融机构如何应对互联网支付的新趋势?
3. 支付宝支付方式的主要流程是什么?
4. 试分析 Apple Pay 的优劣。

第三章　网络借贷

本章内容

学习目标

——**知识目标**

了解网络借贷和网络借贷平台的基本含义,网络借贷的产生和发展;了解网络借贷的主要业务模式;掌握我国 P2P 网络借贷模式、B2C 网络借贷模式;了解网络借贷过程中相关风险及信用管理。

——**技能目标**

具备 P2P、B2C 等网络借贷主要模式业务操作能力;能够借用网络借贷体系及模式流程运用到现实实践中。

——**能力目标**

初步具备网络借贷的基本原理和业务能力,熟练应用常见网络借贷平台的具体细则及操作流程,拥有网络借贷风险防范能力。

裸晒给网络借贷正能量

2016 年 1 月 11 日,"钱来网"在深圳总部举办了"国内首家信息全透明的网络借贷平台"新版本上线发布会并且以裸晒的形式晒出所有核心数据,截至 1 月 31 日,钱来网新增 30 万用户,达 1 052 045 人,这使得钱来网的用户数量达到百万级别,自此,在一线网贷平台的竞争中又杀出来一匹有竞争力的黑马。更令人振奋的是,在这 100 万用户中,钱来网投资用户达到 62 883 人,而 2015 年 12 月份在美国上市的中国首家网络借贷公司宜人贷在其公布的招股说明书中,公布的借款人数为 62 131 人,投资人数为 59 185 人。毫无疑问,钱来网正以前所未有的势头赶超上来。随着 2015 年 12 月 28 日《网络借贷信息中介机构业务活动管理暂行办法

（征求意见稿）》发布，行业整改已经正式启动，网络借贷被要求必须披露平台全部信息、逐步实现平台透明化，这无疑是行业自我优化的一大步。

　　钱来网 CEO 华猛认为："钱来网作为国内首家信息全透明的网络借贷平台，对损失率、不良率进行了披露；借款项目透明、平台透明、经营透明，符合市场发展趋势。而钱来网目前的百万用户中，投资用户为 6 万多，投资用户占比很高，这种高质量用户的增多也正是对我们工作的最大认可。"

　　　　　　资料来源：中国网：裸晒给网络借贷正能量钱来网投资用户超过 6 万 2016－02－23

第一节　网络借贷概述

一、网络借贷

（一）网络借贷

　　网络借贷：指在网上实现的借贷。借贷过程中，资料与资金、合同、手续等全部通过网络实现，资金借入者和借出者均可利用网络平台，实现借贷的"在线交易"，它是随着互联网的发展和民间借贷的兴起而发展起来的一种新的金融模式，这也是未来金融服务的发展趋势。网络借贷主要有 B2C 和 C2C 两种模式。网络借贷包括个体网络借贷（即 P2P 网络借贷）和网络小额贷款。

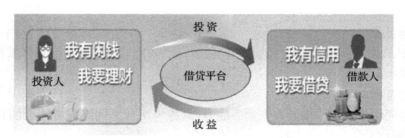

图 3－1　网络借贷平台

　　个体网络借贷：是指个体和个体之间通过互联网平台实现的直接借贷。在个体网络借贷平台上发生的直接借贷行为属于民间借贷范畴，受合同法、民法通则等法律法规以及最高人民法院相关司法解释约束。个体网络借贷要坚持平台功能，为投资方和融资方提供信息交互、撮合、资信评估等中介服务。个体网络借贷机构要明确信息中介性质，主要为借贷双方的直接借贷提供信息服务，不得提供增信服务，不得非法集资。

　　网络小额贷款：是指互联网企业通过其控制的小额贷款公司，利用互联网向客户提供的小额贷款。网络小额贷款应遵守现有小额贷款公司的监管规定，发挥网络贷款优势，努力降低客户融资成本。网络借贷业务由银监会负责监管。

（二）网络借贷主要业务模式

在网络信贷业务快速发展的背景下，网络信贷业务模式在不断推陈出新。

1. 网络贷款

网络贷款是最基础的网络信贷业务模式，主要是银行线下信贷业务的线上移植，并融入网络经济。目前，各大商业银行均具有网络贷款业务，可以向个人消费以及中小企业提供在线贷款申请、审批、发放、还款等服务，主要分为以下几种业务模式。

（1）网络循环贷。利用互联网技术实现融资的渠道创新，为企业提供包括申请、提款、还款等环节在内的全流程的贷款自助服务。目标客户群为符合银行传统信贷业务基本条件，持续生产经营，规范管理，市场前景良好，有效抵（质）押物，贷款额度在合同期内可随借随还，循环使用，未使用贷款额度不计利息，如交行的"e贷在线"、工行的"网贷通"等。

（2）网络联保贷。网络联保贷款是联保贷款业务模式在网络平台上的推广和创新，企业通过第三方电商平台组成联合体共同向银行申请贷款，并承担连带责任。通过成员间的相互担保，解决企业缺少担保，帮助银行降低银企间信息不对称和道德风险等问题，充分发挥了企业联合体间的信息资源、关系资源和社会资本所构成的连带责任保证的效用，并通过引入第三方电商平台的监管，以第三方电商平台中的交易数据为发起授信的主要参考依据，强化了企业的还款约束力，有效地控制了贷款风险，同时扩大了贷款对象，解决中小企业缺少抵（质）押物的问题，以阿里巴巴与建行合作推出的网络联保贷款为例，阿里巴巴平台中3家以上资金需求企业作为借款人，通过阿里巴巴平台形成一个联合体，向建行发出贷款申请；由建行为联合体核定贷款授信总额度和各个成员的额度，每个借款人均对其他借款人提供连带责任，并提供0—20%的保证金，无须抵（质）押物，每个联合体成员的最高贷款额度不超过500万元，贷款期限不超过1年。

2. 网络供应链金融

网络供应链金融业务是网络信贷业务提供方基于网络商业平台中真实供应链的判断，依托核心企业的真实贸易背景，为核心企业及其上下游企业提供融资产品和服务。与线下的供应链金融相比，基于互联网的供应链金融的优势在于，依托网络商业平台的真实贸易背景，可以提供批量化的营销模式低门槛的客户来源以及降低风险的控制手段；同时，通过与网络商业平台的合作，可以有机整合供应链的物流信息流和资金流，降低链属企业特别是中小企业的融资成本，提升供应链的综合竞争力。

（1）基于资金流的供应链金融模式。

该模式是以供应链中已经发生的真实资金流为核心，可以向链属企业提供包括应收账款融资和预付账款融资在内的融资业务。

应收账款融资业务流程如下：小微企业供应商在网络商业平台上与核心企业进行交易，产生应收账款，并形成具有契约性质的垫资单据，小微企业以此单据作为质押向银行申请贷款；核心企业核实电子单据的真实性后，向银行承诺到期付款；银行对应收账款的电子单据进行审核，通过后向借款企业完成放款。

预付账款融资业务流程如下：小微企业分销商在网络商业平台上向核心企业进行采购，产生预付账款；以该预付账款下分销商对于核心企业的提货权作为融资担保，银行在分销商支付一定保证金的前提下，向其提供融资服务；分销商向银行偿还贷款后，银行通知核心企业进行发货处理。

（2）基于物流的供应链金融模式。

第一，物流金融业务模式。针对中小企业缺乏抵押物的状况，以流动商品的仓储为基础，整合电子商务流程中物流配送信息与中小企业信用信息，作为提供融资服务的依据。按照物流企业在供应链中的地位，可以采用中介模式、担保模式以及自营模式。在中介模式中，物流企业负责进行货物的验收及监管，并根据评估的结果向银行出具文件，由银行直接向借款方发放融资；在担保模式中，银行给予物流企业统一授信，由物流企业利用银行额度选择具有资质的客户提供融资担保，从而利用物流企业作为核心企业对于风险的控制能力，同时简化通过银行进行贷款的操作流程；在自营模式中，物流企业可以通过其控股或参股的金融机构提供融资服务，并形成融资与结算的一体化服务。

第二，网络仓单融资模式。网络商业平台上的借款企业可以将自有货物提供给银行认可的专业仓储公司进行监管，通过专业仓储公司出具的电子仓单进行质押向银行申请贷款。这种业务模式主要适用于由于存货引起的流动资金短缺问题。目前平安银行已推出电子仓单质押线上融资业务，将银行线上融资平台与网络市场交易平台和仓单管理平台等多方平台互联互通，实现了商品卖方通过网络市场交易平台成交后的真实仓单进行直接融资、银行端在线审批与发放款项等全电子化交易流程。

（3）基于信息流的供应链金融模式。

基于信息流的供应链金融模式，是网络供应链中最具有竞争力的一项业务模式，利用网络交易平台中海量的电子化信息大数据处理，以供应链中贸易往来的关键信息为触发要素，提供自动化的融资服务。该业务往往涉及全面的系统对接和整合，要求核心企业 ERP 系统具有一定的成熟度，对于上下游企业具有较好的控制能力以防范业务风险。典型的业务模式主要包括网络保理业务和订单融资业务。如建设银行推出了"e 点通"作为网络保理服务品牌，又推出了"e 单通"与大宗商品 B2B 平台金银岛合作，提供网络订单融资服务。

3. P2P 平台

P2P 借贷是指通过互联网平台进行信息展示后，撮合借款人与投资人直接发生借贷关系（国内部分 P2P 存在间接融资的业务模式），实现资金的融通。P2P 网络融资贷款具有明显的互联网经济特征，借贷各方通过网络平台进行信息传递以及资金交易，具有互联网经济资金门槛低、运转效率高、业务覆盖范围广等特点。P2P 主要运行模式将在本章第二节详细介绍。

4. 大数据信贷（网络小贷）

互联网技术的发展开启了信息爆炸的时代，海量数据在各种商业行为和非商业行为发展时，被采集并记录在数据库中。基于这些海量的交易数据、信息数据乃至社交数据进行的挖掘和模型估算，可以有效地对借贷方的行为进行刻画和预测。利用大数据的技术手段，可以有效提高信用评估的效率，提高风险控制的精确度和有效性。在未来的网络信贷业务发展中，由于大数据信贷的先进技术的智能化水平不断提高，该业务将成为未来互联网信贷业务的重点领域，并可以向其他互联网信贷业务提供最基础的资信数据的支撑。

电商平台自身处于电子商务行业的核心位置，对于其上下游供应商及终端用户的了解程度较高，拥有所有的业务往来交易信息和交易双方的必要信息。当电商平台发展到一定阶段，对于信息和数据的处理达到一定水平，不再满足于银行向其提供的网络信贷业务，从而自行建设融资服务品牌，向客户提供融资服务。例如阿里小贷，阿里根据其电商业务特点，结合大数据分析交易数据实现资质评级等手段，向会员企业提供信用贷款和订单贷款等多项融资服务，并且结合其在线平台,大大提升贷款审核的速度和信贷资金到账的速度,阿里小贷通过对电子商务平台海量大数据的抓取和分析,通过自动评级模型的设置,有效提升了借贷的效率,成为国内大数据信贷业务的标杆。

二、网络借贷平台

(一)网络借贷平台

网络借贷平台是一种互联网金融信息服务平台,是帮助资金借入者和借出者实现资金借贷的"在线交易"的互联网金融(ITFIN)服务网站。例如美国最大的网络借贷平台 Prosper,欧洲最大的网络借贷平台是 Zopa,中国的宜信、红岭创投、阿里小贷等。

(二)网络借贷平台特点

网络借贷是一种较为阳光透明的民间借贷方式,是我国现有银行体系的补充。网络借贷平台的独特之处在于以下几点:

1. 一般为小额无抵押借贷,覆盖的借入者人群一般是中低收入阶层,现有银行体系覆盖不到,因此是银行体系必要的和有效的补充。

2. 借助了网络、社区化的力量,强调每个人参与,从而有效地降低了审查的成本和风险,使小额贷款成为可能。

3. 平台不参与借款,提供的是信息匹配、工具支持和服务等一些功能;

4. 由于依托于网络,与现有民间借款不同的是其高度透明化;

5. 针对的是中低收入以及创业人群,有相当大的公益性质,因此具有较大的社会效益。它解决了很多尝试做小额贷款的机构组织 NGO 普遍存在成本高、不易追踪等问题。

三、网络借贷的产生

(一)最初的 P2P 金融雏形

2006 年度诺贝尔和平奖得主尤努斯博士认为现代经济理论在解释和解决贫困方面存在缺陷,为此,他于 1983 年创建了格莱珉银行,通过开展无抵押的小额信贷业务和一系列的金融创新机制,不仅创造了利润,而且使成千上万的穷人尤其是妇女摆脱了贫困,使扶贫者与被扶贫者达到双赢。格莱珉银行已成为 100 多个国家的效仿对象和盈利兼顾公益的标杆。

创办以来,格莱珉的小额贷款已经帮助了 630 万名借款人(间接影响 3 150 万人),其中超过一半脱贫。而且格莱珉银行自 1983 年创办以来,除了创办当年及 1991 年至 1992 年两个水灾特别严重的年头外,一直保持盈利,2005 年的盈利达 1 521 万美元。同时,格莱珉银行不仅提供小额贷款,还鼓励小额存款,通过格莱珉银行将这些存款发放给其他需要贷款的人。这一模式就是最初的 P2P 金融雏形。

(二)网络借贷模式在国外的发展及成功案例

美国最大的网络借贷平台 Prosper,于 2006 年 2 月上线运营,也是目前世界上名气最大的 P2P 借贷平台,拥有超过 98 万会员,超过 2 亿的借贷发生额。Prosper 通过制定竞标机制,借贷双方对借贷资金和利率进行竞价,利率低者中标。通过这种机制,借贷双方以自己满意的方式成功实现交易,而 Prosper 也能通过双方支付的费用获利,最终实现三方共赢。

欧洲最大的网络借贷平台是 Zopa,2005 年 3 月在英国伦敦成立,是全球最早的 P2P 网络借贷平台,已拥有超过 24 万注册会员,除 Zopa UK 外还开发出了 Zopa Italy、Zopa Japan、Zopa USA。在 Zopa 网页上,有钱可供出借的人在网络上列出金额、利率和想要出借的时间,其中有些人提供的利率相对较低,但对借贷人信用度要求较高;而如果利率较高,出借条件可能更有弹性。与此同时,需要资金的人也可以比较各个贷款"产品",确定适合自己的方案。因为没有中间机构,出借方和借款方都可以找到最符合自身利益的交易。

Zopa 和 Prosper 提供 C2C 的金融服务的网站——可以实现用户之间的资金借入或借出,整个过程无须银行的介入。除以上两家之外,目前国外比较有名的 P2P 网站还有 Kiva 和 Lending Club 等。由于国外的网络借贷起步较早,且其自身的社会信用体系较为完善,相应的网络借贷服务网站也发展得较为成熟,这种新型的理财模式已逐渐被身处网络时代的大众所接受。一方面出借人实现了资产的收益增值,另一方面借款人可以用这种方便快捷的方式满足自己的资金需求。

(三)网络借贷在中国的发展

随着中国的金融管制逐步放开,这种网络借贷金融业务有望在中国推广,中国巨大的人口基数和日渐旺盛的融资需求以及落后的传统银行服务状况将使其获得爆发式增长,进而得到长足发展。

2006 年我国第一家 P2P 小额信贷平台宜信成立。2012 年国内 P2P 进入野蛮生长期,无明确的立法。目前国内的 P2P 平台有 51GIVE、宜信、贷帮、拍拍贷、红岭等,截至 2016 年 2 月底,中国累计运营网贷平台数量上升至 3 944 家。2015 年,P2P 成交量达 9 823.04 亿元,比 2014 年全年网贷成交量增长了 288.57%。由于我国的互联网金融的市场机制和法律体系的不完善,激烈的竞争环境下出现了很多问题平台,截至 2016 年 2 月,累计问题平台数为 1 425 家。建立健全我国的互联网金融相关法律体系成为规范市场发展的关键之举。随后互联网金融平台度过野蛮生长的时期,进入了一个优胜劣汰的改革治理期,2016 年 8 月 24 日,我国《网络借贷信息中介机构业务活动管理暂行办法》公布,伴随着监管细则的落地和逐步推进,很多原有的 P2P 网贷业务模式无法适应当前的合规性要求,业务转型和升级成了绝大多数 P2P 网贷平台的当务之急,从满足社会金融需求的角度出发,"合法合规"、"消费金融"、"普惠金融"、"小微金融"将成为 P2P 网贷行业发展方向。

第二节 中国 P2P 网络借贷模式

一、P2P 网络借贷模式概述

(一)P2P(peer to peer)网络借贷

P2P(peer to peer)网络借贷是指个人通过网络平台相互借贷,贷款方在 P2P 网站上发布贷款需求,投资人则通过网站将资金借给贷款方,完成交易的双方要向 P2P 网络借贷平台支付一定的中介费。该模式是民间借贷与互联网的结合,属于互联网金融的一部分。P2P 平台的客户对象主要有两方面:一是将资金借出的客户,另一个是需要贷款的客户。表 3-1 为中国 2009—2015 年 P2P 网络借贷及 P2F 网络借贷平台的基本情况。图 3-2 描述了中国 2009—2015 年 P2P 贷款的交易数据。

表 3-1 中国 P2P 交易规模和 P2P 公司数量

时间	P2P 贷款(亿)	P2P 贷款 同比增长率(%)	P2P 贷款 公司数量	P2P 贷款公司数量 同比增长率(%)
2009	1.50		91.00	
2010	13.70	812.80	143.00	57.10
2011	84.20	514.70	214.00	49.70
2012	228.60	171.40	298.00	39.30
2013	975.50	326.70	814.00	173.00
2014	2 514.70	157.80	1 544.00	89.70
2015	8 302.00	230.20	2 824.00	82.90

数据来源:Wind 资讯

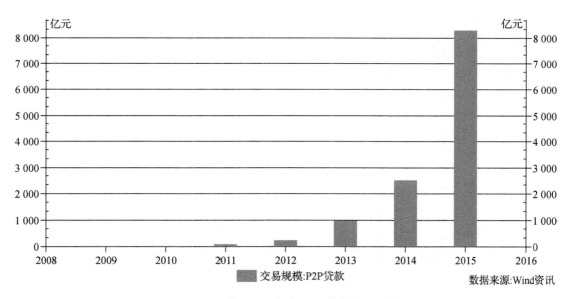

图 3-2 中国近几年来 P2P 贷款交易规模

(二)P2P 网络借贷的基本流程

1. 资金需求方先在借贷网站上进行信息注册。

2. 将借款金额、所愿意支付的最高利率和一些个人信息公布在该借贷平台上。

3. 贷款人进行投标,贷款人对借款者的信息进行审核后,决定是否将自己的钱贷给借款者。

（三）中国主要的 P2P 运作模式

1. 以宜信为代表的"纯线下模式"。

2. 以拍拍贷为代表的"纯线上模式"。

3. 以人人贷为代表的"线上线下相结合的债权转让模式"。

4. 以陆金所、仟邦资都为代表的"第三方担保模式"和以红岭创投为代表的"平台自身担保模式"。

不可否认的是，在以上四种模式中，相对安全的是"担保模式"下的 P2P 运作。

（四）P2P 借贷模式下主要的法律关系

P2P 借贷模式下主要涉及三个方面的法律关系：一是基于 P2P 平台的撮合，交易借贷双方与平台之间形成的居间合同关系；二是基于借款人与出借人之间订立的借贷合同，借贷双方形成的借贷合同关系；三是基于 P2P 平台或担保公司提供担保形成的担保合同关系，这主要是针对有担保的 P2P 借贷模式而言。

二、P2P 主要运作模式分析

（一）线下服务模式——以宜信为代表

1. 宜信基本介绍

宜信公司是一家集财富管理、信用风险评估与管理、信用数据整合服务、小额贷款行业投资、小微借款咨询服务与交易促成、公益理财、助农平台服务等业务于一体的综合性服务企业。其中宜人贷是宜信公司 2012 年推出的个人对个人网络借贷服务平台，为有资金需求的借款人和有理财需求的出借人搭建了一个轻松、便捷、安全、透明的网络互动平台。截至 2016 年 3 月底，宜人贷成交量达到 127 548.96 万元，投资人数达到 131 177 人，借款人数达到 17 492 人，投融资利率基本保持在 12% 左右。图 3－3 为宜人贷基本业务情况。

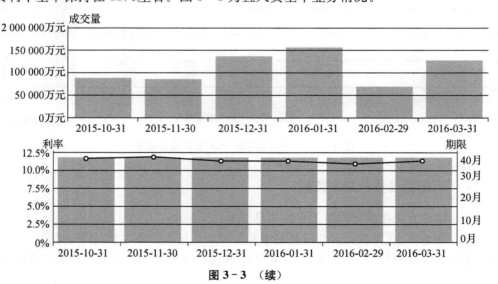

图 3－3 （续）

图 3-3　宜人贷基本业务情况

2．宜信模式特点及收入

（1）宜信是这种纯线下服务模式的典型代表。它并未以真正意义上的 P2P 网络借贷模式运营，宜信不采取线上投标，而是自己全程掌控，进行线下业务。在这类模式中网络仅提供交易的信息，具体的交易手续、交易程序都由 P2P 信贷机构和客户面对面来完成。宜信是类似于淘宝网一样的平台，平台一端是宜信找到的优质借款人，另一端是有闲置资金的出借人，宜信把两端客户资金需求对接起来。通过这一平台，投资者将资金出借给信用良好但缺少资金的工薪阶层、大学生、农民和微小企业主。宜信还与众多商家紧密合作，为不同消费群体量身定做了个性化的消费信贷解决方案。图 3-4 为宜人贷产品说明。

（2）宜信网的收入由两部分组成：一是账户管理费；二是服务费。

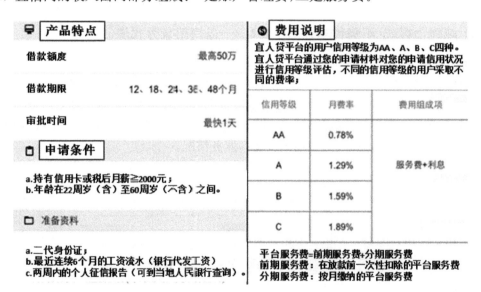

图 3-4　宜信网贷产品说明和费用情况

3．宜信典型的借贷流程

一个潜在的借款人通过网站或电话提交借款申请后，宜信的工作人员将与之面谈，通过综合考察其身份的真实性、收入状况、职业稳定性、居住稳定性、社交网络稳定性等，进行风险评估，并将符合条件的借款人向出借人推荐。但宜信并不为借款人的还款行为提供担保，一旦借款人违约，宜信会通过后续的信用教育、电话沟通、上门沟通、律师函等方式向借款人催款，同时从"还款风险金"中提取一定额度补偿出借人。宜信宜人贷的借款申请流程如下：

第一步：借款人注册登录后，填报个人信息，包括学历、婚姻、财产状况等，并申报借款额度和借款期限。

第二步：借款人征信记录查询，征信记录来自于中国人民银行征信中心系统。

第三步：借款人上传并提交相关资料，包括身份证、银行卡近6个月的流水状况、来自于中国人民银行征信系统的关于借款人的信用报告。其中借款人上传的银行卡必须是以自己姓名开户的银行卡，必须是有工资打入的银行卡，同时要求税后月薪在2 000元以上。

第四步：填报借款人的相关工作情况。

第五步：填报借款申请人银行卡号和开户行相关信息。

借款申请人通过宜人贷官网完成以上所有申请步骤之后，宜人贷相关工作人员将进行严格审核，并决定是否向资金出借人引荐。

4. 宜信的风险管理

在风险管理方面，宜信采取以下四个主要措施：

（1）是客户信息认证。宜信从还款能力、信用历史、还款意愿和借款用途等多个方面进行严格审核和评估。

（2）是提倡小额出借、风险分散。

（3）是设立独立的还款风险金账户。宜信根据借款人整体违约情况确定风险还款金提取比例，借款人若逾期或者违约，还款风险金将对出借人做出相应的补偿。

（4）是宜信公司每个月都会给客户寄送账单，介绍资金去向，回款和收益情况。

（二）纯线上模式（不垫付本金的平台）——以拍拍贷为代表

1. 拍拍贷基本介绍

拍拍贷成立于2007年6月，公司全称为"上海拍拍贷金融信息服务有限公司"，总部位于国际金融中心的上海，是中国第一家网络信用借贷平台。截至2016年3月底，拍拍贷成交量达到103 100.93万元，投资人数达到47 450人，借款人数达到277 597人。投融资利率基本保持在15%—20%之间，图3-5为拍拍贷基本业务情况。

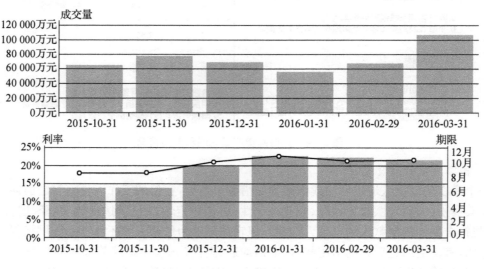

图3-5 （续）

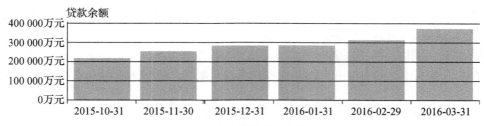

图 3-5 拍拍贷基本业务情况

2. 拍拍贷纯线上模式介绍

纯线上平台模式中,网络借贷平台不参与借贷双方的借贷关系中,只是作为中介为借贷双方提供借贷信息,借贷双方通过平台直接接触,形成债权债务关系。

拍拍贷是我国第一家 P2P 网络借贷平台,成立于 2007 年 8 月,总部位于上海,是中国首家 P2P 小额无担保网络借贷平台。拍拍贷采用竞标方式来实现借贷,与其他 P2P 借贷平台相比,拍拍贷更注重利用现实生活中借款人的人际关系和信用作为放款依据。每位借贷的参与者都可以直接或间接地了解对方情况,这样做很好地降低了操作风险。拍拍贷会尽量向出借人开放借款人银行信用信息,从而减弱风险。出借人通过这类平台进行竞拍贷出资金,若贷款人违约,网站不垫付本金。

拍拍贷的利润来自服务费:一是成交服务费;二是第三方平台充值服务费;三是第三方平台取现服务费。整个过程中对资金借出者不收取任何费用,对借入者收取成交服务费。

3. 拍拍贷的借贷流程

拍拍贷的借贷流程比较简单,总过程可总结为以下两个步骤:

第一步:借款人发布借款信息,把自己的借款原因、借款金额、预期年利率、借款期限一一列出,并给出最高利率,出借人参与竞标,利率低者中标。

第二步:资金筹措期内,投标资金总额达到借款人的需求,则此次的借款宣告成功,网站会自动生成电子借条,借款人必须按月向放款人还本付息。若未能在规定期限内筹到所需资金,该项借款计划则流标。利率由借款人和竞标人的供需市场决定。拍拍贷网上信贷模式下图:

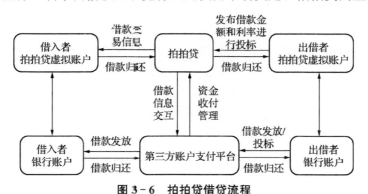

图 3-6 拍拍贷借贷流程

4. 拍拍贷的风险管理

拍拍贷的风险管理有两个特点:

一是规定借款人按月还本付息。这样每月要还的数额很小,还款压力也小,出借人也可以按月收到还款。

二是在信用审核中引入社会化因素。借款人的身份证、户口本、结婚证、学历证明等都可以增加个人信用分,但这些资料并不需要提供原件,真实性难以得到有效保证。

拍拍贷认为网络社区、用户网上的朋友圈也是其信用等级系统的重要部分之一,网站内圈中好友、会员好友越多,个人借入贷出次数越高,信用等级也越高。此外,拍拍贷还会公开曝光黑名单。

(三)以人人贷为代表的"线上线下相结合的债权转让模式"

债权转让模式的 P2P 平台大多基于线下业务与线上业务的结合产生,P2P 平台通过线下渠道向借款人购买债权,通过线上平台将债权转售给投资人,这种业务模式相比前两种的撮合模式,业务流程比较复杂,债权转移中容易出现政策风险,同时该业务模式融资项目来源集中为线下渠道,比较适合有较强线下渠道能力的企业,该模式代表平台有人人贷等。

(四)平台担保(垫付本金的中介平台)——以红岭创投为代表

1. 红岭创投基本介绍

红岭创投为红岭创投电子商务股份有限公司旗下的互联网金融服务平台,于 2009 年 3 月正式上线运营。作为国内成立最早的互联网金融服务平台之一,红岭创投不仅为社会闲散资金提供了一个安全稳定的投资渠道,更致力于扶持中国实体经济发展,为小微企业解决了融资难融资贵的问题。截至 2016 年 3 月底,红岭创投成交量达到 1 387 339.45 万元,投资人数达到 105 948 人,借款人数达到 9 882 人,投融资利率基本在 10% 以上。图 3-7 为红岭创投的成交量、利率及贷款余额情况。

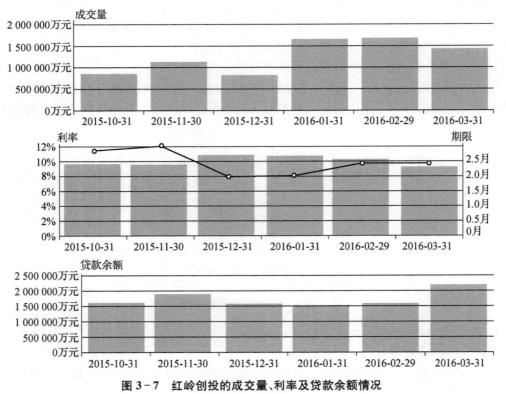

图 3-7　红岭创投的成交量、利率及贷款余额情况

2. 红岭创投模式介绍及贷款流程

红岭创投贷款流程,整个流程需 3—5 个工作日完成:

图 3-3　红岭创投贷款流程

出借人通过平台进行竞拍贷出资金的,若贷款逾期甚至违约,平台为出借人垫付部分甚至全部本金。垫付本金是 P2P 网络借贷平台的一大趋势,目前提供垫付服务平台的交易额远高于无该服务的平台。

红岭创投是这类网络借贷平台的代表,它旨在为个人投资者与创业者借贷打造一个快捷、便利的投融资渠道。具体过程及要点如下:

第一,借款人要满足一些要求(如 18 周岁以上,有身份证,有工作等),先在网上注册,填写个人资料后,通过实名认证后获取一个信用评级。借款人必须成为 VIP 会员后才能发布借款需求。之后借款人就可以将借款理由放在网上,并确定贷款金额、还款期限和还款方式,之后等待放款者竞标。

第二,对放款人而言,放款人可自愿申请 VIP 会员资格,逾期"借款标"本金全额垫付,非 VIP 会员投标后的逾期垫付为 VIP 会员标准的 50%。

第三,红岭创投的利率由公司审核确定,一般大于 15%。

3. 红岭创投的收入组成

红岭创投的收入由四部分组成。

一是现场考察费,借款总额度达到 10 万元的客户,如需新增借款额度,必须进行现场考察,现场考察费按新增额度的 1% 收取。

二是借款管理费,按借款期限收取,每个月按借款本金收取 0.5%。

三是投标管理费,用户成功投标后,在借款用户还款时,投资者利息的 10% 划归红岭创投网站所有,补充网站风险保证金。

四是担保费用,担保费用由可信担保根据客户资信进行评级确定担保费率,借款成功后收取。

4. 红岭创投的风险管理

红岭创投的风险管理有 4 道防线。

第一道防线:客户信息的认证,同时资金由中国工商银行监管,安全可靠。

第二道防线:逾期应还款由红岭创投网站通过短信、电话、上门等方式进行催促。

第三道防线:网站有权将借款人的有关资料正式备案在"不良信用记录",列入全国个人信用评级体系的黑名单("不良信用记录"数据将为银行、电信、担保公司、人才中心等有关机构提供个人不良信用信息)。

第四道防线:风险保证金。红岭创投会按照贷款交易额度提取一定的风险保证金。

第三节 中国 B2C 网络借贷模式

一、B2C 概述

（一）B2C 的参与者

B2C 网络融资服务已形成参与主体多元化的发展现状。金融机构等资金供给方、第三方网络融资服务平台、资金需求企业、政府、中介服务机构等参与主体之间相互协调、信息共享，为小微企业提供增信服务、咨询服务，解决小微企业融资难题，降低商业银行服务小微企业成本，实现平台参与主体的多方共赢。

1. 资金需求者：小微企业和个人

符合条件的小微企业是 B2C 网络融资服务的主要资金需求者，也是融资服务中最大的受益者。除小微企业外，如普通职工、农业劳动者、私营企业主都有不同用途的资金需求。小微企业与个人作为融资平台的参与主体顺利融通资金成为融资平台构建目的所在。

2. 资金供给者：合作金融机构

B2C 网络融资服务中资金的供给者为与平台合作的金融机构，其中以商业银行为主要贷款提供者。银行通常与融资服务平台签署"战略合作协议"，以获得平台推荐的优质客户。

3. B2C 网络融资服务平台

B2C 网络融资服务平台作为中介服务机构，是网络融资实现的载体。网络融资服务平台作为资金借贷双方信息的传递桥梁，整合小微企业、银行等金融机构、担保机构、政府的优势资源，搭建低成本的信息互通渠道，缓解融资过程中存在的信息不对称；其作为贷款搜索和比价平台，为小微企业和个人用户推荐合适的产品和服务，提高了融资效率。

4. 政府

政府，主要包括地方行政主管部门、中小企业局、服务中心。可以引导调动资金供给主体，如银行、小贷公司等的积极性；出台政策支持网络融资的发展。一些地方政府还主动牵头打造网络融资服务平台，更有针对性地解决小微企业融资过程中出现的难题。

5. 中介服务机构

作为 B2C 网络融资服务的参与主体之一，会计师事务所、律师事务所、行业协会等中介服务机构，在各自的专业领域对企业提供服务，为小微企业及个人在申贷过程中提供专业的会计、审计、法律风险防范策略等贷款延伸服务。

（二）B2C 网络融资服务的特点

1. 中立性

作为金融机构和资金需求者之间的桥梁，B2C 网络融资服务平台既不是买家也不是卖家，不倾向于任何金融机构，也不受限于任何金融产品，而是作为一个独立的主体整合卖方供应信息和买方需求信息，从客户的利益出发为双方提供客观、中立的信息发布与咨询建议。如帮助金融机构客观地评估贷款风险，拓展小微信贷业务这一新蓝海，帮助申贷客户快捷地分析、比较并申请贷款,根据客户特点定制合适的融资方案等,其边界清楚、权责清晰的第三方角色可以为融资双方提供客观公正的融资环境。

2. 创新性

作为金融服务创新的表现形式之一,B2C 网络融资服务平台将互联网经济与传统的贷款业务相结合,以互联网技术手段为依托,通过制度创新逐渐打破传统企业金融服务模式,在一定程度上颠覆了银企间信息不对称的格局,这种新兴的业务模式存在低成本、高效率等优点,且随着信息化进程的加快,将在产品、运作模式、风险管理方面呈现出持续创新的态势。

3. 整合性

整合性作为互联网金融的特点之一,为金融资源的整合提供了一个广大的平台。作为互联网金融的形式之一,B2C 网络融资服务平台的整合性体现在对信息资源的有效整合方面,突破了时间和空间的限制。

4. 时效性

B2C 网络融资服务具有时效性的特点,主要体现在两个方面。首先是简化了贷款流程,提高了融资效率。通过 B2C 网络融资服务平台,企业贷款时不需要一趟趟跑银行,而是按照网站提供的流程进行操作,输入企业基本情况、发布融资需求、提交相关材料,通过网站审查之后提交银行等待审批,这极大地缩短了贷款时间,满足了企业对资金时效性的要求,解决了客户在资金方面的燃眉之急。如建行北京市分行于 2010 年 12 月与金银岛实行系统对接,开展"e 单通"业务,在 5 个月之内与 21 家客户签订网络融资合同总金额达 2.6 亿元,向 14 个客户累计发放贷款超过 1 亿元,累计办理业务 73 笔。其次,资金供需双方的信息与资讯可以在最短的时间进行发布,并可以随时更新。网络融资平台使得银行、担保公司、事务所等单位可以随时准确、迅速、方便地发布一些新的产品与信息,客户也可以方便、快捷地访问平台网站,对比多家机构的贷款产品、利率、融资条件等,从而选择最适合自己的产品,提高了搜索效率。

二、中国 **B2C** 网络借贷模式

(一)以商业银行为代表的传统金融机构提供网络信贷

目前在网络信贷领域,各家银行均处于探索初期。我国银行网络贷款主要形成了以下两种模式:

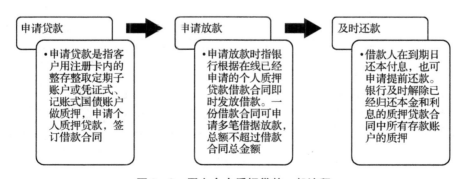

图 3 - 9 网上个人质押贷款一般流程

1. 以银行网银用户为基础的网络贷款服务

此模式以中国工商银行"网上个人质押贷款"为代表。

该类服务主要针对的是银行已有的业务人群。网络贷款将信息技术与金融借贷服务充分结合，与传统贷款程序不同，网络贷款在评级模式、授信过程、获贷流程及还贷上都极大地精简，使资金处理效率得到提高，在贷款业务上提升了银行的服务水平。银行客户可利用这一服务减少到期日前支取定期存款造成的利息损失，属于工商银行传统个人质押贷款业务在网上的延伸。

2. 与第三方电子商务平台合作的网络贷款服务

此种模式以中国建设银行"e贷通"网络联保贷款为代表。

在该模式中，银行借助电子商务平台的现有资源及诚信控制机制为中小企业提供融资，融资平台上申请一笔贷款将快速对接多家银行等合作机构，提高了贷款的成功率；由网络来承担还款管理、贷后追踪等步骤，银行在发放贷款上消耗的人力物力比起传统贷款方式大幅减少，而且网络贷款采用网络评估、选择信用贷款模式而非抵押贷款，大大降低了融资成本。

"e贷通"是该模式的代表，它采用信用贷款模式，银行依托互联网经济体的货物流、现金流等检测平台和网络独特的信用评定体系考察企业信用，使缺乏抵押、质押物的中小企业可以通过网络获得贷款。第三方电子商务平台可以在中小企业商业交易记录的基础上建立信用评价体系及信用评价数据库，在企业向银行申请贷款的时候为平台上的会员企业提供网络诚信认证和监督，从而降低银行面对的信用风险。

（二）其他私人贷款机构提供的网络信贷服务

本模式以阿里巴巴的小额贷款机构为代表。

1. 阿里小贷产品介绍

阿里小贷成立于2010年，是中国首个专门面向网商放贷的小额贷款公司。阿里巴巴提供两种贷款产品：第一种是信用贷款，信用贷款面向微小、小型企业，贷款无须抵押、无须任何担保；第二种是淘宝贷款，淘宝贷款则包括"抵押"订单的订单贷款和"抵押"信用的信用贷款两种类型。信用贷款和淘宝贷款申请都需要符合一定的条件，如表3-2所示：

表3-2　信用贷款和淘宝贷款条件

	信用贷款	淘宝贷款	
		订单贷款	信用抵押贷款
适用对象	企业法定代表人或实际经管人	淘宝店铺经营经营时间满2个月的淘宝卖家	淘宝店铺经营经营时间满6个月的淘宝卖家
放款依据	近12个月总销售额不小于150万元，且经营有效益、成长性好；贷前调查团队通过视频调查得出的企业财务、非财务评价，及外包实地走访信息。	以销售订单充当"抵押物"，基于卖家店铺已发货买家未确认的实物交易订单金额，结合店铺运营情况，进行综合评估给出授信额度的贷款。	以信用为抵押，基于店铺信用等级，店铺综合经营情况和实力给予授信，不受当天订单两限制，无须抵押担保，授信额度可多次支用，随借随还。
贷款额度	最高300万元	抵押订单金额，1元100万元	1元到100万元

（续表）

	信用贷款	淘宝贷款	
		订单贷款	信用抵押贷款
贷款利率	月利率 0.1%	0.05%/天	0.06%/天
贷款期限	最长 12 个月	60 天	最长 12 个月
放款速度	最快 2 天	最快 3 分钟到账	

2. 阿里小贷的优势

阿里小贷最大的优势在于信息优势。阿里小贷与阿里巴巴、淘宝网、支付宝底层数据完全打通，通过大规模数据云计算，客户网络行为、网络信用等信息在小额贷款中得到运用。小企业在阿里巴巴、淘宝店主在淘宝网上经营的信用记录、发生交易的状况、投诉纠纷情况等百余项指标信息都在评估系统中通过计算分析，最终作为贷款的评价标准。由此，阿里小贷整合了电子商务公开、透明、数据可记载的特点，解决了传统金融行业针对个人及小企业贷款存在的信息不对称、流程复杂等问题。

3. 阿里小贷的风险管理

阿里小贷的风险管理主要有三个特点。

一是严格的借款人资格限定，阿里小贷的申请人限定为诚信通会员和中国供应商会员，阿里小贷利用各网络平台信息互通的优势了解客户。

二是阿里巴巴经过多年网络交易平台的运作与监控，拥有网商大量的交易信息，具有相对成熟的信用评价体系以及较完整的交易数据库。阿里小贷放出的贷款直接打到支付宝账户中，使得阿里小贷可以监控资金的流向。

三是阿里小贷以网店未来的收益作为抵押。

（三）以数银在线为代表的网络联保机构提供网络贷款

阿里巴巴在 2007—2010 年与中国建设银行、中国工商银行、中国邮政储蓄的合作中首先完成了作为第三方企业的网络联保尝试。其后涌现出的数银在线、易贷中国、融道网、融 360 等 B2C 网络借贷联保机构都在实践中对这一模式加以创新，逐渐摸索出 B2C 网络贷款的新道路。下面以数银在线为例介绍网络联保模式。

数银在线网络联保模式：网络联保机构的借贷业务与线下金融融合，机构为借款者与银行等金融机构提供联系渠道，通过网络实现客户信用信息共享；而商业银行向机构提供基础性服务（实现借贷双方或各利益者之间资金的转移等）。数银在线研究中小企业客户的融资需求后判定客户的基本情况，再由系统匹配相应的银行等金融机构消化集群进行比较和撮合。

第四节　网络借贷信用管理

2015 年全国网贷行业出现了 896 家问题平台，而在 2014 年，这一数据是 275 家，2013 年是 76 家。各种"跑路"现象频频出现，突显了我国 P2P 市场发展过程中信用管理的重要性。

一、网络借贷风险

网络借贷是对陌生人进行借贷的行为。在整个网络借贷运作中,不论是借款人、投资者还是借贷平台都有可能存在一定的问题,导致参与者的损失。

(一)关于借款人的信用风险

借款人的风险主要体现在逆向选择和道德风险,信息不对称导致信息不确定性的发生。这种不确定性的发生分为借款前、借款中和借钱后三个阶段。

1. 借款前

借款人为了以更低的成本借取更多的资金,往往会虚报或者夸大个人的真实信息,隐藏自己的不良信息,引发借款前的不确定性。

2. 借款中

借款人的资金使用违背合同投向高风险的行业,对投资者进行变相的隐瞒或者借款时期借款人突然受到周围宏观环境的影响,导致收入水平降低、信用等级下滑。

3. 借款后

借款人的资产收入等发生重大变化或投资失败产生贷款逾期,甚至坏账,即使之前借款人有抵押担保物,但对抵押担保物的真实价值判断会出现信息不对称,投资者的资金安全难以得到保障。

(二)网络借贷平台的风险

平台出现非法集资和卷款跑路主要原因有以下几点:

1. 有些平台是纯粹性诈骗平台,充分利用金融监管在网络借贷领域的空白,以非法网贷营运方式来蒙骗众多的出借人。

2. 网络借贷市场的盲目性和自发性凸显,盲目地为借款人提供担保,并向投资者保证一定的收益率,当不能控制借款人的信用风险时就对出借人的资金构成了风险。当风险超过了平台所承受的范围时,平台就会出现倒闭或者卷款跑路等问题。

3. 一些平台将自有资金与客户资金混合起来投资于借款人,一旦发生风险整个平台就会发生系统性危机,导致平台倒闭。

(三)出借人洗钱风险

网络借贷平台游离于法律监管之外,缺乏有效的监督,再加上大多数平台对客户的信息只是进行网络认证,难以确保信息的真实性,极易成为借款人进行非法洗钱的绿色通道。此外,多数平台未建立大额可疑报告机制,可疑的资金通过支付宝等第三方平台进行交易,导致金融监管部门难以追踪检测,加剧了借款人洗钱的风险。

二、网络借贷的信用管理

建立一个完善的信用机制是网络借贷健康发展、缓释风险的先决条件。

1. 网络借贷自身平台信用机制的建立

网络借贷的第一步就是平台的建立。平台市场准入的管理部门要严格审核网络借贷平台的相关资料,主要包括注册资本、出资人资质、技术条件、组织架构等,核准之后才可正常地进行市场化运作。坚决取缔未在工商行政部门登记就营业的第三方网贷平台,防止出现纯粹的诈骗平台并设定严格的措施给予惩罚。此外还应设置相应的第三方或者政府监管平台,督促和指导企业在正常的轨道上运行,同时__要建立科学完善的市场退出机制,加强社会公众监督,以保证投资者的权益。

2. 借款人信用机制的建立

除了对平台的市场出入与规范运行外,最重要的是对借款人的信用进行核实和监督。分别对借款人借款前、借款中、借款后进行全方位的督导。

借款前平台实行会员实名认证制,详细登记借款人的基本信息,采取线上线下相结合的模式调查借款人的收入状况、资产负债情况、企业的经营业绩、信用情况等。对借款人划分信用等级并对借贷额、借贷期限、借贷利率等给予限定,防范个人信用风险,避免平台和投资者潜在的损失。

借款中,平台主要对借款人使用资金的目的有无违法记录等展开调查,结合借款前对借入者的信用调查得出综合信用报告,再加_贷款期间借款人的收入水平是否变化综合评估其还款能力。

借款后,要定期现场或非现场地了解借款人的信用、经营、行业等状况,根据实际情况实行浮动的贷款信用评价等级制度;对即将到期的借入者及时提醒还款并实施逾期催收制度;对违反信用的资金使用者,实行黑名单和曝光制度并将违约信息与金融机构信用关联制最大限度地防范借款人的违约风险。

3. 出借人信用机制的建立

为防范投资者非法洗钱,应建立反洗钱机制,并对出借人的身份资料和借贷资料给予长期保存,对于客户的资金流转和交易过程时刻把控和监督,发现可疑交易予以制止并及时上报相关部门,配合相关监管部门的调查。因此完善借贷平台数据统计,增加信息披露,实施现场与非现场的审核制度,有助于遏制网络洗钱行为。

(二)借鉴发达国家先进经验

起步更早的美国 P2P 网贷,很少见到"卷款跑路"的现象,并能够长期保持平稳发展。美国 P2P 平台为何少有卷款跑路?

1. 市场环境筑起护城墙

在美国,P2P 网贷行业受到美国证券交易委员会(SEC)的严厉监管,其复杂的透明化披露手续、高额的保障金、巨额的注册成本、烦琐的流程,都是 P2P 行业难以逾越的屏障。

2. 高准入让人望而却步

美国证券交易委员会(SEC)的注册要求设立了很高的市场准入门槛,新参与者必须符合这些标准才能合法地进入 P2P 市场。在接受 SEC 监管之后,P2P 网贷平台每天需向 SEC 至少提交一次报告。

3. 法律架构无可乘之机

美国关于 P2P 监管架构的复杂程度超乎想象,根据 Chapman&Cutler LLP 2014 年 4 月份的《白皮书》不完全统计,这一监管架构涵盖了美国的几十项法律、法案、法规,如表 3-3 为 P2P 监管涉及的主要法律、法规及规定。

表 3-3　美国 P2P 行业监管框架

《证券法》	除非有豁免,所有参与公开证券发行的发行人都必须向 SEC 注册证券。
新的私募规则《506 规则修订》	根据修订的 506 规则,P2P 平台可以介入游说合格投资人。
《蓝天法案》	《蓝天法案》为州证券法律-除非有豁免,发行人在销售的每个州都必须注册证券。
《证券交易法》	在《证券交易法》下,发行人在销售注册的证券后,需要满足持续披露要求。
《投资公司法》	在向公众出售之前,"投资公司"必须向 SEC 注册。
《投资顾问法》	除非有豁免,"投资顾问"必须向 SEC 注册。
风险保留要求	证券化必须为任何发行、转让、出售、让与的财产保留部分信用风险,证券化不可对冲或者转移保留的信用风险。
与证券化相关的法律	证券化是为从不同的金融财产中获取现金,创造资产担保的证券("ABS")。特定的法律规制证券化,这一领域未来会有更多法律监管。
借贷法、贷款人注册及获得执照	任何 P2P 机构必须遵守适用的联邦、州的法律法规。
《高利贷法》	在多数州,贷款人可以收取的贷款利率有上限,不同州之间的最高贷款利率差别很大。
《银行秘密法案》	提供贷款的银行需要遵守关于贷款资金的法律。在一些情况下,提供贷款的银行要求 P2P 平台遵守针对银行而不一定针对 P2P 平台适用的法律。
与第三方使用银行证书的事项	根据白皮书,"金融机构形成的第三方关系受到越来越严格的监管"。
州获取执照的要求	州在关于 P2P 监管方面,针对贷款去向和贷款服务保留重要的司法权。
《消费者保护法》	很重要的是,P2P 平台需要符合适用的联邦及州的消费者保护法。这些法规有新有旧-新的法规在《多德弗兰克法案》中。
《诚信借贷法》	贷款人必须向借款人提供包括在借款条件改变时关于借款的标准、可以理解的信息。
联邦贸易委员会法案,UDAP 法及 CFPB	要求遵守《联邦贸易委员会法案》的第五部分;P2P 平台已经提供贷款的银行可能被要求遵守禁止不公平或者欺诈行为的州法律("UDAP"法);并且《多德弗兰克法案》要求建立 CFPB,并授权该组织采用禁止在消费者金融市场上欺诈或滥用的行为。
公平借贷法及其他法律	《平等信用机遇法案》、《公平信用报告法案》、《服役人员民事救助法案》适用于信用交易的各个方面,包括:广告、贷款申请、贷款批准、贷款发放以及贷款清收。
关于催收债务的监管	第三方清收机构必须符合联邦《公平催收法案》以及类似的州的法律。这些法律与从破产的借款人那里催收过期未偿还的借款相关。
《隐私法》	非常重要的一点是,P2P 平台需要遵守监管非公众的个人信息的相关法律法规。根据白皮书,重要性源于"从未来的借款人那里手机信息的个人及敏感性质"。
《电子商业法》	P2P 平台必须符合《全球和国家电子签名法案》及类似的州法律。这一领域的法律规定了披露及同意的要求。
多德弗兰克法案与 GAO 研究	SEC 很可能在未来仍然保持其在 P2P 领域类作为主要监管者的角色。CFPB 会逐渐采用 P2P 借款人保护的规则,在 P2P 领域取得更多的监管责任。

4. 持续的信息披露机制

第一,SEC 要求 P2P 网贷平台对所发行的收益权凭证和对应的借款信息做全面的披露,并且信息变更需要进行动态披露,从而形成一种"持续的信息公开披露机制"。

第二,美国证券交易委员会对 P2P 网络平台的发行说明书及相关材料进行审核,以保障投资者能够获得决策的信息。如果网络借贷平台发行说明书的遗漏、错误、误导等导致损失,投资者可以对其进行追责。

最后,监管部门要求借款人的信息真实性要高,同时,要求交易必须公平。

5. 社会信用体系是核心

美国的社会信用体系是以个人信用制度为基础,具有完善的个人信用档案登记制度、规范的个人信用评分机制,严密的个人信用风险预警系统和管理办法以及健全的信用法律体系。在美国,P2P 网贷平台在整个交易流程中仅作为一个信息中介而存在,投资者主要依据借款方的 FICO 信用评级分数对投资者进行信用评估,平台对投资活动不进行担保。

本章小结

本章首先介绍了网络借贷的含义、主要业务模式及网络借贷平台的产生和发展:网络借贷指在网上实现借贷的行为。借贷过程中,资料与资金、合同、手续等全部通过网络实现,资金借入者和借出者均可利用网络平台,实现借贷的"在线交易"。网络借贷的主要业务模式包括网络贷款、网络供应链金融、P2P 平台和大数据信贷。其次介绍了当前比较流行的网络借贷模式:即 P2P 借贷模式和 B2C 网络借贷模式。P2P(peer to peer)网络借贷是指个人通过网络平台相互借贷,贷款方在 P2P 网站上发布贷款需求,投资人则通过网站将资金借给贷款方,完成交易要向 P2P 网络借贷平台支付一定的中介费,是民间借贷与互联网的结合,属于互联网金融的一部分。当前 P2P 主要运作模式包括四类:即线下服务模式、纯线上模式(不垫付本金的平台)、线上线下相结合模式、平台担保(垫付本金的中介平台)模式。B2C 模式是指金融机构等资金供给方、第三方网络融资服务平台、资金需求企业、政府、中介服务机构等参与主体之间相互协调、信息共享,为小微企业提供增信服务、咨询服务、资金交易服务,实现平台参与主体的多方共赢。最后介绍了网络借贷的信用管理,主要从借款人、借款平台和资金出借人角度阐述网络借贷中的风险类型及信用管理。

复习思考题

1. 根据网络借贷产生和发展背景,分析网络借贷在社会生产发展中的作用。
2. 什么是网络借贷,当前主要的网络借贷业务类型有哪些?
3. 什么是 P2P 借贷模式,P2P 主要的运行模式有哪些,简述各种运行模式下的业务流程。
4. 简述 B2C 模式的主要参与人和主要业务类型。
5. 简述网络借贷中有可能面临的风险及怎么样加强网络借贷中的信用管理。

拓展思考

P2P 问题平台与骗局

2015 年网贷成交量近 1 万亿问题网贷平台数量 896 家。

《2015 年中国网络借贷行业年报》显示,截至 2015 年 12 月底,网贷行业运营平台达到 2 595 家,相比 2014 年增长了 1 020 家。与此同时,问题平台达到 896 家,是 2014 年的 3.26 倍,2015 年新上线的平台数量大增,导致各大中小平台竞争更为激烈,同时受股市大幅波动的影响,众多平台面临巨大经营压力,停业平台数量不在少数。

2015 年,网贷行业总体收益率 13.29%,相比 2014 年下降了 457 个基点(4.57%)。2015 年 12 月综合收益率,前 11 个月几乎呈单边下跌态势,主要原因在于 P2P 网贷逐步成为资产配置的一部分,越来越多的投资人开始进入 P2P 网贷,借款端增长不如投资端的情况下,供需结构持续失衡影响网贷综合收益率持续下降。同时伴随着全年央行多次降准、降息造成的宽松货币市场环境,市场持续宽松的背景下推动网贷综合收益率持续下行。

搜狐证券:P2P 平台的"六大骗局"

骗局一:坏账为零

号称自己"零坏账、零逾期"的 P2P 平台不在少数,但其中可信度究竟有多高?

传统银行在风控方面的优势不言而喻,大部分 P2P 平台所选的资产标的是银行挑剩下的或者不敢做的客户,银行不良贷款率尚达 1.6%,大量 P2P 平台宣称自己"零逾期、零坏账"实在难以让人信服。由于缺乏统一的监管政策制度,各平台对于逾期率都是一面之词,计算没有统一标准,P2P 平台惯用的伎俩是:

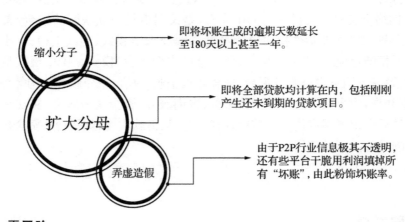

缩小分子 → 即将坏账生成的逾期天数延长至180天以上甚至一年。

扩大分母 → 即将全部贷款均计算在内,包括刚刚产生还未到期的贷款项目。

弄虚造假 → 由于P2P行业信息极其不透明,还有些平台干脆用利润填掉所有"坏账",由此粉饰坏账率。

骗局二:零风险

风险和收益具有正相关性,如果某平台总是吹嘘自己"收益高,零风险"或"本息保障,逾期零风险,在线投资,稳定收益,安全理财"等,那就需要投资者保持警觉。比如号称"真正零风险专家"的中恒盛业 P2P 网贷,以注册资金 1 亿及虚构的众多十分逼真的假标和高收益吸引众多投资者争相投资,2015 年 2 月 9 日,上午该公司突然关闭并解散了投资人的 QQ 群,消失得无影无踪,众多投资者方才醒悟,这是遭到了诈骗。

因此,正如中国银行法学研究会会所所长王卫国所说:"凡是金融都有风险,无风险的金融是一个神话,零风险的金融产品是一种谎言,任何时候都不能说是零风险。"汇投资董事长张征说:"从目前跑路的上百家平台情况来看,零风险的宣传语对投资者除了误导,没有其他实际意义。投资者应牢记。"

骗局三:夸大宣传

为了给平台"增信"吸引更多人投资,很多 P2P 企业利用公司的各种大小事件进行炒作,以各种手法夸大公司或拉投资者入场,比如"宣称上市系,国资系","虚假夸大合作关系","夸大平台融资金额"等。例如 2014 年,"爱投资"、"人人聚财"都因涉嫌夸大宣传引起不小风波。

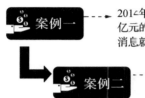

案例一——2014年8月,人人聚财举行发布会高调宣称获得博时资本1亿元的战略投资。然而在发布会结束仅两个多小时,这一消息就被博时基金"打脸",人人聚财最终承认失误并致歉。

案例二——2015年4月,锦绣钱程被曝在宣传单上宣称"与平安银行合作建立风险拨备金1 000万,保障预期兑付",实际上,这笔钱只是该公司在平安银行的企业活期存款,并无信息显示其与平安银行进行合作。

骗局四:第三方资金托管

很多平台宣称自己与第三方支付公司签署了资金托管协议,但事实上,大部分平台签署的只是资金存管协议。存管与托管是不一样的两个概念,一些平台为了获取客户信任,偷换概念的事情常有发生。资金存管:投资人通过支付公司的支付接口,将资金付给 P2P 网贷平台。资金托管:投资人和借款人分别在第三方支付开通自己的托管账户,资金能够实现与平台的物理隔离。比如,2015 年 4 月 25 日,上海网贷平台"爱增宝"确认跑路,该平台一直声称在易宝支付进行第三方资金托管,此次易宝支付在意识到爱增宝跑路后,立即撇清关系,发声明称停止对爱增宝资金托管服务。

骗局五:项目造假

某些平台为了冲高成交规模,以伪造借款人及相关资料的方式,发布虚假项目;也有平台动机不良,以纯诈骗的心态发放假标。例如:"南瓜 P2P"成立不足一年,就通过虚构融资项目、编造借款人身份等方式,融入资金达 7 000 余万元。"盛融在线"2015 年 2 月被曝提现困难后最终倒闭,涉嫌触及假标自融、设立资金池、违规担保等多条红线。面对假标骗局,投资应可通过以下两种方式甄别。

A看平台信息披露是否有瑕疵

为了欺骗投资者,假标中的项目描述往往语言不详,故意隐藏借款人资料,也不公开相关的借款合同、抵押证明等文件材料。

B查阅资金担保情况是否公开

如项目经过小贷公司或担保公司担保,对应的小贷公司和担保公司资质要可靠,信息要公开,与平台关系要清晰;担保资金情况要公开,资金托管协议、银行查询账号都尽可能要公开。

骗局六:最大骗局——100％的保本保息

为了吸引投资者,大多数P2P平台对外宣称时都使用了"100％本息保障"、"和银行一样安全"字样。这些宣传语,对于传统金融机构来说是绝对禁止。面对这些骗局,投资者要做到,第一,警惕忽悠语;第二,提升风险意识。

思考:网络借贷对社会投融资的作用? 为什么网络借贷交易额在大幅度增加,网络借贷行业综合收益率却在下降? 针对问题网络借贷平台,应如何规范该行业的发展?

第四章　互联网众筹融资

本章内容

学习目标

——知识目标

了解股权众筹的含义、特征与管理机制；掌握股权众筹平台的职责和准入机制、股权众筹运作的流程、参与人和运作模式；理解股权众筹与风险投资的相同点与区别；了解其他众筹模式。

——能力目标

理解股权众筹在中小企业融资中的功能和作用；掌握股权众筹的特点、基本运作流程；融合各种众筹模式。

股权众筹：大众创业催化剂

这是一个大众创业的激情时代，也是一个"互联网＋金融"的时代。继第三方支付、"宝宝"类理财产品、P2P 网贷平台之后，股权众筹已处于"大众创业、万众创新"的风口之上。《2015年全国众筹行业年报》显示，全年国内众筹行业共新增项目 49 242 个，成功筹资 114.24 亿元，投资人次达 7 231.49 万人次。

2015 年 4 月 12 日，中国经济年鉴社主办的 2015 互联网金融（众筹）研讨会上，我国众筹研究第一人、中国人民大学法学院副院长杨东教授表示："目前中国的传统金融机构远远无法满足众多小企业和个人消费的需求，然而我国 P2P 的发展条件并不成熟，这主要在于我国征信体系的不完善，获得中小企业和个人征信信息的成本较高，因此，解决中小企业融资难问题是众筹模式的意义之一。"

政策频频释放利好

十八届三中全会通过的《中共中央关于全面深化改革若干重大问题的决定》明确指出,健全多层次资本市场体系,多渠道推动股权融资,提高直接融资比重。2014 年 5 月 30 日,中国证监会首次明确股权众筹监管思路,并抓紧研究制定众筹融资的监管规则。同年 12 月 18 日,中国证监会发布了《私募股权众筹融资办法》,中国股权众筹迎来规范化的监管。

2015 年 3 月 5 日,国务院总理李克强在政府工作报告中两次提到"大众创业、万众创新",并把"开展股权众筹融资试点"补充写入政府工作报告。3 月 11 日,国务院办公厅印发《关于发展众创空间推进大众创新创业的指导意见》,指出,开展互联网股权众筹融资试点,增强众筹对大众创新创业的服务能力。

股权众筹风生水起

长期以来,我国企业总体依赖债务融资,股权融资比重较低。2002 年至 2013 年 10 年间,股权融资在社会融资规模中平均占比只有 3.02%,其中 2013、2014 年分别仅为 1.28%、2.64%。1970—1985 年,美国企业通过股权融资筹集资金在企业外源筹资金额中占 8.3%。中国人民银行金融研究所互联网金融研究小组撰文指出,这一方面造成企业负债率居高不下,另一方面也是企业融资难、融资贵的重要原因之一,同时也证明我国股权众筹有很大空间,鼓励股权众筹作为拓展资本市场新层次的金融创新已刻不容缓。

自 2011 年天使汇和创投圈创立起,股权众筹在中国一直不冷不热。在一系列政策推动下,股权众筹已成为互联网金融领域一个新的风向标。2014 年以来,行业开始出现跳跃式发展,零壹财经监测数据显示,截至 2014 年底,国内股权众筹平台是 32 家,至 2015 年 3 月,这一数据接近 40 家。

未来的股权众筹将更贴近创业类群体,也更贴近用户的生活场景,也许下一个具有成长性的股权众筹项目就发生在你身边的生活、商业和社交场景中,在获得配套的线上股权众筹融资、线下的创业辅导、市场定位和产品推广等综合服务后,你也能搭上股权众筹的快车,成为创业企业的早期投资者。

资料来源:《新经济导航》

第一节　股权众筹概述

一、股权众筹的含义

股权众筹,顾名思义是向大众筹资或群众筹资模式,并以股权作为回报的方式。在传统投资行业,投资者在新股上市(IPO)的时候去申购股票实质就是股权众筹的一种表现形式。在互联网金融领域,股权众筹通过网络较早期的私募股权投资,是风险投资(VC)的补充。

众筹译自英语的 crowdfunding 一词,即大众筹资或群众筹资,中国香港地区称为群众集资,台湾地区叫作群众募资,用实物作为回报的方式。股权众筹是众筹的一种表现形式。

股权众筹是向大众筹资或群众筹资模式,并以股权作为回报的方式。从投资者的角度,以股权众筹是否提供担保为依据,可将股权众筹分为无担保的股权众筹和有担保的股权众筹。前者是指投资人在进行众筹投资的过程中没有第三方的公司提供相关权益问题的担保责任,目前国内基本都是无担保股权众筹;后者是指股权众筹项目在进行中众筹的同时,有第三方公司提供相关权益的担保,这种担保是固定期限的担保责任,目前国内只有少数的众筹项目(如贷帮)提供担保服务,尚未被多数平台所接受。

股权众筹源于2012年4月,美国总统奥巴马签署了《2012年促进创业企业融资法》(JOBS法案),进一步放松对私募资本市场的管制,法案允许小企业在众筹融资平台上进行股权融资,不再局限于实物回报;同时法案也做出了一些保护项目支持者利益的规定。股权众筹平台FundersClub是美国JOBS法案的产物。

全球众筹融资业务的年营业收入迅速增长甚至翻倍,2013年大众融资总额攀升到50亿美元之多。普通的融资方式对小型企业来说非常难,而股权众筹为小型项目吸引投资上存在巨大的商机,对推动社区支持和为各式各样的基础设施企业融资提供很多方便,未来股权众筹将异军突起。目前全球的股权众筹网站正在不断地蔓延,股权众筹在中国来说,属于一种风险投资补充。投资者以金钱形式投入到项目中,根据投资者的出资额比例占据企业的股份,待项目结束后分享项目的收益或承担项目的亏损。这样一来,解决了小型项目找不到资金的难题,同时也促进社会经济良好循环发展。

二、股权众筹的特点

股权众筹具有门槛低、解决中小企业融资难、依靠大众的力量、对人才的要求比较高、带动社会经济良好发展的特点。

(一)低门槛

无论身份、地位、职业、年龄、性别,项目方都可发起项目。中小企业在发展过程中往往面临着缺资金、缺项目、缺人才等一系列的困境,而众筹不仅能筹来资金,还能为企业招募到人才。

(二)解决初创型企业融资难

帮助初创型项目方融资。众筹成功之后,往往就能拥有资源、资金。对于创业者来说,如果自己有项目,又能够解决资源、资金问题,成功就容易得多。所以,众筹大大降低了创业门槛,让年轻人有了更好的创业机会。

(三)依靠大众的力量

投资人通常是普通草根民众。众筹就是众人拾柴火焰高,充分发挥别人的智慧共同做事情,这个特性让其可以完全做到边生产边销售,实现生产和销售的一体化。

(四)对人才的高要求

对项目初步的尽职调查团队、分析师团队、法务团队协助投资者成立合伙企业及投后管理。

（五）带动社会经济良好发展

在大众创业万众创新的浪潮下，股权众筹填补了传统金融领域留下的空当，能够为小微企业提供更多的金融服务，将对实体经济和宏观杠杆产生重要影响。

三、股权众筹的管理机制

股权众筹融资是指通过互联网形式进行公开小额股权融资的活动。股权众筹由项目方、投资方、平台方和第三方支付构成，股权众筹融资在进行中必须遵循以下规则：

（一）股权众筹项目必须在平台规定 30 天内达到或超过目标金额才算成功。

（二）在设定天数内，达到或超过目标金额，项目即成功，发起人可获得资金；筹资项目完成后，投资人得到项目的股权，如果项目筹资失败，已筹资金全部退还投资者。

（三）投资者认购满额后，将钱款打入第三方支付托管账户。

（四）平台协助项目方成立有限合伙企业，投资者按出资比例拥有有限合伙企业股权。

（五）第三方支付托管账户的钱将分批打入有限合伙企业的账户，每次打入有限合伙企业需要经过所有投资人的同意。

（六）股权众筹不是捐款，是根据投资者的出资额比例占企业的股份，待项目结束后分享项目的收益或承担项目的亏损。

股权众筹融资必须通过股权众筹融资中介机构平台（互联网网站或其他类似的电子）进行，股权众筹融资中介机构可以在符合法律法规规定前提下，对业务模式进行创新探索，发挥股权众筹融资作为多层次资本市场有机组成部分的作用，更好地服务创新创业企业。股权众筹融资方多为小微企业，应通过股权众筹融资中介机构向投资人如实披露企业的商业模式、经营管理、财务、资金使用等关键信息，不得误导或欺诈投资者。投资者应当充分了解股权众筹融资活动风险，具备相应风险承受能力，进行小额投资。股权众筹融资业务由证监会负责监管。

第二节 股权众筹平台

一、股权众筹平台的职责

股权众筹本质上是一项网上投融资活动，涉及的业务链较长，法律关系也较复杂。因此，平台在股权众筹中起到关键的撮合作用。

在融资前，平台与融资企业沟通，对融资企业进行筛选，确定融资企业是否可以在平台上开展众筹，并安排融资企业准备相关推介材料，在融资过程中，在平台上展示融资企业，评估和确定合格投资者，接受合格投资者的相关咨询和投资等。融资活动结束后，平台的主要工作包括权益或股份确认，并安排公司进行相关注册变更等，甚至包括公司章程的修改和制定，部分代理投资者进行投票和参加公司董事会以及建立定期和公司沟通并提供建议的机制等。

根据中国证券业协会《私募股权众筹融资管理办法》的规定，股权众筹平台应当履行下列职责：

1. 勤勉尽责，督促投融资双方依法合规开展众筹融资活动、履行约定义务。

2. 对投融资双方进行实名认证，对用户信息的真实性进行必要审核。

3. 对融资项目的合法性进行必要审核。

4. 采取措施防范欺诈行为。发现欺诈行为或其他损害投资者利益的情形，及时公告并终止相关众筹活动。

5. 对募集期资金设立专户管理，证券业协会另有规定的，从其规定。

6. 对投融资双方的信息、融资记录及投资者适当性管理等信息及其他相关资料进行妥善保管，保管期限不得少于 10 年。

7. 持续开展众筹融资知识普及和风险教育活动，并与投资者签订投资风险揭示书，确保投资者充分知悉投资风险。

8. 按照证券业协会的要求报送股权众筹融资业务信息。

9. 保守商业秘密和客户隐私，非因法定原因不得泄露融资者和投资者相关信息。

10. 配合相关部门开展反洗钱工作。

11. 证券业协会规定的其他职责。

二、股权众筹平台的准入

中国证券业协会起草了《私募股权众筹融资管理办法（试行）》（以下简称《管理办法》）。

《管理办法》将股权众筹平台界定为"通过互联网平台（互联网网站或其他类似电子媒介）为股权众筹投融资双方提供信息发布、需求对接、协助资金划转等相关服务的中介机构"。对于从事私募股权众筹业务的股权众筹融资平台（以下简称股权众筹平台），主要定位服务于中小微企业，众筹项目不限定投融资额度。充分体现风险自担，平台的准入条件较为宽松，实行事后备案管理。

在股权众筹平台的经营业务范围方面，为避免风险跨行业外溢，《管理办法》规定股权众筹平台不得兼营个人网络借贷（即 P2P 网络借贷）或网络小额贷款业务。

股权众筹平台应当在证券业协会备案登记，并申请成为证券业协会会员。

证券业协会为股权众筹平台办理备案登记不构成对股权众筹平台内控水平、持续合规情况的认可，不作为对客户资金安全的保证。

（一）股权众筹平台准入条件

1. 在中华人民共和国境内依法设立的公司或合伙企业。

2. 净资产不低于 500 万元人民币。

3. 有与开展私募股权众筹融资相适应的专业人员，具有 3 年以上金融或者信息技术行业从业经历的高级管理人员不少于 2 人。

4. 有合法的互联网平台及其他技术设施。

5. 有完善的业务管理制度。

6. 证券业协会规定的其他条件。

（二）股权众筹平台不得有下列行为

1. 通过本机构互联网平台为自身或关联方融资。

2. 对众筹项目提供对外担保或进行股权代持。

3. 提供股权或其他形式的有价证券的转让服务。

4. 利用平台自身优势获取投资机会或误导投资者。

5. 向非实名注册用户宣传或推介融资项目。

6. 从事证券承销、投资顾问、资产管理等证券经营机构业务,具有相关业务资格的证券经营机构除外。

7. 兼营个体网络借贷(即 P2P 网络借贷)或网络小额贷款业务。

8. 采用恶意诋毁、贬损同行等不正当竞争手段。

9. 法律法规和证券业协会规定禁止的其他行为。

 案　例

3 月众筹行业倒闭 14 家平台行业或将迎来大洗牌

《2016 年 3 月全国众筹行业月报》指出,3 月,众筹行业成交量快速反弹,有较大幅度的增长,新增众筹平台明显增多,但 3 月份倒闭平台也不在少数,一共 14 家。其中,3 月混合众筹倒闭平台远远多于新增平台。和讯众投相关负责人认为,随着监管细则的落地,众筹行业或将迎来大洗牌。

3 月 5 日,李克强总理在《政府工作报告》中指出,要打造众创、众包、众扶、众筹平台,构建大中小企业、高校、科研机构、创客多方协同的新型创业创新机制。这是众筹首次正式写进"十三五"规划。

在相关利好消息的刺激下,3 月众筹行业成交量快速反弹,有较大幅度的增长。同时,新增众筹平台明显增多,新增 36 家平台,但与此同时倒闭众筹平台也有 14 家。其中,奖励众筹平台新增 21 家,倒闭 2 家;非公开股权融资新增 11 家平台,倒闭 8 家;公益众筹新增 3 家平台,无倒闭平台;混合众筹新增 1 家平台,倒闭 4 家平台。

3 月份倒闭平台 14 家,数量不少,倒闭的主要是经营不善和实力比较弱的平台,这些平台由于实力较弱以及项目没有吸引力而导致没有投资人投资,最后被市场淘汰,部分倒闭平台此前三个月均无新项目上线。

在平台准入标准变得严苛与行业大洗牌带来竞争加剧的双重压力下,互联网金融行业将面临史上最严峻的生存环境。2016 年可以说是互联网金融"最坏"的时代。但是,在监管细则出台、行业发展从疯狂逐步趋于理性、初步完成投资者教育等一系列背景下,优质平台无疑迎来了"最好"的时代。

众筹行业的发展正经历着"一半海水一半火焰"的局面,一方面,众筹作为互联网金融的新生力量,经过一年多的野蛮生长后,由于监管即将出台而规范;一些有实力与公信力的新平台比如苏宁众筹、和讯众投等厚积薄发,给行业带来了一股新风。另一方面,众筹行业的洗牌也在加快,市场规律也在发挥作用,伪金融、伪众筹、不规范的那一部分将被抛弃。

在互联网金融其他行业尤其是 P2P 行业蒙上一层阴影的时候,众筹行业一枝独秀或将拉动整个互联网金融走出 2016 年初的困境。随着监管细则的落地,众筹行业将迎来大洗牌,拥

有海量用户与流量基础的淘宝、京东、苏宁等互联网巨头与平安、和讯众投等有强力股东背书支持的平台将会分庭抗礼,带领整个行业走向规范、高效、健康的发展之路。

资料来源:2016 - 04 - 12 和讯网

第三节　股权众筹运作

一、股权众筹参与主体

股权众筹运营当中,主要参与主体包括筹资人、出资人和众筹平台三个组成部分,部分平台还专门指定有托管人。

（一）筹资人

筹资人又称发起人,通常是指融资过程中需要资金的创业企业或项目,他们通过众筹平台发布企业或项目融资信息以及可出让的股权比例。

（二）出资人

出资人往往是由数量庞大的互联网用户,他们利用在线支付等方式对自己觉得有投资价值的创业企业或项目进行小额投资。待投资成功后,投资人获得创业企业或项目的一定比例的股权。

（三）众筹平台

众筹平台是指连接筹资人和出资人的媒介,其主要职责是利用网络技术支持,根据相关法律法规,将项目发起人的创意和融资需求信息发布在虚拟空间里,供投资人选择,并在筹资成功后负有一定的监督义务。

（四）托管人

为保证各出资人的资金安全以及出资人资金切实用于创业企业或项目和筹资不成功的及时返回,众筹平台一般会指定专门银行担任托管人,履行资金托管职责。

二、股权众筹运作流程

股权筹资的运作流程一般大致如下:

（一）创业企业或项目的发起人,向众筹平台提交项目策划或商业计划书,并拟定筹资金额、可让渡的股权比例及筹款的截止日期。

（二）众筹平台对筹资人提交的项目策划或商业计划书进行审核,审核的具体范围主要包括真实性、完整性、可执行性以及投资价值等。

（三）众筹平台审核通过后,在网络上发布相应的项目信息和融资信息。

（四）对该创业企业或项目感兴趣的个人或团队,可以在目标期限内承诺或实际交付一定数量资金。

（五）目标期限截止，筹资成功的，出资人与筹资人签订相关协议；筹资不成功的，已筹资金退回各出资人。

通过以上流程分析，与私募股权相比，股权众筹主要通过互联网完成募集资金环节，所以又称其为"私募股权互联网化"。

三、股权众筹的运营模式

国内股权众筹的发展，从 2011 年成立的"天使汇"至 2014 年，产生了大量的众筹平台，如"大家投"、"好投网"、"原始会"、"人人投"、"我爱创"等。2014 年更被称为"众筹元年"，5 月 22 日，国际众筹峰会在北京召开，股权众筹更成为众筹的焦点。当下，根据我国特定的法律、法规、政策，股权众筹从运营模式上可分为：凭证式、会籍式和天使式三大类。

（一）凭证式众筹

凭证式众筹主要是指在互联网上通过购买凭证和股权捆绑的形式来进行筹资，出资人通过付出资金获得相关的凭证，该凭证又直接与创业企业或项目的股权挂钩，但投资者不称为"股东"。

2013 年 3 月，一个植物护肤品牌"花草事"高调在淘宝网销售自己公司的原始股："花草事"品牌对公司未来一年的销售收入和品牌知名度进行估值并拆分为 2 000 万股，每股作价 1.8 元，100 股起开始认购，计划通过网络私募 200 万股。股份以会员卡形式进行出售，每张会员卡面值人民币 180 元，每购买 1 张会员卡赠送股份 100 股，自然人每人最多认购 100 张。

其实在稍早之前，"美微传媒"也采用了大致相同的模式，都是通过出资人认购会员卡，公司附赠相应的原始股份，一度在业内掀起轩然大波。

但是，当时国内还没有专门做凭证式众筹的平台，上述两起案例在筹资过程当中，都不同程度地被相关部门叫停。

（二）会籍式众筹

会籍式众筹主要是指在互联网上，通过熟人介绍，出资人付出资金，直接成为被投资企业的股东。国内最著名的会籍式众筹的案例就是"3W 咖啡"。

2012 年，"3W 咖啡"通过微博招募原始股东，每人 10 股，每股 6 000 元，相当于一个人 6 万元。由于资金量不大，很多人并不是很在意，并且花点小钱就可以成为一家咖啡店的股东，还可以结交更多人脉，进行业务交流，因而很快"3W 咖啡"汇集了一大帮知名投资人、创业者和企业高管，股东阵容堪称华丽。

"3W 咖啡"引爆了中国众筹式创业咖啡在 2012 年的流行。没过多久，几乎每个规模城市都出现了众筹式的咖啡厅。应当说，"3W 咖啡"是我国股权众筹软着陆的成功典范，具有一定的借鉴意义，但同时也应该看到，这种会籍式的咖啡厅，很少有出资人是以盈利为目的的，更多股东看重的是其提供的人脉价值、投资机会和交流价值等。

（三）天使式众筹

与凭证式、会籍式众筹不同，天使式众筹更接近天使投资或 VC 模式。出资人通过互联网寻找投资企业或项目，付出资金直接或间接成为该公司股东，同时出资人往往伴有明确的财务回报要求。

以"大家投"网站为例，假设某个创业企业需要融资100万元，出让20%的股份，在网站上发布相关信息后，A做领投人，出资5万元，B、C、D、E、F做跟投人分别出资20万元、10万元、15万元、30万元、20万元，凑满融资额度后，所有出资人就按照出资比例占有创业公司20%的股份，然后再转入线下有限合伙企业成立、投资协议签订、工商变更等手续，该项目融资计划就算成功完成。

确切地说，天使式众筹应该是股权众筹模式的典型代表，它与现实生活中的天使投资、VC，除了募资环节通过互联网完成外，基本没有多大区别。但是互联网给诸多潜在的出资人提供了出资机会，再加上对出资人几乎不设门槛，所以这种模式又有"全民天使"之称。

四、主要法律风险及防范

上述股权众筹的运营模式不同，法律风险主要体现在两方面：一是运营的合法性问题，涉及的多是非法吸收公众存款和非法发行证券；二是出资人的利益保护问题。

（一）运营的合法性

股权众筹运营合法性主要是指众筹平台运营中时常伴有非法吸收公众存款和非法发行证券的风险，从业人员包括相关法律人士对此认识不一。

1. 非法吸收公众存款的风险

众所周知，在目前金融管制的大背景下，民间融资渠道不畅，非法吸收公众存款以各种形态频繁发生，引发了较为严重的社会问题。股权众筹模式推出后，因非法集资的红线，目前仍是低调蹒跚前行。

2. 非法发行证券的风险

我国《证券法》于1998年12月制定，历经三次修改，其中第十条对证券的规定：公开发行证券必须符合法律、行政法规规定的条件，并依法报经国务院证券监督管理机构或国务院授权的部门核准，未经依法核准，任何单位或个人不得公开发行证券，有下列情形之一的，为公开发行：

（1）向非特定对象发行证券的；

（2）向特定对象发行证券累计超过200人的；

（3）法律、行政法规规定的其他发行行为；

（4）非公开发行证券不得广告、公开劝诱和变相公开方式。

显然，股权众筹项目通常不具备这些条件，绝大多数众筹项目在众筹计划发布时都尚未注册成立，更别提具备良好的财务记录。

而非公开发行证券的条件同样不具备，现在的互联网平台发布的众筹计划属不属于广告，或是变相公开的方式本身就有争议，如果法律对这些进行强制性规制，无疑会扼杀这个新兴的、具备活力的创业模式。

为了应对以上风险的发生，迫在眉睫的是要解决一些法律制度上的漏洞，比如及时修订《证券法》、《非法集资条例》等相关规定，使股权众筹的发展在法律制度上有保障。

（二）出资人的利益保护问题

在股权众筹模式中,出资人的利益分别涉及以下几个方面:

1. 信任度

在众筹平台上,出资人基本互相不认识,有限合伙模式中起主导作用的是领投人,股份代持模式中代持人至关重要,数量众多的出资人如何建立对领投人或代持人的信任度很是关键。

由于目前参与众筹的许多国内投资者并不具备专业的投资能力,也无法对项目的风险进行准确评估,同时为解决信任度问题,股权众筹平台从国外借鉴的最通用模式即合投机制,由天使投资人对某个项目进行领投,再由普通投资者进行跟投,领投人代表跟投人对项目进行投后管理,出席董事会,获得一定的利益分成。但是众筹平台上项目过多,作为领投人的知名天使投资人有限,因而需要出资人尽快成长起来,才能根本解决这一问题。

2. 安全性

众筹平台一般会承诺筹资人筹资失败后确保资金返还给出资人,这一承诺是建立在第三方银行托管或者"投付宝"类似产品基础上。但众筹平台一般不会规定筹资人筹资成功但无法兑现承诺时,对出资人是否返还出资。既没有对筹资人的惩罚机制,又没有对出资人权益的救济机制,众筹平台对出资人也没有任何退款机制,出资人资金的安全性无法保障。

严格说来,既然是股权投资,就不应该要求有固定回报,但至少筹资人应当在项目融资相关资料中向出资人揭示预期收益。一旦预期收益不能实现,实践中应有相应的补偿或返还机制以保证出资人资金的安全。

3. 知情和监督权

由于股权众筹参与主体的分散性、空间的广泛性以及众筹平台自身条件的限制,在现实条件下难以完成对整个资金链运作的监管,即使明知筹资人未按承诺用途运用资金,也无法有效对其进行有效制止和风险防范。

出资人作为投资股东,在投资后有权利获得公司正确使用所筹资金的信息,也有权利获得公司运营状况的相关财务信息,这是股东权利的基本内涵。

4. 股权的转让或退出

众筹股东的退出机制主要通过回购和转让这两种方式,采用回购方式的,原则上公司自身不能进行回购,最好由公司的创始人或实际控制人进行回购;采用股权转让方式,原则上应当遵循公司法的相关规定。

但实践中大多采用有限合伙企业或股份代持模式,出资人如要转让或退出,就涉及有限合伙份额的转让和代持份额的转让。关于这一点,最好能在投资前的有限合伙协议书或股份代持协议中做出明确约定。

另外,转让时具体的受让价格又是一个难题。由于公司尚未上市,没有一个合理的定价,也很难有同行业的参考标准,所以建议在出资入股时就在协议里约定清楚,比如有的众筹项目在入股协议里约定发生这种情况时由所有股东给出一个评估价取其平均值作为转让价,也有的约定以原始的出资价作为转让价。

第四节　股权众筹与风险投资的比较

一、风险投资内涵与特征

风险投资是通过现实金融市场运作,投资者把资金投向蕴藏着较大失败风险的高新技术开发领域,以期获得高资本收益的一种商业投资行为,具有如下特征:

(一)高风险与高收益并存

投资人投资的风险企业往往是那些刚刚起步或尚未起步的高新技术企业或高新技术产品,一方面其没有固定资产或资金作为抵押或担保,另一方面其未来的经营、技术、发展和市场前景都存在较大的变数,是一般投资机构所害怕投资、不愿投资的。这类投资对象在技术、市场、决策管理等方面都有较大风险,即使发达国家,风险投资的成功率也只有30%左右。但同时风险投资又比其他投资的预期回报率要高,一旦投资成功,就会为投资者带来几倍甚至几百倍的收益。

(二)长期的权益性

投资者想要获得高额回报,往往投资于风险企业的初创期,等到风险企业发展成熟之后,通过发行股票上市实现资本的退出,并获得高额收益。此期间一般需要经历3—8年,甚至更长时间,在这一过程中投资者对风险企业应进行分段股权投资,以保证风险企业后续资金的需求。

(三)有专业中介机构参与

专业中介机构主要指投资银行,主要业务之一是风险投资业务,业务范围如下:

1. 作为风险企业的代理人,帮助风险企业从投资者那里筹集到股权资本,并代表风险企业与投资者进行谈判,协商交易价格、提供风险企业评估服务,使风险企业获得较优条款。

2. 作为风险投资者的代理人,风险投资者一般是具有较多风险投资经验和专业知识的风险投资机构,代理人主要为风险投资机构筹集大规模资金提供服务,风险投资机构就能够把主要精力用于投资活动本身,从而避免陷入筹集资金的具体事务中。

3. 作为投资者参与风险投资,投资银行由于长期从事风险投资业务,积累了丰富的风险投资经验并汇聚了众多从事风险投资业务的精英人才,因而可以以自有资金或以自己可支配的资金进行风险投资,获得高额投资收益。

二、股权众筹投资与风险投资的比较

风险投资为由专业投资主体承受风险,向有希望的公司或项目投入资本,并增加其投资资本附加价值的一种投资行为。传统的风险投资对象主要是那些处于起动期或发展初期且快速成长的小型企业,并主要着眼于那些具有发展潜力的高科技产业。风险投资通常以部分参股的形式进行,它具有强大的"承受风险"之特征,而作为高投资风险的回报则是得到中长期高收益的机会。

股权众筹指公司出让一定比例的股份,企业(或者个人)通过购买股份进行投资,最终目的是为了获得较大的经济利益,这种经济利益可以通过分得利润或股利获取,也可以通过其他方式取得。

尽管股权众筹和金融市场中的风险投资有异曲同工之妙,但是股权众筹投资还是和风险投资有以下几点区别:

(1) 投资平台不同。股权众筹融资必须通过互联网上的股权众筹融资中介机构平台进行。风险投资一般是投资人或投资机构直接对融资项目进行投资。

(2) 投资人不同。股权众筹的投资人通常是一些具备风险投资意识和抗风险能力的普通草根投资者。而参与传统的风险投资的多是专业的投资人或投资机构,他们比股权众筹投资人更有资金实力和风险承受能力。

(3) 融资方不同。股权众筹多为初创公司或者小企业借助股权众筹平台来获得创业所需要的资金。风险投资虽然多以投资高新技术及其产品的研究开发领域为主,但是并不局限于小微企业。

(4) 融资结果不同。股权众筹项目多为难以在风险投资市场上获得资金的项目。股权众筹为这样的创业企业或项目提供了机会。一般说来,企业更倾向于获得风险投资。在投融资市场上,股权众筹是对风险投资的一种补充。

(5) 融资方自律方式不同。通过众筹进行融资的公司,需要定期向投资者报告项目进展、经营业务状况等。股权众筹投资者通常只有主要投资人才参与公司事务管理;而风险投资项目的内部信息通常是不会公布的,风险投资的普通合伙人通常参与企业的决策。

 **案　例**

如何看待股权众筹模式未来对风险投资行业的影响?

目前,业界类似于 AngelList 和"大家投"这样的股权众筹模式是否会对中国现在的 VC业产生冲击有不同的观点。

一种观点认为会造成一定冲击,但短期内冲击效果有限。因为一个行业成熟之后必然会有新兴的"生产方式"来冲击原有已经固化的传统模式,所以一定会有冲击。但这个冲击的效果有多大? 多长时间达到? 以及新兴的模式与传统模式的比率分配怎么样? 现在还不好说。现在,类似的股权众筹平台国内已经有很多,IT 桔子在众筹合投 TAG 下的公司已经有30家。这些平台上肯定有项目会融到钱,也肯定有平台会活下来,但说到对现有 VC 行业的冲击还为时尚早。

一种主流观点认为股权众筹并不能取代风险投资。通过股权众筹筹钱的是开办不同类型企业的不同创业家,而非传统风险投资者。如果股权众筹要取代风险投资,那么初创企业必须绕过风险投资,直接在股权众筹平台上向公众募集资金。这对许多有风险投资支持的企业来说,简直不可能。据道琼斯报道,2015 年前三个月的风险资本投资额为 400 万美元。通常由风险投资支持的企业无法通过股权众筹渠道筹集到其希望的资金。因为通过该渠道,企业家最多只能筹集到 100 万美元。

许多资金需求不超过 100 万美元的初创企业,仍然偏爱风险投资。因为如果进行融资,那么一两家大型投资者,总比一群小投资者要简单得多。如果他们做得不好,应对某位投资者的不满,总比应付一帮愁眉苦脸的金融家们来得容易些。风险资本家给予企业家的不仅仅是金钱,他们中许多人了解(比通过股权众筹提供资金的典型投资者们更了解)如何创业。许多风险投资机构可以为企业潜在的供应商和客户提供指导,帮助他们建立管理团队。另外,风投机构与期望获取创业扶助的企业有经济联系,与对其进行公布的投资银行交往甚密。这些关系对许多希望筹资开办新企业的创业家而言,是非常有价值的。

第五节　其他众筹模式

一、债权众筹

债权众筹与股权众筹类似,投资者对项目或公司进行投资获得其一定比例的债权,未来获取利息收益并收回本金。

债权众筹,类似于 P2P 形式,对投资者的回报按照约定的比例给予利息,届时投资者可以收回本金还可以得到承诺的收益。通常这样的收益率低于股权众筹,但是风险也更低,并且很多债权众筹网站包含某种形式的安全条款,在借款人无力还款的情况下仍能给投资人以保障。这些选择是股权众筹投资者所没有的,因此股权众筹是更高风险的投资。

尽管债权众筹有一些安全措施,但为了降低风险,投资者还是应将其资金分散在不同的网站,使投资组合多样化。另外,通过设定固定的利率评级,可以使他们的投资组合收益更加稳定。他们可以预计回报率,即使只有 3%—4%,这种稳定性是很多风险投资公司青睐债权众筹的原因。

二、公益众筹

公益众筹指通过互联网方式发布筹款项目并募集资金。相对于传统的公益融资方式,公益众筹更为开放。只要网友喜欢的项目,都可以通过公益众筹方式获得项目资金,为更多公益机构提供了无限的可能。

作为新兴的公益模式,公益众筹如何在短时间汇集更多的人力财力,有六大成功要素:

(一)精准的项目策划

作为公益项目,前期必须要有精准的项目策划,只有将公益项目策划好了,执行起来才更加方便快捷。而公益众筹是一个快速的过程,所以项目策划必须要精准,同时,要懂得创新,千篇一律的公益项目是不可能成功的。

(二)高质量的图片或视频、真挚的文字,多从细节入手

如果单单只是将公益项目拿出来让爱心人士捐款的话,在很大程度上是无法受到网民重视的。我们要做的,是用真实的文字、图片,或者视频去引导,在不知不觉中完成公益众筹。

（三）有趣或实惠的回报

很多时候，我们都会对回报有很大的兴趣，如果在每次公益众筹中能够加入一些有趣或者实惠的回报，成功率会更大一些。

（四）发起人本身的影响力和发起人本身的故事

发起人也是很重要的，比如让明星转发一条微博，会有很多人去转发去回复。网友对发起人本身的信任会让公益众筹的成功率大大增加。

（五）不要脱离群众的关注点去做公益众筹

有些公益慈善项目策划是非常好的，执行力也很好，但是不能很好地抓住群众关注点，不能很好地解决社会问题，这样的公益项目注定是失败的，自然众筹也会失败。想要提高成功率，就不能脱离群众的关注点。

（六）发起人与用户有充分的交流

公益众筹对于公益发起人来说，是一个贴近公众的机会，有利于增强捐款者和募款者的互动，有助于公益项目与参与者形成更加紧密的关系。

三、实物众筹

实物众筹也叫作回报众筹，类似于团购＋预定的模式，针对的是具体的商品和服务。如果一个创业者有开发新产品的计划，可以通过众筹平台来展示自己的计划。如果能够得到大家的认可，就可以筹集到创业资金或者项目的融资，随后将产品生产出来，直接回报给资金提供者。

实物众筹项目一般处于研发设计或产品或服务的预售阶段，主要为了募集运营资金、测试需求，实物众筹回馈的是产品和服务，通过众筹模式测试产品定位，看看大家是否需要；测试产品的包装，看看用户是否理解；测试产品定价，看看大家是否买单；测试产品使用，看看是否有无法预期的问题。通过一系列的测试之后，筹资企业就可以获得市场反馈。

通过实物众筹的方式，可以提前对市场进行测试，了解自己研发的产品是否受欢迎，从而规避一些风险，更好地把握研发方向。另外，在实物众筹的过程中，普通用户加入宣传链中也会带来巨大的传播效应。由于用户能直接参与研发阶段并提出需求，这使得消费者打消了购买的顾忌，同时增强了参与性。对于厂商来说，能够提前预知一些原本要公开发售后才能发现的问题，对产品方向进行及时的调整。

以国内原创动画片《大鱼海棠》为例，2013 年 8 月在本土众筹平台上总共筹到了 158.25 万元人民币的资金，创造了国内动漫产业在众筹平台上的筹资新纪录。此前的纪录由《十万个冷笑话》创造，它通过众筹模式在三个月时间内募得了逾 100 万元。

大鱼海棠设置了 10 元到 50 万之间 12 个支持档位，最低的支持只回报一个 VIP 优先参与后续活动的资格，按照价位提升支持者的回馈包括从电影代金券、电影票、电影相关周边、参与制作权、电影票及周边产品分销代理权等内容。众筹发起者积极参与其中的制作，主动献计献策，并充分利用了社交网络的传播优势，在国内动画和电影界引起巨大反响。微博相关文案转发数量超过 2 万次,此次众筹不仅让项目团队拿到了启动资金,同时让这部动画的知名度从只有圈内人知道扩大到了整个中国动漫界都知道。

实物众筹一般指的是预售类的众筹项目,团购自然包括在此范畴。但团购并不是实物众筹的全部。传统概念上的团购和大众提及的实物众筹的主要区别在于募集资金的产品以及服务发展的阶段。

首先定义不同:实物众筹指的是处于研发设计或生产阶段产品或服务的预售,团购则更多指的是已经进入销售阶段的产品或者服务;其次目的不同:实物众筹主要为了募集运营资金、测试需求,而团购主要是为了提高销售业绩。

但是两者在实际操作时并没有特别清晰的界限,通常团购网站也会做众筹的预售,众筹网站也会发起团购项目。

本章小结

本章分析了股权众筹的含义、特点及其管理机制,阐述了股权众筹融资的定义,是向大众筹资或群众筹资模式,并以股权作为回报的方式;明确了股权众筹平台的职责、准入机制;详细讲述了股权筹资运作中主要的参与主体筹资人、投资人、众筹平台和托管人及其职责,股权筹资运作流程及其运作模式的三种凭证式众筹、会籍式众筹和天使式众筹;股权众筹中的主要法律风险及其防范措施;股权众筹作为风险投资在互联网金融中的发展延伸,本章也比较了股权众筹与传统风险投资不同的地方,如投资的平台、投资人、融资方式、融资方自律方式等方面的不同。最后介绍了其他众筹模式如债权众筹、公益众筹和实物众筹的定义及特点。

复习思考题

1. 根据股权众筹的特点,简述股权众筹的优点有哪些?
2. 分析股权众筹的管理机制。
3. 对出资人利益保护涉及哪几个方面?
4. 简述股权众筹模式有哪几种?
5. 简述股权众筹与风险投资融资形式的相同点和不同点。
6. 常见的众筹模式有哪几种,分别有什么特点?

案　例

2016 年口国众筹行业何去何从?

4 月 14 日,国务院组织 14 个部委召开电视会议,宣布将在全国范围内启动有关互联网金融领域的专项整治,为期一年。当天,国务院批复并印发与整治工作配套的相关文件,股权众

筹由证监会分项整治。

与支付、保险、银行、征信等需要牌照的互联网金融中的"正规军"不同，P2P和众筹似乎一直游走在监管之外与合规的边缘。然而，随着监管细则征求意见稿的出台和国家级协会的挂牌，P2P似乎已领先了一步。

众筹，尽管"步步紧随"，依然没有走上一条彻底"合规"的康庄大道。围绕着股权众筹和房产众筹，媒体和议论者的观点往往互相抵牾，针锋相对，尤其在资本的推波助澜之下，不少本来认真做众筹的平台已然走偏，更有甚者，一些人打着众筹旗号鱼目混珠，非法牟利。

截至2015年12月31日，我国互联网众筹平台至少有365家，其中包括蚂蚁金服、京东、苏宁等巨头大佬，也不乏众筹网、人人投、36氪等老兵新秀。

然而，2015年底，国内首家众筹平台点名时间上线了最后一个项目，这似乎也是众筹行业的另一种缩影。尽管筹资额不断攀升，但倒下的平台也一个接一个。2015全年，至少有40家众筹平台倒闭，26家众筹平台转型。

一方面，平台数量、成交项目、筹资金额和投资人数屡创新高。另一方面，"众筹已死"、"众筹模式走到尽头"的言论也层出不穷。对于当下的众筹而言，似乎有两个面目、两种局面，所以导致评价莫衷一是。

看空者认为，众筹已经过了2015年上半年的黄金尝鲜期，今后将进入下行，停滞不前必成定局。而得出此结论最重要的依据是缠裹在众筹四周的，一时半会儿还难以突破的"红线"，正是它们束缚了行业迈开脚步，真正向前发展。

以股权众筹为例，作为一个新兴事物，哪怕是一向以立法速度著称的美国，在仓皇推出乔布斯法案之后，也备受执行者的诟病。而国内的股权众筹才发展了几年时间，尽管监管一直在追赶其发展的脚步，细则也一直在酝酿，但是现实法规毕竟难以适应创新的步伐。

2015年8月7日，证监会发布《关于对通过互联网开展股权融资活动的机构进行专项检查的通知》，明确股权众筹融资主要是指通过互联网形式进行公开小额股权融资的活动；未经国务院证券监督管理机构批准，任何单位和个人不得开展股权众筹融资活动。除了京东、平安、阿里巴巴三家被证监会批准进行公募股权众筹试点的公司外，其余众筹平台均不得开展股权众筹业务。《通知》一出，不少众筹平台纷纷改名，均称"××私募股权众筹平台"。

2015年8月10日，证券业协会发文将《场外证券业务管理办法》中第二条第10项"私募股权众筹"修改为"互联网非公开股权融资"，也就是说，这些平台又要改名，叫"××私募股权融资"。一边等监管细则，一边顶着新名字该做的事情照做，是不少股权众筹平台的当前状态。

股权众筹和P2P很像，花样翻新很快，常常是监管政策尚未落地，行业便会迅速"变种"。市场创新速度远远超出政策制定部门对市场的掌控，政策制定如何兼顾行业最新变化，已经成为行业规范治理的一项现实难题。

2016年全国"两会"期间，中国人民银行行长周小川坦言，（互联网金融）形势发展很快，原来出的文件还没有真正落实执行，还没有全都做到，又有一些新挑战，还需要进行新的研究。这可能正是股权众筹的监管一波三折，细则至今未至的重要原因。

史博洋 2016－04－21

第五章　互联网基金销售

本章内容

第一节　互联网基金概述
第二节　互联网基金的运作机制
第三节　互联网基金营销实务——以余额宝为例
本章小结

学习目标

——知识目标

了解互联网基金的概念、特征、发展过程及主要产品；掌握互联网基金的运作机制；以余额宝为例，了解互联网基金的销售。

——技能目标

掌握互联网基金的运作流程，提高针对各种基金理财产品的实践操作能力，掌握各种基金理财产品在实际生活中的运用。

——能力目标

掌握基金理财产品的相关概述、操作流程及营销实务；培养利用互联网基金理财的意识，提高实践运用互联网基金的能力。

"互联网+"基金的 N 种演绎

2015 年全国两会上，李克强总理首度提出了"互联网+"的概念，强调互联网、云计算、大数据、物联网等技术与制造业、金融业等传统行业的结合与发展。5 月 7 日，李克强总理现身中关村创业大街，到访了 3W 咖啡等场所，互联网板块在当天沪指大跌 2.77% 的情况下逆市领涨，显示出资金对"互联网+"相关领域的追捧。

互联网概念不断受到利好催化，令关注该领域的投资者热情也不断增温。今年以来，"互联网+"概念股的强势上涨带动了相关基金的业绩，与"互联网+"概念相关的基金的投资收益也遥遥领先。例如，2014 年 8 月 26 日成立的汇添富移动互联网主题基金今年以来的收益率已达到 140%，在所有股票型基金中排名第一。与此同时，各大基金公司也纷纷抢发互联网主题基金，投资者对此类基金的认购非常踊跃，并出现了提前结束募集的情况。

"互联网＋"基金到底是什么呢？

"互联网＋"基金是个非常笼统的概念，可以有 N 种演绎结果，仅举三个例子供基金投资者参考。

首先，最常见的"互联网＋"基金就是以"互联网＋"概念股为主要投资方向的主动投资的偏股型基金。前面提到的汇添富移动互联网主题基金就是这类基金的典型例子，该基金以移动互联为主要投资方向，通过自下而上精选 TMT 行业或在传统行业中与移动互联有关的优质个股，紧扣互联网化的市场热点，为持有人取得了丰厚回报。当然，很多互联网基金的名称中并不包含互联网这三个字，但其投资方向却是紧扣互联网主题的，如易方达科讯等，投资者需加留意。在选择该类基金时，首先要考察的是基金经理的选股能力。

其次，与"互联网＋"相关的被动指数基金也是投资者可以持续关注的一个重要品种。数据显示，今年 1—4 月，"互联网＋"相关指数涨幅惊人。例如，互联网金融指数、在线教育指数和智能汽车指数的涨幅依次为 162.7％、116.2％和 114.6％，如此之高的涨幅超越了绝大多数主动管理基金的收益率。因此，投资者可以选择相关的被动型产品获取较高收益，如景顺长城中证 TMT150ETF、富国中证移动互联网指数基金等。

此外，大数据基金也是对互联网应用的另一种方式。大数据一般是指通过对海量数据的高效分析处理，获得商业价值和社会价值。譬如一些常用搜索引擎网站、知名门户网站、电商平台网站等互联网企业凭借拥有搜索数据、点击数据或网上消费数据等庞大的数据库，通过相关量化分析可以帮助企业了解消费者行为、兴趣变化，竞争对手动向等。所谓大数据基金，就是基金管理人通过构建专业的量化分析模型，从互联网公司提供的海量信息数据中提炼出与投资行为相关的信息，并以此作为基金投资决策的重要依据。资本市场可以通过大数据应用对投资者行为做出更精准的分析，从而有效预测市场情绪，获取超额收益，大数据基金就是其典型代表。目前已经成立的大数据基金包括广发中证百度百发策略 100 基金、南方大数据100 基金和博时淘金 100 基金等。

资料来源：中国证券报·中证网　2015－05－11

第一节　互联网基金概述

一、互联网基金的概念与特征

（一）互联网基金的概念

目前，学术界对互联网基金没有明确的定义，但互联网基金隶属于互联网金融产品的范畴，具有互联网金融产品的主要特征，这是毋庸置疑的。

互联网基金一般是指网上平台（如第三方支付平台）与基金公司合作，将互联网作为销售渠道，门槛低、费用少，如现金一样可随时存取的基金销售模式。资金进入基金公司后与传统基金的运作方式一样，但网上用户多、资金集中，形成了巨大的资金池，在基金正常运作进行投资的同时，用户可随时存取，因此与传统基金相比，门槛相对较低，流动性、安全性相对较高。

互联网基金的产生是社会经济发展的必然产物，尤其是当居民和小微企业金融需求难以得到满足时，可以为个人及小微企业客户提供良好的服务。

（二）互联网基金的特征

1. 投资门槛低、用户多、作用大

公募基金收益稳定，其中货币基金具有"准储蓄"特征，其门槛相较于私募基金低很多，但仍有一定的限制。通常 A 级货币基金的起投金额 1 000 元，B 级货币基金的起投金额则高达百万元以上。互联网基金则打破常规，天弘增利宝基金的起投金额 1 元，相当于不设任何投资门槛。这就使得更多的互联网用户能够加入到互联网金融理财的投资队伍。截至 2015 年年底，余额宝的最新规模为 6 443.68 亿元，天弘基金也依靠这款理财产品，成功坐上基金公司规模王者的宝座。倘若将这些沉淀资金通过互联网平台贷给资金需求方，将会促进资金供求平衡、合理流动，从而很大程度缓解目前中小企业融资困难的问题。

2. 操作便捷，即时生效

互联网基金通过便捷的操作，为客户提供了愉快的交易体验，并且购买与赎回基金的操作不存在时间上的延误，即时生效。余额宝是支付宝的衍生产品，亦可将其视为支付宝的升级版，因为它除了涵盖支付宝的主要功能外，还兼具金融理财的作用。在支付功能上，只需输入支付宝的支付密码，即可赎回已经购买的基金份额并无间隙地实现支付，该过程比网银的操作步骤简单，甚至如同使用现金一样便捷。在理财功能上，用户只需确认简单的条款，即可将支付宝的资金转入余额宝并自动购买天弘增利宝基金。

3. 透明度高，收益可见

以余额宝为代表的各种互联网基金产品一直打着高收益的旗号吸存互联网平台上的闲散资金。目前，该趋势甚至已扩展到传统金融领域，引起商业银行的厌恶，并将互联网基金称为"吸血鬼"。而互联网基金之所以有如此大魅力，与其收益的透明度是分不开的。余额宝以日为单位计算收益，并且将每日的投资收益单列出来，切实地显示在用户账户之中，从而对用户产生正面激励，进一步加强其投资欲望。而传统基金在收益分配的透明度方面则稍显逊色，最新资讯无法在第一时间送达用户。即使是以互联网技术为依托的传统基金也是以月为单位来计算收益，投资者无法根据即时盈亏状况来改变投资策略。

二、互联网基金主要产品

1. 余额宝

余额宝是由第三方支付平台支付宝为个人用户打造的一项余额增值服务，成立于 2013 年 05 月 29 日，全称为天弘余额宝货币市场基金。余额宝对接的产品为天弘基金旗下的增利宝货币基金，用户把支付宝中的余额转入余额宝，即视为购买了"增利宝"货币基金，享受货币基金的投资收益，同时承担基金投资风险。余额宝的最低认购额度低至 1 元，最高限额 100 万元。基金的管理方每天分配收益至投资者余额宝账户，并按复利计算收益，余额可以随时赎回，或者直接用于支付网上消费。截至 2016 年 09 月 30 日，基金规模已达到 7 943.88 亿元。

余额宝服务是将基金公司的基金直销系统内置到支付宝网站中，用户将资金转入余额宝，实际上是进行货币基金的购买，相应资金均由基金公司进行管理，余额宝的收益也不是"利息"，而是用户购买货币基金的收益，用户如果选择使用余额宝内的资金进行购物支付，则相当

于赎回货币基金。整个流程就跟给支付宝充值、提现或购物支付一样简单。余额宝对于用户的最低购买金额没有限制,1 元钱就能起买。余额宝的目标是让那些零花钱也获得增值的机会,哪怕一两元、一两百元都能享受到理财的快乐。跟一般"钱生钱"的理财服务相比,余额宝更大的优势在于,它不仅能够提供高收益,还全面支持网购消费、支付宝转账等几乎所有的支付宝功能,这意味着资金在余额宝中一方面时刻保持增值,另一方面又能随时用于消费。支付宝对余额宝还提供了被盗金额补偿的保障,确保资金万无一失。

2. 现金宝

现金宝是由汇添富基金公司于 2009 年 6 月率先推出的一种储蓄账户。可以帮助普通人管卡、管钱、理好财。现金宝具有九大功能,可提升闲置资金收益,快速取现,自动攒钱,4 折买基金,高端理财,还可信用卡还款,手机充值等,只有具备了这九大功能,才是真正的现金宝。2011 年 10 月汇添富基金联手中信银行推出了添富信用卡,具有有收益、易还款和双重积分的特征;而在 2013 年 2 月,现金宝全面升级,实现了攒钱 1 元起存,取现 1 秒到卡、多卡转账、保底充值等便利功能。2013 年 4 月,现金宝快速取现功能升级,在原有 7×24 小时随时随地取的基础上,免去了快速取现的手续费,并将当日最高取现额度调整至 500 万元。而在 5 月初,现金宝还款功升级,多达 40 家银行信用卡还款实时到账,是最快的信用卡还款方式。2013 年 9 月,现金宝再次重大升级,主要有 4 大变化:① 网络用户专享,仅面向现金宝个人客户;② 月复利变为日复利:收益每日自动结转,天天复利;③ 查询变快:每天早上 8 点即可查询前一日收益;④ 门槛变低:1 分钱即可充值攒钱,一分钱也能快速取现。2013 年 09 月 12 日,汇添富现金宝货币市场基金正式成立,该互联网基金属于货币型基金,成立之初份额规模为 2.409 亿份。截至 2016 年 09 月 30 日,份额规模为 455.163 7 亿份,资产规模为 455.16 亿元。

该基金投资于法律法规及监管机构允许投资的金融工具,包括现金,通知存款,短期融资券,一年以内(含一年)的银行定期存款、大额存单,期限在一年以内(含一年)的债券回购,期限在一年以内(含一年)的中央银行票据,剩余期限在 397 天以内(含 397 天)的债券、资产支持证券、中期票据,以及中国证监会及/或中国人民银行认可的其他具有良好流动性的金融工具。

3. 活期宝

天天基金网是中国 A 股首家财经门户网站——东方财富网旗下全资子公司,证监会批准的首批独立基金销售机构。活期宝(原天天现金宝)是天天基金网推出的一款针对优选货币基金的理财工具,成立于 2014 年 02 月 14 日,全称为中银活期宝货币市场基金。充值活期宝(即购买优选货币基金),收益最高可达活期存款 11—73 倍,远超过一年定存,并可享受 7×24 小时快速取现、实时到账的服务。截止至 2016 年 09 月 30 日,基金规模达到 121.65 亿元。

活期宝支持多只优质货币基金,收益约为活期存款数倍,易方达天天理财货币 A2016 年 12 月 17 日七日年化收益率为 2.469 0%,约为活期存款利率的 7 倍。优质基金、高收益下还保留了普通货基的低门槛特点,单笔充值最低 100 元起。活期宝流动性强,到账迅速,而且无须手续费。相对其他传统交易通道实行的 T+1 赎回确认到账方式,活期宝支持 7×24 小时随时取现,升级版的活期宝,更支持手机充值和取现,彻底打破时间和空间的限制,无论什么时间、地方,想充值就充值,想取现就取现。

4. 零钱宝

苏宁云商与广发基金合作推出的"零钱宝"2014 年 1 月 15 日正式上线。和余额宝单一挂钩天弘货币基金不同,零钱宝可以在两家基金公司中任选一家的产品,系统默认推荐当前七日年化收益率最高的基金产品。

零钱宝理财产品是将合作基金公司的基金直销系统内置到易付宝中,易付宝和基金公司通过系统的对接为用户完成基金开户、基金购买等一站式的金融理财服务。首批精选了国内两家资产管理能力排名较前的基金公司——广发基金和汇添富基金公司。除了稳健的收益水平,零钱宝还具备了购物消费、生活缴费及信用卡还款等多项创新增值功能,可"7×24小时""T+0"提现至银行卡和易付宝账户,随用随取,且全程使用零费用,真正实现花钱赚钱两不误。零钱宝内资金可随用随取,既可用于网上购物、充值缴费、转账和信用卡还款等,也可以转到易付宝账户或银行卡。由银行对零钱宝资金实行全程监管,确保资金安全;易付宝提供全方位的安全保障体系,加倍安心。

5. 理财通

理财通是腾讯财付通与多家金融机构合作,为用户提供多样化理财服务的平台。在理财通平台,金融机构作为金融产品的提供方,负责金融产品的结构设计和资产运作,为用户提供账户开立、账户登记、产品买入、收益分配、产品取出、份额查询等服务,同时严格按照相关法律法规,以诚实信用、谨慎勤勉的原则管理和运用资产,保障用户的合法权益。

理财通特别设置只能转出到一张银行卡内,且仅可使用安全卡赎回,但是可以使用多张银行卡购买。理财通第一笔购买使用的银行卡将作为理财通安全卡,资金仅可使用此卡进行赎回。理财通与多家基金公司合作,给用户更多元的选择。现有的合作基金有华夏财富宝、汇添富全额宝、易方达易理财、广发天天红以及招商招利、民生加银、银华双月的月度理财,2015年5月开始陆续推出工银沪深300指数、易方达沪深300ETF连接两款指数基金。

三、我国互联网基金的发展现状

2003年,华安基金推出我国第一支货币市场基金,2004—2005年,在股市低迷的情况下,货币市场基金增速曾高达190%,2006—2007年股市复苏,货币市场基金遭遇大规模赎回,2007年股市下跌后才再次受到市场青睐,但2012年前,货币市场基金发展缓慢,货币市场基金产品在基金行业总资产的占比在10%左右。2013年,被称为互联网金融的元年,随着大数据、云计算、移动互联等信息技术的快速发展,互联网与金融业的融合越来越深入,在金融业快速触网的同时,互联网企业也借助第三方支付、网络借贷、众筹融资、网络金融产品销售等业务迅速进入金融业,互联网基金开始出现并快速发展。

2013年6月,支付宝网络技术有限公司与天弘基金公司合作,开通余额宝功能,直销中国第一支互联网基金。作为互联网金融理财产品的代表,截至2016年09月30日,基金规模已达到7 943.88亿元,天弘基金曾依靠这款理财产品,成功坐上基金公司规模王者的宝座。在余额宝快速扩张的同时,其他互联网企业和金融机构也纷纷开发类似产品,如腾讯财付通、百度百发、华夏银行的理财通、工商银行的现金宝等。

具体讲,第一,我国互联网基金变现能力基本实现T+0实时到账,但细节差异较大。例如,余额宝只支持5万元以下实时到账,一旦客户取现超过5万元,将自动转为T+1个工作日到账,现金宝500万元以下的取现均为实时到账,兼具大额取现与及时性;理财通实时到账支持工、农、中、建、招、兴业、民生、中信、光大、浦发、平安等银行,广发银行为T+1到账。第二,投资门槛非常低。所有互联网基金的门槛基本不高于1元,其中,天天基金网旗下的活期宝门槛最高，但也仅为 100 元，而微信理财通、汇添富现金宝更是低至 1 分。第三，互联网基金产品的其他功能也较为齐全。从支付用途来看，余额宝相对优势明显，由于绑定了支付宝，因而其具备购买商品、转账、信用卡还款、支付公用事业费等多种功能。苏宁零钱宝凭借苏宁云商平台同样实现了一定支付功能，可用于易购购物、生活缴费、信用卡还款，也可以转到易付宝余额或银行卡。

第二节　互联网基金的运作机制

一、互联网基金的主体架构

互联网基金涉及三个直接主体：互联网平台公司、基金公司和互联网客户。互联网平台公司是掌握一定互联网入口的第三方机构，为其互联网客户提供基金购买的平台和接口；基金公司是基金发行和销售者；互联网客户是互联网平台公司的注册客户，是基金的购买者。

互联网基金业务流程完全通过互联网平台操作实现，以互联网基金中最典型的余额宝为例，余额宝在运营过程中涉及三个直接主体：支付宝公司、天弘基金公司和支付宝客户。其中，支付宝公司是天弘增利宝基金的一个直销平台和第三方结算工具的提供者，与客户的接口是支付宝，与增利宝的接口是余额宝；天弘基金公司发行和销售货币基金增利宝，并将其嵌入余额宝直销；支付宝客户是基金的购买者，通过支付宝账户备付金转入余额宝，或余额宝转出到支付宝，实现对增利宝基金的购买和赎回交易，最终实现投资理财的目的（见图 5-1）。

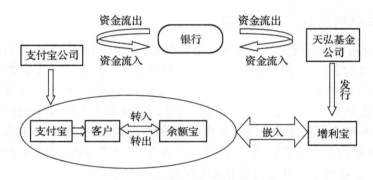

图 5-1　余额宝的运行主体架构

1. 客户与支付宝公司

支付宝是一个第三方电子商务基金销售平台。客户借用支付宝公司的支付平台将资金转入余额宝，转入单笔金额最低为 1 元，最高没有限额，为正整数即可。在工作日（T）15：00 之前转入余额宝的资金将在第二个工作（T＋1）日由基金公司进行份额确认；在工作日（T）15：00 后转入的资金将会顺延 1 个工作日（T＋2）确认。增利宝对已确认的份额开始计算收益，所得收益每日计入客户的余额宝总资金。同时，余额宝总资金可以随时转出或用于淘宝网购支付，转出金额实时到达支付宝账户，单日/单笔/单月最高金额 100 万元，对于实时转出金额（包括网购支付）不享受当天的收益。

2. 支付宝公司与天弘基金公司

余额宝服务其实是将基金公司的直销系统内置到支付宝网站里。客户将资金转入余额宝,相应资金均由天弘基金公司进行管理。因此,客户所得余额宝的收益也不是"利息",而是客户购买货币基金的收益,客户如果使用余额宝内的资金进行购物支付,则相当于赎回货币基金。所以,支付宝公司只是天弘基金的第三方支付平台,因而只能获得各种服务费,而不是直接获取货币基金收益的分成。

天弘基金通过余额宝筹集资金后,主要是通过在同业拆借市场放贷来赚取利息。余额宝牵扯三个方面的利益:一是投资者;二是天弘基金;三是余额宝本身。对于投资者来说,收益就是基金公司在拆借市场放贷后获得的贷款利息减去各项费用所得。天弘基金的收益包括管理费年费率0.3%、托管费年费率0.08%、销售服务费年费率0.25%。远低于其他货币基金管理费年费率0.33%和托管0.1%。其中支付服务费和技术服务费是基金公司支付给第三方支付机构的费率,0.25%是普通费率水平,技术服务费包括技术入口租金、广告费等,与交易量无关。这主要是因为天弘基金和支付宝合作,采取直销方式,借助余额宝这个平台,大大降低了营销成本,而余额宝的收益就是基金公司使用其平台的"租金",就是0.25%的支付服务费和技术服务费。可见,天弘基金借助支付宝广大的客户资源和基金直销渠道,快速壮大规模,大幅降低了基金销售环节的成本并增加对银行存款议价能力,获得较高收益。

3. 银行与支付宝公司

银行与支付宝公司既有合作关系也存在竞争。一方面,支付宝资金的转入和转出必须在银行内完成,因此支付宝公司必须与银行合作,以获得银行安全的支付网关接口,银行也可借助支付宝平台开拓客户发展商家,并得到结算分成,这时它们是合作关系。另一方面银行业90%的收入来自于放贷的息差收入,在余额宝收益高于银行活期存款利率数倍的情况下,客户将存款搬家到各种"宝"的情况只会愈演愈烈,势必抬高银行的资金使用成本,挤压银行息差利润。银行会推出各种创新产品或采取措施奋力反击,两者之间的竞争将会持续下去。

4. 银行与天弘基金公司

天弘基金公司与银行的利益是捆绑在一起的,因为天弘基金是货币基金,其收入主要来自投资债券和银行协议存款的投资收益。在我国流动性短缺的情况下,银行也需要借助天弘基金的资金满足各种业务支付和应付各种考核指标,所以它们之间各取所需,开展战略性合作。

二、互联网基金的业务流程

互联网基金业务流程完全通过互联网平台操作实现,主要包括用户注册申请(对于非互联网平台公司的注册客户)、利用银行卡进行实名认证、绑定银行卡、用户申购、申购确定和用户赎回。

在余额宝的业务流程中,余额宝为支付宝客户搭建了一条便捷、标准化的互联网理财流水线。其业务的流程又包括实名认证、转入、转出三个环节。

(一) 实名认证

支付宝是一个第三方电子商务销售基金的平台,根据监管规定,第三方电子商务平台经营者应当对基金投资人账户进行实名制管理。2015年12月28日,中国人民银行公告发布了

《非银行支付机构网络支付业务管理办法》,本办法于 2016 年 7 月 1 日起正式施行,要求支付机构为客户开立支付账户的,应当对客户实行实名制管理。

(二) 转入

转入是指支付宝客户把支付宝账户内的备付金余额转入余额宝,转入单笔金额最低为 1 元,最高没有限额,为正整数即可。在工作日(T)15:00 之前转入余额宝的资金将在第二个工作(T+1)日由基金公司进行份额确认;在工作日(T)15:00 后转入的资金将会顺延 1 个工作日(T+2)确认。余额宝对已确认的份额开始计算收益,所得收益每日计入客户的余额宝总资金。

(三) 转出

余额宝总资金可以随时转出或用于淘宝网购支付,转出金额实时到达支付宝账户,单日/单笔/单月最高金额 100 万元,对于实时转出金额(包括网购支付)不享受当天的收益。

三、互联网基金的主要风险及防范

(一) 互联网基金的主要风险

对于基金而言,风险即为实际收益对预期收益的偏离、基金资产价值的损失、基金收益变得不确定等。而互联网基金,不但面临着传统基金本来具有的风险,还面临由互联网信息技术引起的技术风险、由互联网基金运行机制引起的流动性风险、由虚拟金融服务引起的业务风险以及由法律法规滞后引起的法律风险等。

1. 信用风险

互联网理财门槛低、管理松,其业务参与者和服务提供者都具有显著的虚拟性,增加了确认交易者身份、信用评价等方面的信息不对称性,在现实业务中难以全面了解借款人信息。客户可能利用他们的隐蔽信息做出不利于互联网金融服务提供者的决策,而从事互联网金融业务的机构却无法在网上鉴别客户的风险水平,导致其在选择客户时处于不利地位,从而诱发诈骗犯罪活动。

2. 流动性风险

目前规模较大的互联网基金大多采用联合第三方支付平台进行销售,其资金来源与支付平台的资金流量密切相关。例如,截至 2015 年年底余额宝的规模为 6 443.68 亿元。这得益于支付宝庞大的客户资源,但与此同时,余额宝的投资门槛几乎为零,基本可实现"T+0"的申购赎回模式,所以其资金随时都有赎回可能。此外,支付宝允许投资者直接使用余额宝中的余额进行消费支出。当遭遇类似双十一的大型促销活动时,支付的快捷性使瞬间资金交易量剧增,余额宝极有可能面临巨额赎回。若不能妥善处理,会导致基金折价兑现,收益率下降,使投资者的信心受损,陷入挤兑的恶性循环之中,甚至致使基金清盘。

3. 市场风险

在信息不对称的情况下,互联网金融市场可能成为"柠檬市场"。互联网金融服务是一种虚拟的金融服务,加之我国的互联网金融还处于起步阶段,客户不了解各机构的服务质量,这就有可能导致价格低、服务质量相对较差的互联网金融服务提供者被客户接受,而高质量的互联网金融服务提供者却因价格偏高被非挤出互联网金融市场。

4. 法律风险

我国目前互联网金融机构监管法律缺失,立法尚不完备,监管主体、职责和标准不明确。此外,由于互联网基金的快速发展,客户将大量的资金储存于基金账户中,大量的资金流转于银行体系之外,使中央银行对其失去足够的控制力,对于货币流通速度、货币流通量等无法准确估测。进一步而言,将对下一步中央银行的决策带来挑战。一旦资金链出现断裂或流动性缺乏,将在很大程度上阻碍社会经济、金融的正常运转。

5. 技术风险

互联网金融依托发达的计算机网络,相应的风险控制由电脑程序和软件系统完成,因此,计算机网络技术是否安全与互联网金融能否有序运行密切相关。目前,我国互联网安全技术的应用缺乏统一的标准,金融系统平台经常匆忙上线,配套措施跟不上,系统维护、技术保障和应急管理投入相对不足,抵御黑客攻击和防范突发事件能力较差。其次,由于互联网传输故障、黑客攻击、计算机病毒等因素,计算机系统极有可能面临瘫痪风险。

进一步而言,互联网基金背后的网络技术公司和基金公司是否有足够完善的规章制度和系统,保证客户的个人信息安全、资金信息安全以及交易记录的安全,仍有待考证。在互联网金融领域,正是由于互联网技术的创新不断,政策法规跟不上其步伐,导致一些漏洞的出现,而金融创新也面临同样的问题。技术风险将成为互联网基金所面临的特有风险中,极为重要且难以解决的风险问题。

6. 操作风险

互联网金融业务的操作风险可能来源于互联网金融的安全系统,也可能是因为交易主体操作失误。从互联网金融的安全系统来看,操作风险涉及互联网金融账户的授权使用、互联网金融的风险管理系统、从事互联网金融业务的机构与客户的信息交流等,这些系统的设计缺陷都有可能引发互联网金融业务的操作风险。从交易主体操作失误来看,如果交易主体不了解互联网金融业务的操作规范和要求,就有可能引起不必要的资金损失,甚至在交易过程中出现流动性不足、支付结算中断等问题。

(二) 互联网基金风险防范措施

1. 构建多方面的信用机制

首先,构建以契约为基础的信用机制,即系统有一套惩戒措施,使得任何违背契约的行为都会遭受一定的惩罚,包括信誉度被破坏、账户受到一定限制等。其次,由于互联网金融的特殊性使得信息整合更加方便,则可以建立以信誉为基础的信任机制,可通过历史交易数据和实名认证等方式构建一套包括信用度、诚信通等信誉评价体系,并保障其权威性(见图5-2)。2015年12月28日,中国人民银行公告发布的《非银行支付机构网络支付业务管理办法》对不同类型的支付机构实名制管理提出了相应的具体详细的要求。最后,根据《社会信用体系建设规划纲要(2014—2020年)》的部署,协调推进行业信用数据体系建设(即纵向信用信息数据库),实现各行业内部省市县三级联网的监管信用数据库建设,实现行业内部信用信息的高效共享。

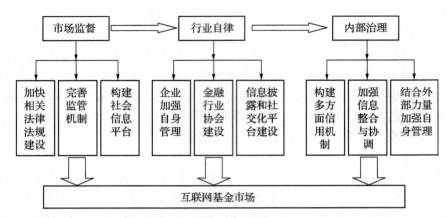

图 5 - 2 互联网基金的监管对策研究

2. 完善互联网金融监管机制

目前,国内互联网金融监管的格局尚不明晰。除消费者权益保护、金融稳定、反洗钱、支付结算和信息科技等方面确定由中国人民银行负责外,基于支付机构衍生出来的基金、理财、保险等产品的销售职能以及网络借贷和众筹融资等,目前还没有明确的监管主体。2016 年两会期间,一些代表委员高度关注互联网金融规范发展问题,从不同角度提出对策,建议尽快统一互联网金融行业的信息披露标准,完善我国金融法律体系,推进信用信息共享,尽快建立金融风险联防机制。可以组建一支由"一行三会"、公安部、商务部、工信部等部门共同参与的互联网金融监管小组,加强协作,协商解决在监管过程中出现的困难。

3. 构建社交化的研究平台

搭建行业资源交流平台,构建社交化的研究平台,开展互联网金融行业研究,包括行业数据统计的分析、服务模式的创新研究、向监管部门建言献策等,形成互联网金融企业团队讨论的研究文化,促进其良性发展,同时也维持市场的良性、有序竞争;建立"黑名单"以降低风险,注重互联网金融企业、平台信息的强制定期披露,注意保护信息安全,在信息采集、处理、利用的全过程,保持公平、公开、规范、透明。完善法律法规体系,为互联网金融行业信息共享提供制度保障。

第三节 互联网基金营销实务——以余额宝为例

一、余额宝营销环境分析

(一)外部环境

受金融危机的影响,我国的投资行业一直处于较为低迷的状况,股市跌宕起伏、黄金价格一直处于不稳定状况,金融市场变得比较低迷,打击了投资者的投资热情。采用余额宝进行基金投资,与金融市场投资相比,其具有几大优点:(1) 投资风险小。基于支付宝的基金投资,其具有较小的投资风险,货币基金公司通过余额宝筹集基金,然后放贷给银行,以此为投资赚取利润,采取这样的投资方式可以有效地规避风险,我国银行有国家作为强力后盾,资金安全可以得到有效的保障。(2)收益可观。2016年余额宝的七日年化收益率一直维持在2.3%以上,至2016年12月16日,七日年化收益率为2.702 0%,相对于银行的活期存款利率而言,收益还是非常可观的。(3)申购金额门槛低。余额宝的客户对象主要针对散户,关于余额宝申购金额的门槛是很低的,几乎没有限制,货币基金公司通过支付宝平台追求的是客户数量,通过庞大的数量带动大规模资金,而在其他的金融行业中,申购金额门槛都是具有一定限制的,散户可以把散钱放到余额宝中,这样与基金公司实现双赢。(4)没有投资期限制约。余额宝投资对期限没做任何限制,投资者可以随时取出,这样投资者就大大增强了其资金的灵活性。正是基于这些优点,才让余额宝取得了巨大的成功,阿里巴巴和天弘基金共同把握了市场的动向,因此获得了成功。

(二) 内部环境

从目前越来越多的数据来看,未来基金公司的生存发展,必然要依赖阿里、腾讯、百度这样的平台。在此之前,各家基金公司在第三方销售、官网直销等渠道也有所布局,但由于流量有限等原因,一直进展不大。支付宝平台可以给货币资金营销提供一个良好的内部环境,主要表现在以下几点:

首先,支付宝的母公司阿里巴巴是一个庞大的集团公司,是我国电子商务的领头羊,借助阿里巴巴的支付宝平台可在短时间内将货币基金公司做大做强。其次,阿里巴巴在数十年之中积累的庞大数据,也为余额宝的业务发展提供了极大便利。在2016年二季度第三方互联网支付交易规模市场份额中,支付宝占比42.8%。大数据的价值是无可比拟的,阿里巴巴作为电子商务巨头,在B2B和C2C领域皆位居行业第一,其数据库中保存有大量的用户数据。阿里事实上拥有了网络版央行征信管理局般的数据。经过数十年电子商务数据的积累,阿里掌握了数以亿计用户的电子商务信息数据,通过对这些数据的分析,阿里做小额贷款、信用卡等都很容易,因为可以很好地分析判断用户的违约概率。最后,支付宝已不再只承担银行的渠道功能,开始由被动转为主动,渐渐成为主角。最初支付宝只能利用网银通道,后来慢慢拓展到快捷支付等业务,后又将虚拟账户和用户数据截流。支付宝每天多次将用户转账、购物等数据提供给基金公司,基金公司的数据分析师对这些数据进行监控、分析,将结果给基金经理进行参考,预估第二天要赎回多少资金,以安排货币基金第二天的流动性。在大数据的支持下,阿里成为各家基金公司竞相追求的对象。尽管阿里高管在公开场合一再宣称自己"只做平台",不做金融产品的参与者,但从对天弘基金的收购来看,阿里仍难以抵御利益的诱惑,成了互联网基金产品的提供者。

二、余额宝顾客群体行为分析

顾客群体行为广义上指某类顾客(支付宝消费顾客)所表现出的各种行动以及决定这些行动的决策过程,也包括顾客的收入、年龄、职业等个体特征等复杂过程。支付宝作第三方交易平台,其出现是为了解决在电子商务交易过程中支付问题,通过支付平台,既可以保障消费者的资金安全,又能使店家的收益得到保障。支付宝的快速发展离不开其庞大的顾客群,庞大的顾客群是其发展的基石,对其顾客群的行为进行科学、合理地分析,有利于把握顾客行为,为其发展提供理论依据。没有了消费者就不会存在火爆的电子商务交易,对于支付宝而言,其所掌握的消费者数据至关重要,采用计算机、统计学等科学手段对这些顾客群数据进行挖掘分析,可以有效识别顾客群的行为。

关于支付宝顾客群的年龄分布,呈现偏左的"正态分布",60%以上的支付宝顾客年龄处于30岁以下,年龄在40岁以上的只占10%左右,可以发现年轻人是支付宝的主力消费军,据统计,顾客使用支付宝主要进行电子商务,电子商务是一种新型的购物模式,足不出户即可在网上买到物美价廉的商品,该类模型对收入能力较弱的年轻人有很大吸引力,其全新的体验也与年轻的喜好相一致。而且,支付宝的顾客群遍及全国各地,不受地域的限制;支付宝顾客使用支付宝的时间与作息时间一致,使用频率最高的阶段集中在白天上班和晚上在家,他们更乐于在白天上班的时候使用支付宝,当今社会生活节奏日益加快,在工作中进行网络购物可以放松心情。

综上所述,支付宝的顾客群是以收入不高、对新鲜事物充满好奇的年轻人为主,他们对互联网的掌握程度较高,他们的发展决定国家未来的发展方向。支付宝的顾客群大多处于事业的奋斗期,物质原始积累有限,没有大量的资金进行投资,我们可以把他们定义为散户,他们的投资意识和经验也是非常匮乏的,"余额宝"低风险、较为可观的收益投资平台必定对其产生巨大的吸引力。

三、余额宝基金定位

传统观点认为小微金融收益较低,是投入产出比很低的业务。传统基金公司基本都会设置5—10万元的准入门槛,如果客户金额不足下限要求,则不允许购买银行理财产品。尽管有些产品申购金额较低,但烦琐的开户流程阻碍了潜在客户的开户意愿,余额宝的出现,填补了这一行业空白。天弘基金副总经理周晓明表示,余额宝客户定位于"月光族"、"小白"客户,掀起1元起卖的"草根理财盛宴",并且"随时随地,触手可及,不排队、不填单,也不被网上开户折磨,不用怎么学习就会用"。

余额宝们能够迅速地吸引到大量网民客户,主要包括这几点因素:一是在余额宝平台上,无论资金大小,客户一律平等地位。与传统银行营业厅相比,没有VIP贵宾理财专区,不用按顺序排队办理业务,显得更为人性化,极大地满足了客户的精神需求。二是余额宝平台在业务流程设计上,让不会用电脑或会用电脑但从不网购的人们轻松学会了网购甚至网上理财的功能,让客户真正体会到网络的便利,同时满足客户的理财需求。三是余额宝平台不可否认地较传统金融服务业务节约更多的人力、财力、物力。

一个产品能否在消费者心目中占据有利地势,不光靠这个产品的质量、性能、市场定位,更主要的还要依赖于这个产品所蕴含的文化内涵,因为它代表了消费者自己的价值观、生活方式、个性、品位以及格调。余额宝们正在年轻消费群体中渐渐确立自己的独特阵地。但是,随着众多传统金融机构渐渐推出类似产品,与余额宝的竞争大幕已经拉开,余额宝若想在这激烈的竞争中获得胜利,还需要不断地进行产品、功能、服务方面的更新。

余额宝在这场看似产品竞争,实属产品定位、产品所蕴含的文化理念的大战中暂时获胜,拥有一群稳定的消费者,原因就是消费者们认同了这个品牌,购买这个品牌,其实也不单纯只是购买行为,而是对这个品牌所能够代表的文化价值的认同及个人情感的释放。市场期待着余额宝等互联网基金产品将产品文化内涵继续深化,把产品品牌形象更具体化、形象化、人文化,培养顾客更高的忠诚度。

四、余额宝营销要素

在诸如此类成功的营销案例和网络营销活动,人们发现了一些共同点,即强调趣味性、利他性、创新性和互动性。货币基金作为一种金融产品,在营销模式及理念上与传统的消费品大有区别,在对天弘货币基金与支付宝的合作中,我们研究了营销要素的构成。

(一)趣味要素

在当今社会,生活、学习、工作的压力越来越大,人们更愿意接受轻松快乐、富有趣味性、娱乐性的讯息,以满足心灵放松的同时,解决生活中的问题。娱乐性的互联网网络营销迎合了人们的愿望。

曾经你的 100 元钱不知道能够在银行里面买什么理财产品,对于我们普通人来说,理财是略显遥远的事情,因为银行的理财门槛太高了。我们没有太多的闲钱拿去买什么理财产品,但是支付宝的余额宝做到了,让那些小钱发挥了最大的效应。让不同阶层的人感受到了理财的乐趣所在。余额宝的上市,确确实实给中低收入人群带来了乐趣,不仅给生活带来了便利,还满足了理财的需求,让客户享受到了实实在在的收益。他们在支付宝上买货、交水电煤气款、享受余额宝的"折上折",他们在营销活动中不仅让自己的闲钱有了更高的收益,而且也在欢乐中润物细无声地将余额宝的交易量推向新高。

(二)利益要素

俗语说,"无利不起早",再轻松愉快的娱乐方式进行的宣传,如果受众没有利益可图,最终还是会失去人们的关注。企业只有把自己真正放到消费者的角度去设计、策划宣传内容,让消费者能够感受到便捷、有用、有利,才会真正地引起人们的注意,并渐渐参与到营销宣传的活动中来,最后接受和消费该产品。

就余额宝的利益要素而言,一是"平民"理财。大量支付宝用户,可能没有想过要买理财产品,不仅买卖手续比较麻烦,而且通常的门槛要 5 万—10 万元,收益率高的更要上百万。相比较而言,余额宝是平民化的理财产品,它的门槛低至 1 元,而且超级便捷。二是"高"收益率。2013 年 5 月余额宝成立,七日年化收益率最高曾达 6.763 0%,2016 年余额宝的七日年化收益率稍低,但也一直维持在 2.3% 以上,至 2016 年 12 月 16 日,七日年化收益率为 2.702 0%,仍是银行活期存款利率的 7 倍之多。

(三)互动要素

互动讲的是在网络营销过程中与客户的互动,目的是增加客户黏性。只有让客户参与进来,才能了解客户的实际需求,抓住客户的兴趣点,引起客户更多的关注,与其产生共鸣并让客户继续参与其中,黏住客户,在客户参与和互动中传递产品信息、公司经营理念、引导客户的消费行为和消费习惯。

余额宝优势在于客户体验。首先,余额宝购买便利。"余额理财"有很强的针对性,充分考虑了客户的流动性需求。余额宝网上购买的便利设计,是赢得客户的首要优势。其次,让用户体验到"碎片化理财"的魅力。虽然越来越多的用户已经习惯在网购时通过快捷支付直接付款,但目前还是有大约 30% 的用户习惯先给支付宝充值,再使用支付宝余额付款。现在用户可以选择将资金转入余额宝,这样既能在购物或转账时非常方便地完成付款,同时享受基金公司提供的投资收益。第三,余额宝结算公布方式有创新。余额宝能做到日日结算,每日将收益转化为基金份额,归入持有人名下。最后,产品设计简单。余额宝的操作和支付宝几乎一模一样,用户基本不需要重新学习。初次购买的用户四步成功买入,老用户三步操作完成,不仅简单,而且够快。

(四)简便要素

现代生活中来自各方面的压力,让人们越来越浮躁,越来越没有耐心坐下来研究和思考,所以在消费生活中如果能够减少时间、减少程序、减轻负担,达到短、平、快,便是人们不二的选择。网络营销中规避了传统营销要想简便则大费成本的问题,网络的特殊性让这一切变成可能,既便宜又简单,能细分至一类人、一个地区,甚至一个人,一对一服务都能成为可能。

余额宝的简便体现在两个方面。第一,它是理财产品。余额宝首先是支付宝专门为买家用户提供的理财账户。余额宝账户资金的投资标的是货币基金份额,目前,天弘基金的增利宝是其唯一可选的基金产品。同时,余额宝也可被视为基金公司销售货币基金的一个渠道。所以,目前支付宝平台下的余额宝与天弘基金旗下的增利宝货币基金是同一个产品。第二,它是货币基金。余额宝的本质实际上是"准储蓄"的货币基金,同时它又有独特的实时支付功能,这让支付宝有了更多的可替代储蓄存款的机会。

本章小结

互联网基金一般是指网上平台(如第三方支付平台)与基金公司合作,将互联网作为销售渠道,门槛低、费用少,如现金一样可随时存取的基金销售模式,具有投资门槛低、用户多、作用大,操作便捷,即时生效,透明度高,收益可见等特征。

互联网基金涉及三个直接主体:互联网平台公司、基金公司和互联网客户。互联网平台公司是掌握一定互联网入口的第三方机构,为其互联网客户提供基金购买的平台和接口;基金公司是基金发行和销售者;互联网客户是互联网平台公司的注册客户,是基金的购买者。

互联网基金业务流程完全通过互联网平台操作实现,主要包括用户注册申请(对于非互联网平台公司的注册客户)、利用银行卡进行实名认证、绑定银行卡、用户申购、申购确定和用户赎回。

互联网基金主要面临信用风险、流动性风险、市场风险、法律风险、技术风险和操作风险,可通过构建多方面的信用机制,完善互联网金融监管机制,构建社交化的研究平台等措施进行风险防范。

复习思考题

1. 互联网基金与传统基金相比有哪些特征?
2. 简单介绍我国的互联网基金产品。

3. 阐述互联网基金的业务流程。
4. 互联网基金面临的主要风险有哪些以及如何防范？
5. 互联网基金营销要素主要有哪些？

附录：　　　　　　　网销基金短期难舍代销路径

2016 年 5 月 15 日，按照淘宝方面的说法，所有淘宝基金店将转移至一个新的移动理财平台——蚂蚁聚宝，这标志着基金"淘宝时代"的全面终结。业界分析，此举拟推高基金公司的网销费率成本，合作之路充满变数。

闭店背后

根据公告，2016 年 5 月 18 日淘宝基金申购功能将关闭，淘宝 PC 端及手机淘宝的基金店铺及其产品将陆续无法访问，只保留基金产品的资产查询和赎回服务。

"蚂蚁金服和基金公司合作的基金服务全面转移到蚂蚁聚宝上，是为了适应用户移动理财的习惯；投资者用支付宝账户登录，可实现余额宝、招财宝、存金宝、基金等各种理财投资。"蚂蚁金服工作人员表示，用户也可根据自身需求进行赎回操作；不赎回的话，基金份额及未来收益不受影响。

蚂蚁聚宝是继支付宝 APP 之后蚂蚁金服推出的又一款独立理财 APP，推出后一直与淘宝基金业务重叠。尤其是蚂蚁聚宝上线后对淘宝基金店的客户分流很大，部分基金店日销量从高峰时期的几千万元降至数万元，导致经营业绩不理想。为此，关闭基金店，厘清二者业务条线是迟早的事。

蚂蚁聚宝目前运行时间不到一年，用户超过 1 600 万，基金产品超过 1 600 只。为吸引淘宝基金客户转移至新平台，蚂蚁聚宝推出了最低 1 折的申购手续费优惠，赎回到账时间采取"T＋1"方式。

蚂蚁聚宝只能在手机移动端操作，无法实现 PC 端理财，这意味着基金客户面向的投资者范围有所减少，即从面向所有淘宝客户变为面向蚂蚁金服的移动端客户。不仅如此，淘宝基金店关闭后，投资者熟悉的界面和操作流程被抛弃，对手机操作相对生疏，客户能否"跟上节拍"仍存变数。而这也是基金公司权衡合作的重要方面。

蚂蚁金服方面称，通过与蚂蚁聚宝合作，基金公司一方面可以尝试移动理财服务，接触大量客户，另一方面双方可探索产品、服务等方面的新合作，合作形式更加丰富。

基金公司反响不一。毕竟平台转移的背后，合作模式从直销变为代销，业界担心费率成本上升。一位基金行业人士受访时直言，如果继续合作，代销平台对申购费、管理费、赎回费等方面均有利益诉求。

多渠道"引流"

早在进驻淘宝店时，便有基金公司抱怨合作成本过高，尤其是针对货币基金销售来说成本不低。为此，货币基金产品曾一度批量下架，淘宝基金生意受到影响。不仅如此，基金公司前期在系统对接、系统设计、客服薪酬、页面推广等方面已花去不少真金白银，此时闭店转平台难言"划算"。

　　此番闭店的背后是淘宝有意将互联网金融业务转至蚂蚁金服平台,拟为蚂蚁金服未来单独上市做准备。

　　蚂蚁金服方面并未回应。

　　观察众多基金网销渠道,第三方机构代销依然占据重要地位。相关调查显示,基金用户通过网上认申购基金时使用最多的渠道便是第三方支付平台、网上银行、基金官网。

　　从成本角度看,基金公司与银行合作虽然可以抢占一定市场份额,但成本最高,需要给银行支付大量尾随佣金,有的小型基金公司全年所有的管理费收入几乎都贡献给了银行。

　　为摆脱过度依赖银行销售渠道的被动处境,淘宝基金店的开设曾掀起一股基金电商化的浪潮。与此同时,自建官网渠道也是各家基金公司苦心修炼的重点。

　　就在淘宝基金店闭店关口,一场声势浩大的"引流"战悄然打响。

　　基金淘宝店经营情况差别很大,部分基金公司产品交易很少,如同鸡肋。为此,公司计划重点将淘宝基金客户引入基金官网平台。

　　目前各家基金公司吸引客户"回家"最普遍的做法是,采取零费率、费率折扣、抽奖、送红包等举措。

　　很多基金公司都针对淘宝基金店老客户推出了申购优惠活动,只是支付方式不再是支付宝、微信支付等,而必须绑定银行卡才可进行交易。

　　"今年年初基金产品申购费率还是1折起,最近刚刚调成了零费率。只不过,操作方式有所不同。"一位基金公司工作人员表示,申购费率一般由申购金额决定,比如100万元以下的交易费率为1.5%、100万—300万元之间是1.2%等。如果用银行卡直接买基金,一般折扣是4折起,且申购费率是最低不低于0.6%。而通过先购买一款类似余额宝的货币基金产品,再将资金转移至目标基金,投资者便可实现零费率申购。

　　从银行销售、自建官网到第三方平台、电商、金融搜索平台等代销,基金公司的"引流"平台正在不断拓展。业内人士称,尽管基金公司官网直销经过多年有所发展,但知名度、客户流量依然不够。目前大部分基金公司都不敢轻易取消与第三方平台合作,尤其是大家都在参与代销合作,担心落后于人。所以,基金产品代销+官网直销将是网销基金不可或缺的两大支柱,并将延续很长一段时间。

第六章 互联网保险

本章内容

学习目标

——**知识目标**

了解互联网保险的基本概念及特征,掌握互联网保险的营销及产品,了解传统保险与互联网保险的区别

——**能力目标**

理解互联网保险的主要商业模式,认识互联网保险发展现状及前景。

　　近年来,互联网电子商务发展迅速,给保险业带来了巨大冲击和变革,互联网保险成为保险业的必然选择。2013 年 11 月 6 日,由平安保险董事长马明哲、腾讯 CEO 马化腾和阿里集团董事局主席马云共同出资设立的全国首家网络险企——众安在线财产保险有限公司成立。2014 年,互联网保险业务规模继续大幅增长,2014 年底有 85 家保险公司开展了互联网保险,比上年增加了 26 家,其中,中资公司 53 家、外资 27 家,当年保费收入 858.9 亿元,同比增长195%;占总保费收入的比例由 2013 年的 1.7%增长至 2014 年的 4.2%;对全行业保费增长的贡献率达到 18.9%,比 2013 年提高 8.2 个百分点。2011 年至 2014 年间,互联网渠道保费规模提升了 26 倍,已经成为拉动保费增长的一个重要因素。越来越多的人开始真正系统地关注互联网保险的发展,努力让互联网保险在日新月异的信息技术变革中抓住机遇,迎接挑战。

　　从上网查询保险信息,到上网购买保险产品;从网络查询保单,到互联网一键理赔;从传统保险产品触网,到互联网孕育出全新的产品……这一切颠覆性的改变,都离不开互联网,而未来,互联网仍将进一步触发保险业的巨大变革,你准备好了吗?

资料来源:2015 年 08 月 24 日　第一财经日报

第一节　互联网保险概述

一、互联网保险的含义

互联网保险是近年来很热的一个话题,特别是今年两会政府工作报告提到"互联网＋"战略,鼓励传统产业同互联网结合,鼓励互联网金融发展。互联网与保险的融合,既是"互联网＋"背景下国家意志的具体表现,也是现代保险服务业发展进程中的必然选择。

互联网保险是指保险公司或新型第三方保险网以互联网和电子商务技术为工具来支持保险销售的经营管理活动的经济行为。实现保险信息咨询、保险计划书设计、投保、交费、核保、承保、保单信息查询、保全变更、续期交费、理赔和给付等保险全过程的网络化。对互联网保险的理解可以从以下四个方向进行:以互联网为渠道、为工具、为对象、为思维方式。

(一) 以互联网为"渠道"(入口)是目前主流的互联网保险发展方向

既有保险公司官网(含微信公众平台)、专业网络保险销售机构(如向日葵、新一站、慧择、中民、蜗牛等),还有第三方平台(如招财宝、百度财富等)和网络兼业代理机构(如携程、去哪儿等)。传统保险机构和互联网企业各有千秋,都做出了很好的尝试。

(二) 以互联网为"工具"

在应用互联网技术提高经营效率、降低管理成本、改善客户体验等方面,无论是内部 OA 系统,还是像"神行太保"这样基于移动互联网的综合展业终端以及远程查勘等,保险公司已经取得了很好的成绩。车联网、图像搜索、人脸识别以及大数据等技术,都将深刻改变保险业的定价、承保、保全和理赔等环节。

(三) 以互联网为"对象"

主要指以互联网及基于互联网的经营、财产和责任等为承保对象,包括如网络安全、云安全、网络崩溃损失及责任、网络中断停业损失、入侵路径调查费用、数据修复费用、第三方支付、虚拟财产和电子商务等。因为互联网技术发展极快,而且损失范围和金额不易确定,所以以网络安全、网络崩溃损失补偿为代表的互联网保险即使在国际保险界也属于新兴领域,欧、美、日的大型保险公司均处在摸索承保经验、积累风险数据的过程中,我国主要处于追随者的地位。但在第三方支付和电子商务等领域,我国早已出现了像百度百付安、电商履约保证保险和退货运费险这些创新型险种,在这些小众领域走出了一条新路。

(四) 以互联网为"思维方式"

不同的互联网大佬对互联网思维有不同的解释,既有以门户网站和搜索引擎为代表的"免费→聚众→沉淀→黏性→变现(盈利)"的模式,也有 360 周鸿祎所说的"用户至上、体验为王、免费、颠覆式创新",还有小米雷军提出的"专注、极致、口碑、快"。保险公司也学习并应用了互联网思维,如以泰康人寿"飞常保"为代表的免费赠险,以车险为代表的"来电询价即送礼",以阳关人寿"摇钱术"为代表的朋友圈营销等。

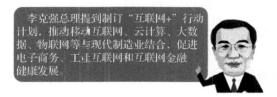

二、互联网保险的产生和发展

互联网保险作为一种以互联网技术发展为基础的新型商业模式,彻底改变了传统保险业提供产品和服务的方式,催生了保险业销售渠道和商业模式的变革。互联网保险销售渠道在我国的发展,大致经历了以下三个发展阶段:

一是萌芽阶段(1997—2005 年)。1997 年,中国第一家保险网站——中国保险信息网建立,当年 11 月,该网站为新华人寿达成了第一份保险电子商务保单。2000 年,太保、平安、泰康等保险公司纷纷建立自己的电子商务平台,进行在线保险销售。与此同时,一些保险信息网站也不断涌现,但总体上这一时期互联网和电子商务的市场环境尚不成熟,相关网络保险平台的作用主要体现在信息发布上,基本不能视为独立的销售渠道。

二是渠道探索阶段(2005—2012 年)。2005 年 4 月 1 日《中华人民共和国电子签名法》实施,我国互联网保险行业迎来新的发展机遇,人保财险随之签发了第一份全流程电子保单。之后几年,阿里巴巴等电子商务平台的兴起为中国互联网市场带来了新一轮的发展热潮,互联网保险由此开始市场细分。一批以保险中介和保险信息服务为定位的保险网站涌现。这一阶段网络保险的保费规模相对较小,保险公司对此缺少切实有力的政策扶持,电子商务渠道的战略价值尚未完全体现,在渠道资源配置方面处于被忽视的边缘地带。

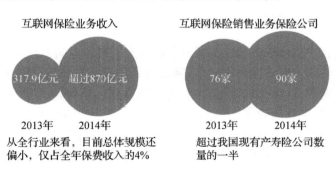

图 6-1　互联网保险收入和公司数量

三是创新发展阶段(2013 年至今)。这一时期,保险业与互联网开始探索深度融合。各保险公司纷纷依托官方网站、门户网站、保险超市、离线商务平台、第三方电子商务平台等多渠道开展保险业务,专业的互联网保险公司也成立了,各具特色的互联网保险业务管理模式纷纷涌现。2013 年被称为"互联网金融元年",互联网保险也在这一年取得跨越式发展,以万能险为代表的理财型保险通过第三方电子商务平台创下惊人业绩。至此,一方面是保险公司争相构建互联网销售渠道,并日益重视潜力无限的移动终端;另一方面则是互联网巨头奋力涉足保险业务,保险业与互联网的结合日趋深入。从参与主体看,"2015 中国互联网金融高层论坛暨笫八届中国电子金融年会"上披露了 2013 年开展互联网保险销售业务的保险公司有 76 家,2014 年增加到 90 家,超过我国现有产寿险公司机构数量的一半。

三、互联网保险的特征

(一)成本低廉、覆盖面广

保险的天然特性适合网销,无须生产,无须仓储,无须物流,用户有需求立刻生成保单。互联网保险采用电子商务渠道,直接接触客户,节省了交易中间环节和渠道费用,这意味着消费者将买到更加优惠的保险产品。互联网连接了整个世界,消费者无论身处何时何地,都能轻松快捷地购买到适合自己的产品。

(二)挖掘数据、精准定价

基于互联网的大数据有助于保险企业与消费者间的信息对称,保险企业通过对数据的深层挖掘促使保险产品依据年龄、消费偏好等更加细分,提供更准确的保险定价服务。在混业经营的背景之下,互联网大数据还可以使综合金融大后台建设得到深化。监管机构同样可以基于大数据进行高效、前瞻、主动性监管。

(三)信息透明、便于互动

互联网的发展,创造了前所未有的直达消费者的信息通路,使得保险销售具有直销的特点。它的交互性使客户由传统营销方式中的被动接受者转变为主动参与者,有助于保险公司更好地了解客户需求,更有针对性地开发产品。建立以客户为导向的销售思路,提供更贴近客户的产品创新和服务创新,是网销能够吸引客户、留住客户的根本,也是渠道生命力的根源。

(四)场景销售、产品创新

场景可以激发客户的需求。特定的场景会激发人们对生老病死残带来的风险担忧。传统的推销依靠营销员的话术激发客户的需求,网络则是客户在自身的体验中自发地联想到未来的风险场景而激发需求,这种需求更加自然,也更加强烈。比如,人们在网上购买机票的时候会担心飞机事故,风险场景激发了购买航意险的需求;人们在淘宝购物的时候会担心货不称心,于是激发了购买退运险的需求。互联网上的产品创新也往往和场景销售相结合,例如在中秋卖赏月险,七夕卖爱情险,过年卖鞭炮险,夏季卖高温险等,此类产品虽带有一定的争议,但是从产品与销售创新的角度来看不乏值得肯定之处。

第二节　互联网保险与传统保险的比较

一、传统保险的弊端在互联网时代凸显

传统保险从产品设计到代理人制度销售模式,无法实现站在客户角度销售。保险作为一种较为复杂难懂的金融产品,普通消费者处于懵懂的状态中。很多情况下消费者不了解自身

的保险需求,同保险产品之间存在着一定的距离。销售渠道上来说,电话销售的弊端是信息提供不充分,考验销售人员的表达能力,长时间的沟通对客户体验也是一个较大的挑战。年轻人对时间较为敏感,追求快捷舒适的消费方式,很难耐心听完复杂的产品介绍。

相比传统保险推销的方式,互联网保险让客户能自主选择产品。客户可以在线比较多家保险公司的产品,保费透明,保障权益也清晰明了,这种方式可让传统保险销售的退保率大大降低。

二、互联网保险的比较优势

互联网金融经过近几年的发展,金融网络化深入人心,80、90 后逐渐成为社会财富的主力,对于风险的容忍程度较高,对网络金融的接受程度更高。新生代的消费者带来新生代的网络消费需求和习惯。80 后尤其是 90 后几乎是伴随着互联网成长起来的一代,这部分群体对互联网、移动互联网具有高度依赖的特点,已经养成了在网上获取信息、娱乐、购物的习惯,而且这部分群体正在逐步成为中国社会消费的中流砥柱。

保险作为一种普遍的防风险实用手段,将其与互联网金融联系起来,会基本解决互联网金融当前存在的安全问题。未来五年内,互联网金融与保险混搭,是互联网金融发展的必然趋势。《关于促进互联网金融健康发展的指导意见》于 2015 年 7 月 18 日由央行等十部委联合发布,作为互联网金融的一个分支,互联网保险也在《指导意见》中被鼓励、被规范。

(一)互联网保险发展空间巨大

近年来,互联网保险市场呈爆炸式发展,根据中国保险行业协会发布的统计数据,从 2011 年到 2014 年,互联网渠道保费规模提升了 26 倍,占总保费收入的比例由 2013 年的 1.7% 增长至 2014 年的 4.2%,对全行业保费增长的贡献率达到 18.9%,同时,互联网保险市场不断扩容,我国的互联网保险公司从 2011 年的 28 家增加至 2014 年的 85 家。尽管规模爆发式增长,但目前我国互联网保险在整个保险市场中的占比仍不到 3%,与发达国家(如美国 30%)的占比相差很远。与国外销售对比看,我国保险网络化销售发展还有很大差距,未来我国的互联网保险销售空间巨大。此外,监管机构对互联网保险持开放态度,互联网保险存在着巨大衍生市场空间。

(二)互联网保险具有便利性

移动互联网时代到来之后,大部分消费场景正在移动化,人们的衣食住行以及文化娱乐消费都可以通过移动 App 来解决,特别是年轻人,他们消费场景移动化趋势更加明显。因此,保险公司应该关注消费场景移动化的趋势,降低营销成本,提高客户体验。

未来保险产品需要同生活场景相结合,满足客户对各种保险产品的需要,并依据客户各种场景需设计产品。简单标准的保险产品迎合了年轻人的需要,有利于快速销售、形成规模,有利于保险公司延续此保险产品的生命周期,降低产品开发成本。保险公司需要深入了解客户特点,依据客户的需要来设计保险产品,这样才能保证保险产品的销量,形成一定规模,覆盖风险事件发生概率。

（三）互联网保险具有多样性

互联网保险包括销售渠道的互联网化和产品设计的互联网化。互联网在改造金融业的同时也在改造传统实体经济,实体经济形态的变化又衍生出新的金融需求。

我国互联网保险的险种可以分为人身保险、财产保险以及因互联网而存在的创新型保险。互联网化逐步加深衍生出新的互联网财产以及相应的保险需求,比如虚拟财险。虚拟财产保险指的是对网络中的虚拟财产进行保护的财产保险,分为损失险和责任险。除了"元老级"的退货运费险之外,外卖平台食品安全险、众筹跳票延期保险等新型互联网保险产品相继亮相。除了目前最为集中的车险,保险还可以深入各类互联网消费、支付和其他金融场景中,为人们购物、出行、旅游,甚至生活的方方面面提供保障,深度融合到生活的细节中,整个行业有巨大的想象空间。

三、互联网保险与传统保险的融合

传统保险运营有九大环节:产品开发、产品销售、标的核保、保单承保、保全变更、理赔报案、理赔勘察、理赔核算以及各类保险给付等。现阶段,互联网保险的发展仍集中在产品销售和部分标准化操作的网络化上。一是将线下产品转移到网上销售,增加销售渠道。二是将部分传统的柜面服务或现场服务转化为网络自助服务,实现流程的网络化(如承保、保全、理赔报案及部分支付等)。而事关特定风险事故经济补偿的核心环节——风险管控部分(如产品定价、标的核保、理赔勘察以及核算等)仍未能实现网络化。据此,可以判定,当前互联网保险仍处于初步的探索阶段,全产业链的渗透尚没有开始,传统保险企业与互联网保险共生共荣、互相渗透仍将是一个长期的过程。

表 6 - 1　互联网保险与传统保险的比较

传统保险之殇	互联网＋保险解决之道
被动需求:事故、疾病发生后才考虑保险购买	场景化:通过场景激发客户潜在意识,提升消费倾向
互动不足:相比其他金融产品,与客户互动仅在在后续理赔、退保等环节产生,黏性不足 绕不开的中介:不断提高费用	连接一切:通过互联网平台的连接,实现与客户的高频率互动和中介费用的降低
流程烦琐:核保、承保、保全、理赔服务时效性不足	移动互联网时代:通过现代技术运用,以及移动终端的简洁服务,随时随地实现流程运转

四、互联网保险需加强监管

因为互联网金融的快捷性、便利性、线上交易的特点,消费者权益、消费者信息安全、消费者信息对称等就显得尤为重要。为促进互联网保险健康发展及保护消费者权益,国家出台了《互联网保险业务监管暂行办法》并于 2015 年 10 月 1 日正式实施,这无疑为千军万马竞逐互联网保险市场注入了兴奋剂。《办法》主要通过列明禁止性行为的方式,强化保险机构和第三方网络平台的市场退出管理,为互联网保险业务的发展营造良好的市场环境。

《办法》对经营主体履行信息披露和告知义务的内容和方式做了较为详尽、具体和明确的要求。保险机构要加强互联网保险业务的客户服务管理,建立支持咨询、投保、退保、理赔、查询和投诉的在线服务体系,创新服务方式,切实保护消费者合法权益。

第三节 互联网保险的网络营销

一、互联网保险网络营销的含义

北京保险研究院发布了《互联网＋对保险营销的新挑战》报告,预测"中国的网销保险规模占比预计在五年后达到50%,较2014年增长2811%"。《互联网＋对保险营销的新挑战》从互联网时代传统保险企业面临的困惑出发,分析"互联网＋"为传统保险营销带来的机遇,重新定义企业新的营销模式,即囊括月户需求、动态沟通、价值传递、数据决策的互联网经济时代4D新营销模型,涵盖了互联网时代的四大关键要素。

保险网络营销其实就是建立一个营销网络,把网络当作一个保险产品的营销平台,保险公司的最终客户没有变,保险产品没有变,唯一改变的只是营销平台。以前保险公司是在报纸、电视、杂志等平台上做广告做营销,让消费者了解保险公司的品牌、产品和服务,吸引客户去公司或者保险营销员那里购买产品。网络营销,只不过是把保险营销平台换成了互联网,在互联网上投放保险产品营销的广告来宣传自己的品牌、产品和服务,让客户直接进入自己的门户网站、服务网站或去现实的终端渠道购买保险产品而已,所以保险营销的本质没有变。

二、互联网保险的网络销售现状

目前国内主要保险公司都建立了自有的网络销售平台,自建网络平台进行保险营销的好处在于,通过品牌宣传,增加客户的体验;同时可以将自有产品选择上线或者开发专门的网络保险,产品线比较丰富。客户进行网络购买体验后,增加客户对公司的黏性,从而继续在网站购买产品。根据保险公司统计,网络平台销售的保费虽然在总保费中的占比不高,但是续保率相对较高。尤其通过网络平台获得客户信息之后,保险公司可以通过电话和E-Mail,提醒客户续保,增强保单的持续性。

电子商务平台更有利于聚揽保险销售的人气,销售的过程其实就是宣传的过程,人气的聚集有利于保险消费者培育,目前淘宝、苏宁、京东、腾讯、网易等均已涉足保险销售。按照险种分类,目前有汽车保险、意外保险、健康医疗保险、少儿女性保险、旅游保险、财产保险、投资型保险等大类。

表6-2 国内主要电商平台与保险公司

主要电商平台	合作险企
淘宝	目前在淘宝官方旗舰店设立旗舰公司的财险公司和寿险公司分别达到10家和16家,产品涉及车险、旅行险、少儿险、健康险、财产险、意外险和理财险等多个领域。
苏宁易购	合作险企主要包括中国平安、太平洋保险、泰康人寿、阳光保险和华泰保险5家

（续表）

主要电商平台	合作险企
京东商城	与泰康人寿、太平洋保险等 7 家险企开展了合作
腾讯拍拍网	主要合作险企有平安车险、阳光车险、太平洋车险、天平车险
网易	目前以车险产品为主,合作保险公司包括中国平安、人保、太平洋保险、阳光保险和大地保险等 5 家

　　未来互联网保险将得到快速发展,电商之间的竞争也将更为激烈,除了要拼流量,还要看谁能与险企联手挖掘并占领更多根植于互联网市场需求的保险产品。第三方交易平台是保险公司发展电商业务极为倚重的一个渠道,对于电商公司而言,其涉足保险业的目的不只是卖保险拿佣金这么简单,他们还将与险企联手挖掘互联网保险需求,通过线上线下的互动提高用户黏度。另外建立专业的保险代理平台能够突出电商平台代理保险的优势,2014 年 2 月苏宁云商正式获得保险代理牌照,成为中国商业零售领域第一家具有全国专业保险代理资质的公司。

　　目前京东也在申请保险代理销售牌照,尚等待保监会的批复。网络保险公司的建立是互联网保险发展的里程碑,2013 年众安在线作为专业的网络保险公司成立,众安在线抛弃了传统建立分支机构的模式,只通过网络展业模式,成为保险电子商务发展里程碑式的标杆。满足客户需求是互联网保险核心因素,能不能设计出合适的保险产品,既能满足人们的保险需求,又能给参与方带来盈利,是互联网保险能否成功的关键。目前保险市场还需要培育,无论是电商公司还是险企,都不能指望一进入互联网保险领域就赚得盆满钵满,最根本的还是要满足人们的保险需求,夯实根基以后再谋求更大发展。

三、互联网保险的网上操作流程

（一）选择购买平台

　　网上销售保险的平台主要有保险公司官网、保险商代理销售网站等。消费者可以在购买之前进行充分的比较,选择最合适的平台进行购买。

（二）选择购买险种

　　正如其他渠道一样,网上购买保险也需要按需购买。网上买保险的好处可以说是消费者拥有更多的自主权,同时,虽然没有了保险销售人员的聒噪,可能会缺乏对保险的了解,所以建议网上购买保险应与在线客服及时沟通,选择最合适自己的险种。

（三）支付

　　网上购买保险要求消费者最好先开通网银,这会有许多不同的方式,投保人可以选择自己最信任的方式进行支付。

（四）验证真伪

　　获得电子保单之后,消费者可以通过官网查询或者通过客服电话查询、辨别保单真伪。

第四节　互联网保险产品

一、保险产品概述

保险产品是保险公司为市场提供的有形产品和无形服务的综合体。保险产品在狭义上是指由保险公司创造、可供客户选择、在保险市场进行交易的金融工具;在广义上是指保险公司向市场提供并可由客户取得、利用或消费的一切产品和服务。进一步讲,保险产品是由保险人提供给保险市场的,能够引起人们注意、购买,从而满足人们减少风险和转移风险,必要时能得到一定经济补偿的承诺性服务组合。

保险产品的这个定义有4层意思:能引起人们注意和购买;能转移风险;能提供一定的经济补偿;是一种承诺性服务组合。因此,保险产品的真正含义是满足消费者保障与补偿的需要。保险产品保障被保险人在发生不幸事故时仍能拥有生活下去的基本条件,并能使人们以最小的代价获得最大的经济补偿。

保险也是一种商品,既然是商品,它也像一般商品那样,具有使用价值和价值。保险商品的使用价值体现在,它能够满足人们的某种需要,例如,人寿保险中的死亡保险能够满足人们支付死亡丧葬费用和遗属的生活需要;年金保险可以满足人们在生存时对教育、婚嫁、年老等所用资金的需要;财产保险可以满足人们在遭受财产损失后恢复原状或减少损失程度等的需要。同时,保险产品也具有价值,保险人的劳动凝结在保险合同中,保险条款的规定,包括基本保障责任的设定、价格的计算、除外责任的规定、保险金的给付方式等都是保险人智力劳动的结晶。

与一般的实物商品和其他大众化金融产品相比,保险商品的特点如下。

1. 保险产品是一种无形商品

实物商品是有形商品,看得见、摸得着,其形状、大小、颜色、功能、作用一目了然,买者很容易根据自己的偏好,在与其他商品进行比较的基础上,做出买还是不买的决定。而保险产品则是一种无形商品,保户只能根据很抽象的保险合同条文来理解其产品的功能和作用。由于保险商品的这一特点,一方面要求保单的设计在语言上简洁、明确、清晰、易懂;另一方面要求市场营销员具有良好的保险知识和推销技巧。否则,投保人是很难接受保险产品。

2. 保险产品的交易具有承诺性

实物商品在大多数情况下是即时交易,而保险产品的交易则是一种承诺交易。由于保险产品承诺性交易的这一特点,对于保险人和投保人(被保险人)来说,相互选择是非常重要的。从保险人的角度来说,它需要认真选择被保险人,否则将遭受"逆选择"之苦;从投保人的角度来说,他需要认真选择保险公司和保险产品,否则,不论是保持合同关系还是退保,都将给自己带来不必要的损失。

3. 保险产品的交易具有一种机会性

实物商品的交易是一种数量确定性的交换,而保险合同则具有机会性的特点。保险合同履行的结果是建立在保险事故可能发生,也可能不发生的基础之上。在合同有效期间内,如果发生了保险事故,则保险购买者从保险人那里得到赔偿,其数额可能大大超过其所缴纳的保险费;反之,如果保险事故没有发生,则保险产品的购买者可能只是支付了保费而没有得到任何形式的货币补偿。

二、互联网保险产品

保险产品是险种条款+费率,在互联网业态下,还要讲究用户体验,围绕衣食住行等消费场景的互联网数据端,共享数据端用户的需求和创意,运用专业精算定价技术形成商业化产品,依据需求和创意,先找到市场,再量身定做产品,会迅速产生效益。保险的消费行为并不是高频率行为,人的意识形态决定了比较容易接受更常见的东西,随着支付工具的进化、信用货币化进程,将来个体的消费将统一路径。一旦保险公司失去这个路径的位置权,就将失去第一手数据的获取能力。

从目前市场看,互联网保险产品创新主要表现在传统保险产品碎片化,碎片化表现在险种功能简单化、保险责任单一化、保险标的单一化和保险期限短期化四方面。碎片化的保险产品应用于社交媒体营销中,具有快速传播、成本低廉、体验丰富等功能,对品牌推广也具有正向作用。保险公司在该类产品创新中,应特别注重消费者需求研究、优化用户体验、社交媒体互动,并遵循科学规律,避免噱头式创新。

互联网保险产品包括:身份证银行卡丢失险、电瓶车畅行险、充电宝及手机爆炸险、银行卡盗刷险、关爱宝安心防癌险、门诊住院险、住院医疗险、家财宝、综合意外险、重大疾病险、关爱宝贴心养老险、安心出行险、女性特定疾病险、春节合家欢、务工人员返乡保障、境外旅行险、"晚点乐"航班延误险、跑步无忧险、扶老人险和全年自驾车意外险等。保险名称看似"奇葩",但提供上述互联网保险产品的公司可都是"名门正派",比如,平安保险、泰康人寿、泰康在线、国华人寿、阳光保险、中国人寿、安联保险、百年人寿、华安保险和大都会人寿等。

总而言之,互联网保险产品不能只把互联网当作营销渠道,而要迎合互联网3.0时代,一方面加强与其他行业的合作,另一方面迎合生活碎片化趋势,开发更多贴近生活的细致产品,不断走在客户前端,发现更多需要保障的新风险。

第五节　互联网保险的渠道

一、互联网保险的主要商业模式

(一)官方网站模式

"官方网站"是网络上对主办者所持有网站约定俗成的一种称谓,它是该网站主办者意志的体现,带有专用的、权威的意思。互联网保险的官方网站模式指的是保险企业通过自建网站来展现自身品牌、展示保险产品信息、销售保险产品、提供在线咨询和服务。多数有实力的保险企业,如中国人保、中国人寿、平安保险等,都会选择此种模式。此模式的特点是重视品牌效应,可以为具有品牌忠诚度的客户提供网上购买的渠道,对产品的介绍比较专业、详细和集中,用户可方便地选择自己需要的产品。

表 6 - 3　国内主要保险公司自建网络平台情况

公　司	网络平台	简　介	运营机构
中国人寿	国寿 e 家	人身保险	中国人寿电子商务 有限公司
中国平安	网上商城、 万里通、一账通	人身险、车险、 意外险以及小微团险	事业部负责
中国太保	在线商城	在线 e 购、车险直通车、 人身保险	事业部负责、 太平洋保险在线服务 科技有限公司
新华保险	网上商城	人身保险	新华电子商务有限公司
太平人寿	网上商城	人身保险、车险、意外险	太平电子商务有限公司
泰康人寿	泰康在线	人身保险	事业部负责

资料来源:中国产业信息网整理

（二）第三方电子商务平台模式

这种模式是指保险公司借助独立于产品交易双方的电子商务网站来销售保险产品,并提供相关服务。比较有代表性的有天猫网,目前已有多家保险企业进驻天猫网平台开设旗舰店,集中售卖自己的保险产品。京东商城等大型电子商务网站也开始售卖保险产品。不仅电子商务网站,和讯、新浪、搜狐等以内容服务为主的综合类门户网站也开始试水在网上直接售卖金融产品。

（三）专业互联网保险企业模式

这种模式是指由保险企业、互联网企业或其他主体通过专门设立专业互联网保险企业来经营互联网保险业务。2000 年 7 月,泰康在线诞生,标志着专业互联网保险企业模式正式在保险行业生根发芽。之后,中国平安、太平洋保险、新华人寿、太平人寿和中国人寿等保险巨头纷纷成立独立的电子商务公司来经营互联网保险业务。众安保险成立,是国内首家互联网保险公司,通过"众安在线"开展专业网络保险业务。

（四）专业中介代理模式

专业中介代理模式是由保险代理或经纪公司建立网络销售平台,代理销售多家保险企业的保险产品,并提供相关的服务,客户可以通过该网络平台在线了解、对比、咨询、投保、理赔等。目前,我国比较有代表性专业中介代理有中民保险网、优保网、慧泽网等。

表 6 - 4　国内专业第三方保险销售网站

网络平台	第三方网络平台介绍
优保网	国内第一家外资第三方保险平台,其母公司 ehealth 是美国最大的健康险在线投保平台,纳斯达克上市企业。主要险种为意外保险、健康保险、人寿保险。产品实现全国销售,实现电子化保单,最快 1 小时生效,支持网银、银联、支付宝付款,通过中国电子商务诚信认证。

（续表）

网络平台	第三方网络平台介绍
慧择网	于 2006 年深圳成立,产品种类在网络销售的范围内较齐全。主要实现电子化销售的产品有意外险、旅游险、家财险、货运险等。可实现电子化保单,支持网银、银联、支付宝付款。
捷保网	技术支持为深圳安网科技有限公司,2008 年推出,主要产品有意外险、意外医疗险、家财险、部分健康险、保险卡等。网上支付,经营范围全国。
E家保险网	2007 年在上海设立。主要险种有汽车保险、出国保险、意外保险、健康医疗保险、家财保险。实现电子保单,支持支付宝付款。
车盟	总部在上海,成立于 2005 年。经营车险,主要经营范围为上海市,江浙部分城市。在线对比选择获得报价,填写信息,送单收保费。
搜保	于 2006 年北京设立。经营车险,主要经营范围:北京、深圳、广州、东莞、天津。模式为网站＋呼叫中心。车险投保方式为在线选择、获得报价、信息审核制。

资料来源:中国产业信息网整理

（五）网络兼业代理模式

网络兼业代理模式是指银行、航空、旅游等非保险企业通过自己的官网代理保险企业销售保险产品和提供相关服务。兼业代理机构所销售的保险产品种类一般与其主业都有一定的关系。比如乘坐飞机有失事的风险,因此航空公司代理销售航空意外险;银行客户有投资理财的需求,银行代理一些投连险等保险产品。兼业代理机构销售保险产品,一方面可以为客户提供更好的增值服务,另一方面也可以获取一定的利润。但由于兼业代理机构以自己的主业为主,保险产品种类单一,对保险销售也不会投入较大财力和人力,因此客户体验可能不佳。

（六）移动互联网销售模式

移动互联网销售模式是指保险企业通过用户的智能手机和平板电脑等移动终端销售保险产品和提供相关的服务。当下,移动互联网产业正处于高速发展阶段,给保险行业带来了无尽的商机。目前,以国华人寿为代表的众多保险企业已经在移动应用上推出微信商城,可以通过微信平台实现产品展示、投保、支付、在线客服、查询等功能。相对于传统的销售渠道,移动互联网保险具有便捷、时间碎片化、用户体验优等特点,在产品研发上会更加贴近客户需求,凸显个性化。

二、发展互联网保险应具备的能力

（一）应对海量数据冲击的能力

保险企业可以借鉴目前市场上成功的电子商务,如淘宝、京东等企业的架构,具体可以从服务器操作系统、应用服务器软件、Web Sever、数据库、开发框架等方面来完善。

（二）鉴别客户身份的能力

目前保险公司进行网销可以采取的措施是,对于被保险人要尽量限定与投保人为同一人或其子女，通过与公安部身份证系统对接等手段进行校验，建立电子保单系统和客户保险验真系统。从长远看，发展个人电子签名技术、建立法律认定制度和调整相应再保规则是解决客户身份识别的根本途径。

（三）保护客户信息和业务数据的能力

保险公司应采取一系列的措施对数据进行保护："两地三中心"信息系统灾备策略、全面的外网防护策略、严格的网络隔离与监控策略、周全的数据备份与监控策略。此外，保险公司还应宣传对客户信息和业务数据保护的重视。

（四）建立低成本资金扣款方式的能力

现在只能通过公安部身份证管理系统接口、银行代扣接口验证建立一个三方验证系统，但这个系统很难赢得客户信任。从长远看，低成本资金扣款方式的最终解决还有赖于网银成本的降低或者代扣技术和法律环境的成熟。

（五）建立用户友好的服务体系的能力

运营体系的好坏直接决定承保的效率和客户的体验度，保险公司可以从页面设计的友好性和自动化服务角度设计网上商城。

第六节　我国互联网保险的发展趋势

一、互联网保险的现状

（一）移动互联网保险将成为新的业务增长点

当前手机和平板等移动互联设备日益普及，作为个人数据入口的移动互联网代表了互联网发展的核心趋势。根据我国互联网信息技术中心发布的数据，2013 年 6 月，我国网民数量达到 5.91 亿，占总人口的 46%。其中，手机网民数量达到 4.6 亿，占全体网民的比例从 74.5% 提高到 78.5%，并且有进一步扩大的趋势。通过手机一键关注建立起日常联系，可以随时随地接收新的保险信息和产品。"求关爱""救生圈""摇钱树"这些以交互性、趣味性为创新的险种给予手机端客户良好体验的同时，也为保险公司扩大了影响力。未来，以移动端推送的保险产品必然成为保险销售的新增长点。

（二）"按需定制、全产业链"模式将成为主导

互联网保险的发展浪潮，在改变保险领域销售渠道、竞争环境的同时，也逐渐颠覆着传统保险的商业模式。互联网保险必须依照互联网的规则与习惯，以用户至上的理念，改变保险现有的产品、运营与服务。大数据的应用使得保险产品和服务的个性化及私人定制成为可能，这将有助于解决保险产品和服务的同质化问题。互联网时代讲求与客户的互动，增加客户的黏性，提升客户的体验感，并满足其需求，从而增加后续业务的可持续性。但是就目前而言，保险

公司的网络互动还停留在售前阶段,客户只能被动地选择产品。未来保险公司可以通过创新场景应用、带有趣味性的问题设计或小游戏等手段了解客户的需求,从而设计针对细分人群的创新产品。未来,互联网保险将会从"大公司开荒、第三方平台浇水、电商助力"这种简单模式向"按需定制、全产业链"的方向进阶。

(三)"学习型营销"、"境式营销"将替代"攻势型营销"

有别于保险从业人员向客户推销产品的"攻势型营销"手段,互联网保险有助于客户在充分理解保险的基础上购买符合自身需求的产品。保险网站不仅是一个销售平台,还是一个为"理解保险"而设立的学习平台。客户可以在网站上学习到保险知识,也可以享受到即时咨询服务,让客户在充分了解和认可之后,主动购买一些相对比较复杂的人身险产品。为了便于客户理解,保险公司可以制作视频,辅以动画和声音等手段来生动地展示产品,便于客户理解。同时,通过与电商平台的无缝对接,可以以情境模式引导客户选择与之相关的产品。

(四)保险门槛降低,保险产品趋于"碎片化"

余额宝降低了货币基金投资的门槛,同样的,互联网保险领域也出现了很多"1分钱"保险,涉及交通意外险、厨房意外险、旅游险等多个险种,涵盖生命人寿、阳光保险、信泰人寿、中美联合大都会人寿、国华人寿、太平洋人寿等多家险企。碎片化已成为互联网保险新品的主旋律,主要体现在:价格低廉、保障时间缩短、保障范围收窄,条款简单、标准化。此类保险是对保险市场的进一步细分,比如由人身意外险细分出"鞭炮险",由产品责任险细分出"奶粉召回保险",由重大疾病险细分出"防癌险"等。这些保险产品即使短期不会盈利,但是培育了市场,积累了客户资料,有助于二次营销。

二、互联网保险的机遇

保监会2016年8月发布了《中国保险业发展的"十三五"规划纲要》,在《纲要》中提出一个要求,这其实也是"新国十条"中提过的,我国要努力由保险大国向保险强国转变,到2020年全国保费收入争取达到4.5万亿元,比2015年将近增加一倍,保险深度要达到5%,保险密度要达到3 500元人民币,保险业总资产争取达到25万亿元左右,也要翻一番。中国保险业面临很大的发展机遇,主要有四个原因:

(一)我国正处于快速增长时期

国际经验表明,人均GDP在5 000—10 000美元这个区间,是保险业快速增长的时期。如果比这个标准低,那就是居民的钱比较少、收入比较低,能够用于保险的钱还不够多。如果人均GDP超过10 000美元了,那就进入比较成熟的时期了,增长速度也会放慢。中国2015年人均GDP是8 016美元,正好处于5 000—10 000美元之间,我们现在处于快速增长期。

(二)市场需求旺盛

居民收入增多、财富增加,可保标的数量增加、风险集中,人们对健康、生活质量、安全的要求更高了。另外城市化、人口老龄化加速,60岁以上的人在总人口中的比例达到10%或者65岁以上的老人达到7%,这个社会就进入老龄化了。中国60岁以上的人超过15%,65岁以上的人超过 10%,已经远远超过老龄化的标准。而且中国是老龄人口最多的国家,也是老龄化速度最快的国家,这是需要我们应对的问题。

(三)政策支持

国家有多项财政税收优惠政策,包括商业健康险税前抵扣,将来个人商业养老险可以递延缴纳个人所得税,还有很多这类的优惠政策。资金运用渠道不断放宽,保险公司可以投资于健康服务业、养老设施、养老社区等,都为保险业发展创造了更大的空间。

(四)科技创新

互联网保险在营销渠道、产品、商业模式、服务等方面都进行了创新,下一步大数据、云计算、物联网、区块链等都会引起新一轮的创新。

三、互联网保险发展前景

(一)新锐崛起:互联网保险应运而生

互联网保险在我国虽然起步较晚,但发展迅速,2011—2013 年间,我国国内经营互联网保险的公司已经从 28 家上升到 60 家,增速达到年均 46% 的水平。根据中国保险行业协会的最新统计,目前我国有超过 76 家保险公司通过互联网销售保险,约占全行业主体数的 60%。2014 年全国互联网保险市场规模达到 859 亿元,同比增长高达 195%;近两年互联网保险投保客户复合增长率高达 230%,互联网保险发展势不可当。

(二)政策支持互联网保险发展

从 2005 年 4 月国务院颁布《中华人民共和国电子签名法》强调电子签名同手写签名或印章具备同等法律效力,支持电子商务发展以来,保监会相继印发了一系列政策法规保障,支持互联网保险的发展。

(三)保险企业大力推动互联网保险发展

互联网保险得以兴起并迅速发展离不开保险企业的大力推动,2011—2013 年期间,通过互联网销售保险的企业从 28 家增加到 60 家,至 2014 年下半年,这个数量已经上升到 76 家,占了整个保险行业主体数的 60%。保险企业如此热衷于互联网保险与传统保险业的发展所受的束缚有着密不可分的关联。2007—2013 年间,中国整体保险收入增长放缓,由 2008 年的39.1% 到 2011 年的 -1.3%,中国保险业面临了粗放型增长到增长停滞甚至负增长的过程。2011 年后,保险行业整体增长逐度放缓,保险告别粗放的扩张式增长时期。

2013 年度中国大陆地区保险密度达到了 201 美元/人(保险密度是按当地人口计算的人均保险费额,反映了该地国民参加保险的程度,以及一国国民经济和保险业的发展水平)。我国保险密度十年来虽然增长迅速,但数值仍然较小。而英美等国同期的保险密度达到了4 000—5 000 美元/人,是我国保险密度的 20 倍之多。对比来看,我国保险行业还有相当大的发展空间,传统保险行业亟须变革的大背景给互联网保险发展带来很大的空间和机遇。此外,大型企业寡头垄断的线下保险市场现状迫使中小型企业转战互联网,积极寻求新的市场空间,这也在一定程度上促进了互联网保险的兴起和发展。

（四）互联网普及促使互联网保险发展

互联网保险的兴起与互联网的迅速普及和人们日益网络化的消费习惯和生活方式有着密切关系。据统计，截至 2014 年 12 月，我国网民规模达 6.49 亿人，全年共计新增网民数 3 117 万人，互联网普及率为 47.9％，较上年上升 2.1 个百分点。我国网民 20—49 岁年龄段比例合计达到 67.6％，其中 20—39 岁年龄段的网民占比达 55.3％，这部分网民正是互联网消费的潜在客户。网络的迅速普及，网民数量的急剧增加，网民年龄分布与网络消费群体年龄的高度吻合，都极大地推动了互联网保险的发展。

另外，中国网民的收入水平构成正在逐渐提高，收入水平与消费能力成正比，收入越高，可用于互联网保险的消费也越高。CNNIC 数据显示，2014 年中国网民收入水平分布在 1 000 元以上的比例达 71.8％，较 2013 年上升 5.9 个百分比。2013 年统计数据表明，互联网保险用户的特征是相对更高的学历水平和收入水平，我国互联网保险客户收入分布在 1 000 元以上的达 80.8％。收入水平的进一步提高必将促进互联网保险的进一步发展。在学历结构和城镇分布状况上，中国网民的发展趋势与现有互联网保险客户特征存在很大的相似性。因而我们有理由相信，只要中国的互联网进一步普及，网民数量进一步增加，互联网保险行业就大有可为。

本章小结

互联网与保险的结合，使保险业呈现出全新的发展态势，互联网为传统的保险业注入了新元素、新活力，拓展了保险业的发展空间，实现了保险覆盖面的扩大和保险渗透率的提升。从未来发展趋势看，人们购买保险或者分担风险的方式或将因互联网而发生变化，甚至保险公司将不再是分担风险的唯一选择，因此，打破固有观念，大胆尝试、拓展和优化保险销售渠道，创新经营理念和经营模式，积极应对互联网保险发展带来的机遇和挑战，已成为保险业发展的当务之急。

 **复习思考题**

1. 互联网保险的含义和特征是什么？
2. 互联网保险的网上操作流程是什么？
3. 简述互联网保险的渠道有哪些？
4. 互联网保险未来的发展怎么样？

第七章　互联网信托和互联网消费金融

本章内容

学习目标

——知识目标

通过本章的学习,理解互联网信托和互联网消费金融的含义、特点与主要风险;掌握 P2B 平台的运营模式,传统信托公司触网的主要运作方式;掌握互联网消费金融四种主要服务模式的运作机制及区别;了解互联网信托和互联网消费金融的发展趋势。

——技能目标

具备互联网信托、互联网消费金融主要模式的业务操作能力;能够把互联网信托和互联网消费金融体系及主要模式流程运用到实践中。

——能力目标

通过本章的学习,初步具备互联网信托和互联网消费金融主要模式的业务运作流程;熟练应用常见平台的具体细则及操作流程,拥有相应的风险防范能力。

互联网消费金融基于场景的消费革命

网贷行业一纸"限额令"发布以来,以消费金融为代表的小微资产成为众多平台青睐的对象。与此同时,伴随着中国消费需求的井喷式发展,消费金融开启万亿蓝海。

近年来,中国经济持续下行,但随着居民收入和消费能力的提升,消费金融市场却迎来拐点,驶入快车道。数据显示,2015 年我国全年最终消费支出对 GDP 增长的贡献率为 66.4%,同比提升 15.4 个百分点,未来消费金融有望成为拉动中国经济增长的新引擎。

新机会

中国人爱存钱,结婚、买房、教育、医疗、养老等所需的大额费用让很多普通家庭不得不早早进行预备性储蓄,因此国民储蓄率一直位居世界前列。然而,近年来随着经济的发展,新一代的消费习惯正在发生显著变化,他们逐渐愿意为了享受一种更舒适新潮的生活方式而付出成本,即利息。各种新兴消费需求不断涌现,例如微整容、上英语辅导班、分期旅游等等,但是由于没有抵押物或者良好的征信记录,传统金融机构往往无法满足各类细分的消费需求。与此同时,目前我国大部分的个人信贷审批流程不仅漫长,需要提交的材料繁杂,客户体验较差。新的借贷需求亟须配套的服务体系,一系列互联网消费金融机构和民间征信机构应运而生。

手机支付

当下,年轻人已经习惯出门不带钱包,生活场景支付线上化开始成为主流,这是由新生代用户成长环境和行为变迁决定的。场景更为丰富且门槛更低的互联网消费金融,迅速抢食了部分市场份额。随着金融科技的进一步发展,线上消费市场将迎来不可小觑的增长。

艾瑞数据显示,2013 年,中国互联网消费金融市场交易规模达到 60 亿元;2014 年交易规模突破 183.2 亿元,增速超过 200%;2015 年整体市场则突破了千亿元。预计未来几年,中国互联网消费金融交易规模仍将保持高速增长,到 2019 年可达到 3.398 万亿元的水平,互联网消费金融在中国蕴含了巨大的市场能量。

大数据风控

消费金融是一块巨大的蛋糕,盘踞着银行系、电商系、垂直购物分期系以及互联网金融系等各派从业机构。与传统消费金融机构不同,互联网金融系拥有资金和资产两端,通过线上理财人群为借款人提供资金来源,在二者之间形成良好的闭环,实现双端结合,与其他从业机构形成差异化竞争。

在互联网平台上,一天之内可能有好几万人进行贷款申请,借款、还款交错进行,对系统的吞吐量要求非常高,这也使得金融服务越来越互联网化。借助金融科技,网贷系消费金融平台初步形成了一套颇有特色的风控体系。以 PPmoney 万惠为例,平台将风险前置,引入了"人工自动化审批"机制。平台对借款申请人进行面审,同时进行多渠道外部征信,征信数据来自公安部身份认证系统、腾讯征信、前海征信等,对客户信用进行打分、分级,根据评级做出决策。

创新审批流程而不牺牲风险识别,努力提高客户体验,这是互联网消费金融的优势所在。然而,对于人均借款两三千元的小额消费借贷来说,最核心的可能不是信用风险,而是欺诈风险,这也是整个行业的症结所在,值得所有从业者关注。

资料来源:财经综合报道:互联网消费金融基于场景的消费革命 2016-11-11

第一节　互联网信托概述

一、互联网信托的概念

互联网信托可以定义为"通过网络平台进行的信用委托",委托方通过信托公司或其他信托机构提供的网络平台,在网上签订信托合同、转让信托产品、查询信托财产以及有关交易情况的信托业务运作方式。

互联网信托业务一般涉及三个方面当事人，即投入信用的委托人、受信于人的受托人以及受益于人的受益人。互联网信托业务是由委托人依照契约或网站条款的规定，为自己的利益，将自己财产上的权利通过受托人（即互联网平台）转给受益人（即中小微企业）作为资金周转，受益人按规定条件和范围通过受托人转给委托人其原有财产以及过程中所产生的收益。

二、与传统信托的联系和区别

（一）联系

互联网信托服务的理念起源于传统信托服务，即委托人基于对受托人的信任，将其财产权委托给受托人进行管理或者处置，获取固定投资收益回报，最终达到资产增值的目的。

在互联网信托平台的操作原理方面，与传统信托非常相似，即投资人基于对互联网金融平台线下征信服务的信任，对通过了平台审核的借款项目进行出资，在一定期限内获取收益回报。

在安全性方面，互联网信托平台和传统的信托服务非常相似，也是需要采取类似于信托项目风控的方式，在线下严格把关借款项目的质量及风险程度的，同时需要根据借款企业信用度，要求其提供质抵押或担保资料，最后才能将企业的资料和借款需求发布在网络平台上进行竞标。

（二）区别

不同于传统信托概念的是，互联网信托平台只针对中小微企业提供投融资服务，大众闲置资金有投资门槛低、期限短的特点，其分配和调整相对更灵活，而传统信托的资金门槛较高，一般在百万元级以上，并且投资期限也在几年以上。

同时，互联网信托的透明化程度较高，在互联网信托平台上，对借款企业与投资个人要求实名认证，对借款企业的基本资料、对每一个项目的进行过程要完全透明。

三、互联网信托的特点

信托公司不仅具有横跨于货币市场、资本市场、产业市场投资的制度优势，同时，还可进行贷款、固定收益、权益、结构化和另类投资（艺术品、商品、字画）等多种投资，实现在市场间和结构上的结合，投资方式更加灵活。与基金和券商提供的标准化理财产品相比，信托理财更能为高净值客户提供个性化的定制财富管理服务。信托还可提供比保险更高的年化收益率。互联网信托有如下特点：

（一）委托人通过网络比较和选择不同的信托机构，不仅扩大了选择的范围，还减少了选择和签订信托合同的成本。

（二）方便服务客户。通过网络，委托人可以随时查看信托财产的详细情况，包括投资的种类、数量、价值、所在地点，以及有关收益情况和交易记录。

（三）网上信托使得信托产品的转让更容易进行，从而增加了投资者资金的流动性，也使信托产品更具有吸引力，促进了信托业的发展。

（四）通过网上信托，信托机构可以方便地向委托人提供税收、财务等方面的专业意见。

（五）网上交易可以沉淀客户的数据，互联网工具可以对大数据进行挖掘，分析用户使用习惯，并以高效的沟通方式为基础，开发出针对特定人群的差异化产品，打造个性化拳头产品，做到精准营销。

四、互联网信托面临的主要风险

互联网信托具备互联网和信托双重属性，也面临着传统信托和互联网信托的双重风险。

（一）操作风险

互联网信托投融资双方的大量资金需要通过中间平台进行操作，但目前中间平台的资金和流动性情况处于监管真空的状态，资金的调配权属于互联网信托公司，存在较高的道德风险。

（二）流动性风险

目前整个行业的信用尚未建立，加之平台之间的竞争日趋激烈，为吸引个人投资者，大多数平台推出了本金保障甚至本息保障等资金保障计划。当网络平台的自有资金不足以覆盖全部风险时，互联网信托公司就会面临资金流动性困难。

（三）信用风险

第一，互联网信托采取拆分标的的形式，其进入门槛较传统信托行业大为降低，另外国内的社会信用环境不成熟，互联网信托平台无法像银行一样登录征信系统便捷地掌握借款企业和其法人的资信情况，并进行有效的投资后管理，因此借款人的违约成本较高，较易出现坏账；第二，由于信息的不对称，互联网信托平台的经营者可能通过编制虚假项目、虚假增信、虚假债权等手段吸引投资者的资金，最终损害投资者的利益。

（四）法律风险

目前监管层对 P2B 等互联网信托平台尚无明确定位，若将其定位为信贷服务机构，则这类网络平台就只能开展信用认定和信息撮合的业务，债权转让业务和风险保证金业务都将被认定为违法。

第二节　互联网信托的发展模式

目前最接近真正意义上的互联网信托的模式主要有两种，一种是 P2B 网络借贷，另一种是传统信托公司触网。

一、P2B 网络借贷模式

P2B 是一种全新的互联网微金融服务模式，也被称为"互联网信托"，即通过互联网实现个人对企业（非金融机构）的贷款模式，该模式采取类似信托项目风控的方式，一方面，投资者能在风险可控的条件下获得最大化收益，另一方面，同 P2P 不同，P2B 平台只针对中小微企业提供投融资服务,中小微企业能以远低于民间借贷的利率获得中短期发展需要的资金。

P2B平台通常不自己做风控,而是和实力机构合作,由第三方机构做风控。目前而言,P2B平台与风控机构有四种合作方式。第一,和担保公司合作;第二,和小贷公司合作;第三,和保理公司及融资租赁公司合作;第四,和证券公司、四大资产管理公司、银行等实力较强的持牌正规金融机构合作。前三种合作方式难免需要通过信用评级、第三方担保等方式来审核借款人,但是基于目前我国征信体系尚未完善,即使依靠大数据评估也无法确认借款人的实际情况,所以,这些风控方式依然存在漏洞。对比来看,四种合作方式中,与证券公司、四大资产管理公司、银行等实力较强的持牌正规金融机构合作的平台,其风控能力较强,风控水平较高。

(一)P2B网络借贷模式的运营模式

P2B网络借贷在运营过程中一般涉及五个直接主体:个人投资者、融资企业、P2B网络借贷平台(以下简称:P2B平台)、第三方支付平台和担保机构,如图7-1所示:

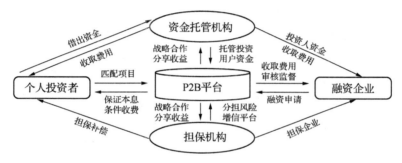

图7-1　P2B的主体架构及运营模式

1. P2B平台是借贷双方的一个复合中介

一方面,P2B平台采取类似信托项目专业风险管理方式,负责对借款企业融资信息的真实性、抵(质)押物的有效性进行审核,评估企业借款风险,通过第三方资金托管和第三方担保来分散平台经营风险。另一方面,P2B平台对投资者承诺本息安全,一旦融资企业违约,P2B平台则立即采取多种措施来保证投资者的本息安全。

2. 个人投资者是投资主体

投资者首先在P2B平台网站实名注册成为注册会员,然后通过绑定银行卡进行实名认证,认证通过后则成为具有投资资格的会员,投资者在平台自行匹配投资项目,匹配成功后,投资者向与平台合作的第三方资金托管账户充入资金并向匹配的融资项目投标,如果实时获得平台投资确认的电子信息记录和电子合同,说明投资成功。

3. 融资企业是融资主体

融资企业首先在P2B平台网站实名注册成为平台的注册会员并完成身份认证(包括但不限于银行卡),认证通过后可以向P2B平台提出融资服务申请并向平台提供相应的质(抵)押物的所有权证明,经P2B平台审核通过后,就可以在平台上发布融资信息,如果在融资期限内所有投资人的投资资金总额达到融资企业的要求,则融资企业融资成功。

4. 资金托管机构是 P2B 平台的战略合作伙伴

全程为 P2B 平台投资者的资金进行第三方托管,对投资者资金安全进行全程保障。

5. 担保机构也是 P2B 平台战略合作伙伴

与 P2B 平台一起审核和分担企业还款风险并增加 P2B 平台的信用度,是投资者资金安全的第三方屏障。

(二)P2B 与传统信托的对比

P2B 网络借贷在理念上继承传统信托。通过 P2B 网络借贷与传统信托的比较,能清晰地认识和理解 P2B 网络借贷的优势。如表 7-1 所示,P2B 网络借贷与传统信托相比,风控体系类似,但投融资双方门槛显著降低,投资期限大幅缩短,流动性明显增强,投资人本息能得到保障且收益率不逊于信托。因此,P2B 网络借贷被称为"互联网信托"实至名归,也为传统信托开展互联网营销提供了参考。

表 7-1　P2B 网络借贷和传统信托比较

内容／对象	P2B 网络借贷	传统信托
项目规模	15 万—1 000 万	5 000 万以上
投资门槛	千元以上	50 万以上
投资期限	1—24 个月	12—60 个月
投资人数	不限	不超过 50
收益兑付	按月付息	按半年/年付息
本金偿还	到期还本	到期还本
预期收益	6%—15%(承诺保本保息)	6%—11.5%(不承诺保本保息)
融资用途	企业经营生产性融资	企业经营、基础产业、房地产为主
风险控制	线下审查、质押物保证、法人股东连带责任、担保公司担保、备付金和 P2B 平台垫付等多重风控措施。	线下审查、质押物保证或保险公司担保为主的风控措施。
资金管理	投资者资金第三方托管	信托公司管理或银行独立保管
流动性	在平台上容易转让和变现	转让和变现难度高
业务模式	线下审查和线上交易相结合	线下审查和交易

数据来源:传统信托业相关数据来源于中国信托网;P2B 平台相关数据来源于无界财富、企易贷、普资华企、地产投融界四家 P2B 平台官网数据。

(三)典型 P2B 平台的比较

P2B 网络借贷作为一种创新的互联网金融商业模式,在我国的发展才刚刚起步,目前比较知名的 P2B 平台有无界财富、普资华企、企易贷、金银猫和地产投融界等。综观几家 P2B 平台,按服务方式来分,主要有两种类型:一种是纯线上 P2B 平台(如无界财富、普资华企、地产投融界),通过互联网平台撮合投融双方交易;另一种是线上线下相合(O2O,offline to online)

的 P2B 平台(如企易贷、金银猫),在线下开设实体门店,利用线下服务支持线上交易、以线上配对促进线下对接,线上平台与线下网点相互协同的服务模式。但各 P2B 平台投融资规模及要求、风险控制体系、业务定位、资金托管方和担保机构等因素各不相同。

 **案例一**

无界财富

1. 平台简介

无界财富隶属于深圳无界财富管理有限公司(下称"无界财富"),正式成立于 2014 年 7 月 29 日,是一家专注于第三方财富管理的创新型互联网金融理财平台,也是深圳市吉尊玛慈善基金会发起单位。公司致力于为广大投资者提供低风险、高收益的稳健型理财产品。2015 年 6 月 10 日,无界财富顺利完成增资,实缴注册资本增至 5 000 万元人民币。

无界财富是互联网金融 P2B 模式的先行者,积极响应国家关于促进互联网金融健康发展的号召,致力于成为行业发展的标杆平台。自上线以来,无界财富以精选的优质项目(超高收益、超低风险)、透明的信息、专业的服务,赢得了良好的用户口碑,目前注册会员已突破 10 万多人,累计交易额达 20 000 万元。

2. 投资条件

(1) 具有完全民事权利能力和民事行为能力。

(2) 中国大陆可正常使用的手机号码。

(3) 持有中国大陆有效第二代身份证件。

3. 投资流程

(1) 免费注册:10 秒快速注册,在官网首页填写手机号,设置密码,通过手机短信验证后完成注册。

(2) 实名认证:在"账户中心"—"我的财富"中选择"开通支付"中选择新浪支付后进行实名认证及设置支付密码。

(3) 充值:在"账户中心"—"我的财富"中选择"新浪充值",点击"下一步";选择您的充值方式和银行,填写充值金额等信息,通过手机验证后完成充值。

(4) 投资:进入"首页"选择产品,点击"立即理财",输入投资金额,最低千元起投,即可完成投资。

4. 平台优势

(1) 稳健

无界财富以为客户提供稳妥的投资项目为己任,与专业的大型国有金融机构合作,平台所有理财项目均过国有金融机构 21 层风控关卡的审核。董事会掌握大量企业资源,为投资者带来源源不断的优质项目。

21 层风控关卡分为四大阶段:

第一阶段　国有金融机构优选项目

第二阶段　国有金融机构立项与连续审核

　　包括12个环节:项目立项申请　确认项目立项　尽职调查　提交尽调报告　提出初审意见　提交初审　出具初审意见　修改尽调报告　提交复审　出具复审意见　补充尽调　完善交易结构

　　第三阶段　国有金融机构投委会投票表决

　　包括5个环节:提交投委会　投委会表决　形成最终交易法律文件　提交风控部及合规部审核　签订合约完成交易

　　第四阶段　无界财富优中选优

　　包括3个环节:产品推荐到无界财富　优中选优　产品上架

　　(2)安全

　　无界财富与新浪支付、快付通、法大大进行战略合作,由新浪支付、快付通进行第三方独立资金存管,严格遵循融资资金的专款专用。项目募集成功后,新浪支付、快付通直接将资金转到需求方对公账户,无界财富不经手资金。其中,快付通是深圳市金融电子结算中心(中国人民银行直接领导的国内首家金融电子结算中心,承担国内支付结算系统的建设和运营维护)下属公司;由法大大提供电子签章、协议签署、第三方监管等层层保护,保障投资者的每一笔投资的安全;无界财富一般选择上市公司的股票质押,价值更高,变现更易。或者选择价格坚挺、流动性好的固定资产作为抵押物,变现更易;除以上措施,还有担保公司最后担保,保证本息安全等。

　　(3)便捷

　　无界财富借助互联网思维,对传统高收益、高门槛的理财产品进行收益权转让,将起投金额上百万的理财产品改造成最低千元起投的类信托、类资管产品。年化收益在8%—14%之间,具体收益率视用户的投资金额大小、产品类型、产品期限以及其他奖励收益等情况而定。

　案例二

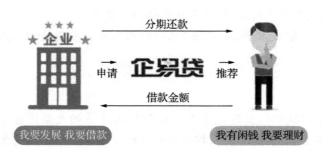

1. 平台简介

　　"企易贷"是由中国镭驰金融控股集团有限公司创立的大中华区第一家基于O2O(offline to online)的P2B(person to business)金融服务平台。"企易贷"平台上的企业用户在通过镭驰

金融严格按照金融行业标准风控规则审核后获得信用评级,可以发布企业借款需求;个人投资会员可以把自己的闲余资金通过"企易贷"平台出借给信用良好、有资金需求,并提供全资产抵押或担保的中小微企业,在获得良好的资金回报率的同时促进了中小微企业的发展。

2. 投资条件

(1) 具有中华人民共和国(以下简称"中国")国籍(不包括中国香港、澳门及台湾地区)。

(2) 年龄在 18 周岁以上。

(3) 具有完全民事行为能力的自然人。

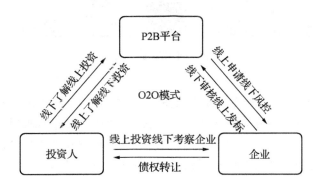

3. 投资流程

(1) 注册:点击首页或左上角的"注册"按钮,也可使用第三方账号直接登录。

(2) 实名认证:点击账户设置＞安全中心,进行实名认证。

(3) 设置支付密码:点击账户设置＞安全中心,进行支付密码的设置。

(4) 在线充值:点击我的账户＞充值选项,进行充值。

(5) 充值注意事项:通过宝付,易联平台充值,各大银行具有限额标准。

(6) 选择投资:点击我要投资,选择您满意的产品进行投资。

(7) 完成投资:输入需要投资的金额,完成投资。

4. 企易贷的服务模式

"企易贷"根据广义信任托付理念,为有资金需求的中小微企业和有投资理财需求的个人搭建一个安全、稳健、公平、高效的线上及线下资金出借撮合平台。在"企易贷"平台上,投资者是整个业务体系的委托人,"企易贷"运营方——镭驰金融及其战略合作伙伴为直/间接被委托人,提供对借款企业项目进行筛选、信用评估、质(抵)押物评估、动产不动产质(抵)押监管、质(抵)押物处置等一系列居间撮合服务。

5. 平台优势

(1) 安全性高

投资者委托"企易贷"对借款项目的各项风险要件与抵(质)押条件进行审慎审查,实施严格的贷前核查、贷中管理及贷后处置,并配以三重本息保障措施,在九重风控体系下,确保投资人本息安全的前提下实现良好的投资收益,满足投资者低门槛、低风险、易投资、高收益的投资需求。

(2) 超高收益

"企易贷"平台推出了理财产品、保障标、易保标、债权转让、赚呗等主要产品,由于投资期限、金额大小不同等因素,每种产品形成了不同程度的年收益率。其中,保障标综合年利率为

10％—18％，是活期存款收益 50 倍，5.5 倍定期存款收益，3 倍"宝"类理财产品收益；根据易保标计划不同，其预计年化收益率也分别有 12％、13％、14％不同等级。

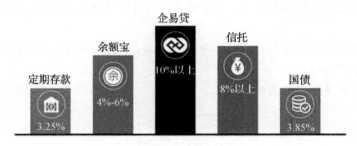

各产品年化收益率对比

（3）流动性高

企易贷平台推出的产品一般流动性比较高，投资者可以根据自身需要来选择不同期限的产品。一般来说，保障标的投资期限为 1—12 个月，投资者根据个人理财收益目标差异可选择不同周期资金出借方式，并获得相应稳定的理财收益；债权转让产品的特点就是快捷、方便、灵活；赚呗产品的特点是门槛低、期限短、高流动性、高收益、高保障。

二、传统信托公司触网

传统信托公司逐渐开始建立网上交易平台，目前尚处于培育过程中。

2015 年 7 月 18 日，由国家有关部门制定的《关于促进互联网金融健康发展的指导意见》（以下简称《意见》）对外发布。互联网信托首次被"正名"，《意见》的发布对于鼓励和引导信托公司开展互联网信托业务具有重要作用。

在政策层面积极推动和信托公司业务迫切转型的背景下，信托公司与互联网金融的嫁接无疑是信托行业的热点和亮点。信托作为传统金融行业，在互联网金融的后端（产品、账户）上有一定的优势。随着客户需求多元化发展，信托公司也通过互联网化寻求创新发展，逐步向互联网金融的前端延伸。

截至 2015 年 3 季度末，信托公司已普遍开设微信公众号，定期推送理财知识、行业动态、市场趋势等内容。部分信托公司进一步深化应用，在符合监管政策的前提下，开通微信预约、微信网签等功能，提升服务效率。

消费信托＋互联网的模式在信托行业出现，多数消费类信托被认定为单一事务管理类信托，不受集合信托合格投资者的门槛限制。消费信托模式的创新使信托公司更贴近用户，消费信托产品深度结合互联网金融概念，通过在线互联网平台发售，打造出了具有品牌特色的产品。如平安信托在"综合金融服务商平台"搭建中做出了探索，为不同类型客户提供差异化的投融资服务，借助大数据手段和挖掘技术，对客户和产品进行精细的分级、匹配、撮合，满足不同客户的个性化金融服务需求；万向信托利用"互联网＋金融＋消费＋体育"的模式，引领投资者分享体育足球产业发展的红利；中信信托的"众筹＋电影＋消费信托"的产品模式，将信托业务与电影嫁接，分享影视业发展的红利。

第三节　互联网消费金融概述

一、互联网消费金融的概念

传统消费金融是指向各阶层消费者提供消费贷款的现代金融服务方式,而在互联网时代,信息技术的不断进步为消费金融的发展提供了更多的可能性,互联网消费金融是"互联网＋消费金融"的新型金融服务方式,指资金供给方通过互联网及移动互联网的技术手段,将资金提供给消费者购买、使用商品或服务。

在我国,互联网消费金融有着特定的经营服务范围。《关于促进互联网金融健康发展的指导意见》将互联网金融业态分为互联网支付、网络借贷、股权众筹融资、互联网基金销售、互联网保险、互联网信托和互联网消费金融七大类。其中,互联网支付、网络借贷和互联网消费金融属于广义消费金融范畴。从《指导意见》表述看,我国对互联网消费金融采取了相对严格的界定,一是互联网消费金融不包括互联网支付内容,两者分别属于银监会和人民银行监管;二是互联网消费金融不包括网络借贷,特别是 P2P 网络借贷。三是互联网消费金融业务的缩小化。

具体地说,互联网消费金融是指银行、消费金融公司或互联网企业等市场主体出资成立的非存款性借贷公司,以互联网技术和信息通信技术为工具,以满足个人或家庭对除房屋和汽车之外的其他商品和服务消费需求为目的,向其出借资金并分期偿还的信用活动。

二、互联网消费金融的特点

互联网消费金融得益于互联网技术的进步,相比较传统的消费金融服务模式,具有用户范围更大、消费场景更广等特点。

（1）用户范围上,互联网特别是移动互联网技术在消费金融领域的应用,使得消费金融服务更具普惠性,能够覆盖更多的中低端用户群体,包括农民工等流动人口,以及大学生等中低端用户群体。比如,作为新涌现出来的互联网消费金融服务模式,分期购物平台目前主要针对大学生群体。

（2）消费场景上,互联网消费金融服务场景不但包括购物、餐饮、旅游等消费场景,还扩展至教育、租房等传统消费金融服务覆盖不到的领域,比如京东新推出的"旅游白条"、"租房白条"。

（3）资金渠道上,互联网消费金融的资金渠道以线上为主,资金渠道更加广泛。如电子商务平台、社会闲散资金、传统金融的线上业务或其他创新企业等。

（4）授信方式上,互联网消费金融的审批除了借鉴传统的审批方式外,还可以借助现代化的信息技术得到客户的历史交易金额、交易频率等,来考察客户的信用状况,从而决定是否放贷。

三、互联网消费金融主要面临的风险

目前,互联网消费金融市场主要面临征信体系不健全及政策监管两方面风险。

（一）征信体系风险

目前，中国征信体系已形成以央行金融信用信息基础数据库为主导、市场化征信机构为辅的多元化格局，但个人征信业务市场刚刚起步，在商业模式、法律保障、统一数据接口、关键技术等方面，与欧美成熟个人征信市场存在较大差距。成本上，线下信用调查成本高昂，已经成为小微金融发展的风控瓶颈；数据上，信用数据的碎片化，只有央行建立了相对完整的金融信用信息基础数据库；体系上，针对个人征信服务和小微企业征信服务的市场亟待发展，整体征信体系尚不健全。整体上，互联网消费金融市场的信用环境尚处于落后阶段，难以保证用户不出现恶意违约的状况。同时，相关风险由债权转让渠道传导至产业链下游，引发互联网金融系统性风险可能性也同样存在。

（二）政策监管风险

目前，《关于促进互联网金融健康发展的指导意见》中虽指出互联网信托业务、互联网消费金融业务由银监会负责监管，职能部门在监管实质内容上并没有清晰的界定，应尽快出台针对性的监管政策并完善相关法律法规体系，保障互联网消费金融行业健康有序发展。监管政策上的缺失，造成了部分互联网消费金融市场参与主体并未取得相关资质却依旧能够运营。

第四节　互联网消费金融的服务模式

目前，互联网消费金融的服务模式主要有四种，分别是电商、银行、消费金融公司及分期购物平台的互联网消费金融服务模式。

一、电商的互联网消费金融服务模式

基于电子商务交易平台的互联网消费金融运行模式是电商企业通过交易平台分析消费者的交易数据及其他外部数据，提供给消费者数额不等的信用额度。消费者可以在信用额度内在该电商平台进行消费，由电商平台成立的小额担保公司或第三方进行资金垫付，消费者在约定的还款期限内还款，电商平台收取一定比例的服务费。这样，在电商平台、资金提供方和消费者三方构成了一个良性的生态循环系统（如图7-2所示）。

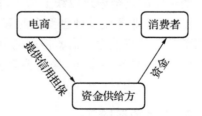

图7-2　互联网消费金融运作模式

在这种模式中，电商交易平台是其中的核心参与方，因为它是最直接面对消费者的，并且在商品渠道、支付渠道上掌握了消费者的信息流、商品流、资金流的信息,多方信息能够形成快速对称,降低风险发生的概率。这些信息的掌握成为电商企业参与消费金融市场的核心能力。同时,利用这些信息可以了解消费者的消费习惯、消费需要等,提高自身的销售额,从而成功地将消费需求与资金联系在一起。

目前依靠电商企业来进行消费金融运作在国外已经有比较成功的例子,如日本乐天、美国运通等,都是成功地从原来单一业务发展为金融集团的,但在国内目前还处于初步发展阶段。从 2014 年开始,各大电商已经纷纷涉足消费金融。2014 年 2 月,京东联合金融机构,针对京东用户推出个人消费产品"京东白条";7 月,阿里巴巴旗下的天猫商城也推出了"天猫分期";12 月,阿里巴巴又在更大范围内推出"花呗";招商银行和亚马逊中国也展开合作,推出分期付款业务。随着消费金融的进一步发展,在未来的若干年内必将迎来电商生态圈的爆发期。

**案例一**

京东金融——白条

1. 白条产品简介

2014 年 2 月,京东金融推出互联网第一款面向个人用户的信用支付产品——白条,用户可以通过白条购买京东产品,并分期进行还款。其实质是京东平台的应收账管理,用户最高可获得 1.5 万元授信额度,产品服务费低于同等的银行产品。白条可在一分钟内在线实时完成申请和授信过程,而服务费用约为银行类似产品的一半,2 月 13—14 日,京东开放申请首批白条公测资格,首批开放 50 万个白条名额。

2. 白条服务内容

(1) 目标客户:完成网银钱包快捷支付实名认证,资质符合系统评估的京东平台客户。

(2) 贷款金额:最高贷款含额 1.5 万元授信额度。

(3) 适用范围:京东全网商品,暂不支持非自营商品和黄金、首饰等硬通货。

(4) 贷款期限:可进行 3、6、12 及 24 期分期设置。

(5) 费用情况:最长 30 天免息期,使用分付款,京东收取分期服务费。分期服务费＝消费本金×分期费率×分期数。根据分期约限差异会产生不同手续费,全部分期服务费计入首期应付款中一次性收取,逾期违约金＝当期应付金额×违约金比例×违约天数,违约金比例为每日 0.03%。

3. 申请及使用流程

(1) 领白条——点击激活,前往网银钱包,绑定银行进行实名认证,完成激活。

(2) 打白条——在订单结算页选择"线支付",付款是选择"使用分期"。

(3) 还白条——在线查询白条额度,也可以查看付款期,临付款日短信提醒用户还款信息,还款完毕后,授信额度可以循环使用。

4. 京东白条业务面向更丰富的消费场景

京东白条是依托京东电商业务,为用户提供信用赊购服务的互联网消费金融产品,也是业内较早推出的相关产品。2015 年以来,京东新推出的"白条＋"系列产品,与不同领域的消费企业深度合作,将自身的消费金融业务拓展到京东商城平台之外的大学、旅游、租房等领域。

图 7-3　京东白条业务的消费场景

阿里巴巴——天猫分期

1. 天猫分期简介

2014 年 7 月,天猫商城推出分期付款业务"天猫分期购"。用户可以在结账时选择分 3、6 或 9 期进行分期付款,且不需要付首付。分 3 期免手续费,6 期和 9 期的手续费率分别为 4.5% 和 6%,同大部分银行分期付款费率大致位于同一水平,并支持商户代用户支付分期手续费。

2. 天猫分期服务内容

(1) 资金来源:阿里小贷。

(2) 目标客户:资质符合系统评估的天猫平台客户。

(3) 贷款金额:根据保理公司的资信评级,给予不同的授信额度,超出授信额度部分需冻结余额宝资金。

(4) 适用范围:天猫商城部分合作商家。

(5) 贷款期限:可进行 3、6 及 9 分期设置。

(6) 费用情况:前 3 期 0 手续费,6 至 9 期分别有不同比例的分期手续费,逾期罚息以未还款金额为基础,收取万分之五的日息,即违约金＝当期未付金额×违约金比例×违约天数,违约金比例为每日 0.05%。

3. 申请及使用流程

查看分期资格,在宝贝详情页,登录淘宝账户查看是否有分期资格;用户消费额度足够,直接选分期期限后,下单;若消费额度不足,部分用户需要冻结余额宝金额;进入天猫分期收银台,确认协议、还款等信息后,完成分期。

4. 阿里巴巴在互联网金融领域全面布局

阿里巴巴依托自身丰富的消费场景,先后推出了天猫分期购、花呗、借呗等互联网消费金融产品。其中,花呗只能在淘宝和天猫进行网购,而借呗申请到的借款直接打入支付宝并允许转入银行卡,资金可用于线下消费。借呗完全以芝麻信用分作为判断用户信用水平的依据,这是芝麻信用首次接入消费金融的具体应用场景。

图7-4　阿里巴巴互联网消费金融主要产品

二、银行的互联网消费金融服务模式

银行的互联网消费金融服务模式相对简单,消费者向银行申请消费贷款,银行审核并发放,消费者得到资金后购买产品或服务。目前,个人消费贷款业务在银行整体个人贷款业务中占比偏低,银行正在积极布局网络消费的全产业链,丰富自身网上商城的消费场景,力图在相关领域追赶淘宝、京东等电商领先企业。

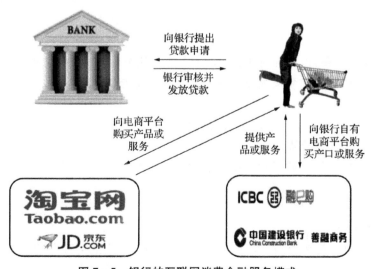

图7-5　银行的互联网消费金融服务模式

案　例

工行逸贷业务

1. 产品简介

逸贷业务是中国工商银行对持本人工行借记卡(或存折)、信用卡的客户在工行特约商户进行刷卡消费或网上购物时,按一定规则联动提供的一种互联网信用消费信贷服务。工行为在"融e购"网上商城进行消费的用户,提供互联网信用消费信贷服务,主要特点是申请门槛较低,可申请的最低额度为100元人民币;还款期限可选且期限可长达三年;同时还支持借记卡和存折。

2. 产品特色

(1) 贷款一触即发,资金瞬时到账

客户无须办理抵(质)押,无须奔波柜面,无须提交贷款资料,无须等待贷款审批,只需轻动手指,回复短信或点点鼠标,即可办理,资金瞬时到账。

(2) 随心随意消费,随时随地贷款

消费+贷款一步到位,客户在数十万工行特约商户进行网上购物或刷卡消费时,均可通过网上银行、手机银行、短信银行、POS等各种快捷渠道实时、联动办理贷款。

(3) 贷款自由灵活,人生自在飘逸

单笔消费满100元即可办理,单户最高贷款金额可达20万元。借记卡、信用卡均可办理,贷款期限最长3年,还款无须预约,随借随还,网上银行、手机银行、短信银行、柜面均可办理还款。

3. 贷款条件

(1) 18(含)—70(含)周岁,具有完全民事行为能力的自然人。

(2) 资信良好的优质客户,如符合工行条件的代发工资客户等。

(3) 工行借记卡(或存折)或信用卡持卡人(如使用借记卡或存折消费并办理逸贷,在完成消费交易前,付款账户的自有资金余额须不低于消费交易金额)。

4. 贷款额度

单笔消费100元(含)以上即可申请,单户最高贷款金额可达20万元,且不超过工行根据客户综合资信水平核定的可贷额度以及该笔消费的实际金额。

5. 贷款期限

可在6、12、24、36个月四种期限中自由选择。

6. 贷款利率(或分期付款费率)

按照中国人民银行规定的同期同档次贷款基准利率上浮10%执行。

7. 还款方式

按月等额还款。

8. 业务办理流程

持有工行银行卡(或存折)在工行特约商户进行刷卡消费或网上购物时,只要满足相关条件,即会收到系统自动发送的办理逸贷的提示信息,如有办理意向,仅需通过手机或网银

等渠道回复确认,贷款资金即可瞬时到账。另外,若消费当时未申办逸贷,还可在消费后七天内(消费后第七天的 24 时之前,消费当日不计算在内)登录工行网上银行或手机银行申请办理。

首次办理逸贷时,须签订《"逸贷"协议》,既可以在消费前通过工行网上银行、手机银行、柜面、自助终端等渠道签订,也可以在消费的同时一并签订。签订协议后,可以在网上银行、手机银行、短信银行、POS、柜面等渠道查询逸贷参考贷款额度,查询结果只能作为办理逸贷业务的参考,不作为承诺。

三、消费金融公司的互联网消费金融服务模式

消费金融公司的互联网消费金融服务模式与银行类似。一般情况下,消费金融公司的审核标准较银行的标准宽松,贷款额度也更高。不过,与银行相比,消费金融公司的整体实力和消费者的接受程度还有很大差距。早期的消费金融公司多以银行为设立主体,2014 年 2 月 1 日,由北京银行独立出资 3 亿元的北银消费金融公司的网贷平台上线,除此之外,包括兴业银行、重庆银行、徽商银行等一批银行都已获批或积极申报筹建消费金融公司。在试点放开之后,未来将有更多来自不同行业的设立主体参与到市场中来,这也将为消费金融公司带来差异化的发展模式。

2015 年,重庆百货与其他五家公司共同发起设立了国内首家互联网消费金融公司——马上消费金融股份有限公司。与传统消费金融公司最大的不同是,该公司搭建了互联网平台,在经营服务上实现"无边界、全渠道"。在了解客户的需求后,线下挖掘客户,线上互联网推广,从基础设施、平台、渠道、场景等四个方面扩展互联网平台业务。总的来说,互联网消费金融公司未来需要更好地利用互联网的优势,打造线下实体消费金融＋线上互联网的综合体。

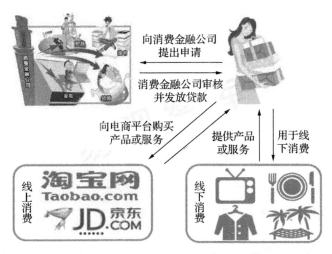

图 7-6　消费金融公司的互联网消费金融服务模式

案例一

马上消费金融股份有限公司

1. 公司简介

马上消费金融股份有限公司(以下简称"马上消费金融")是一家致力于为中国国内居民提供个人消费金融服务的互联网消费金融公司。由国内知名企业阳光保险、北京秭润、重庆银行、重庆百货、浙江小商品城、物美控股共同发起设立。其以赵国庆为核心,引入风险控制、产品开发、数据分析等方面有丰富经验的管理团队。马上消费金融于 2014 年 12 月 31 日获得批筹,2015 年 6 月 11 日收到《中国银监会重庆监管局关于马上消费金融股份有限公司开业的批复》(渝银监复〔2015〕59 号),批准马上消费金融开业,6 月 19 日在重庆举办开业仪式正式营运。公司旗下主打 APP 客户端"马上金融"于 2015 年 11 月全新改版上线。

2. 马上金融产品介绍

公司旗下主打的 APP 客户端是"马上金融",客户可以通过手机客户端 APP 操作,不用抵押,不用担保,随时随地申请贷款,最快三分钟即可完成审批和放款,最高申请额度 20 万元,是客户随时提现的小钱袋。

在借款周期上,提供 6、9、12、15、18 期的多阶段借款周期,贷款周期最长可以长达 24 期,而且可以通过信用累积循环使用贷款额度,这也是马上消费金融公司依托互联网属性,对消费金融产品创新的一大举措,有利于满足消费者个性化、差异化的消费金融服务需求。

——利率高低按照借款人的信用情况,信用越好,利率越低。

——申请额度为个人最高 20 万元,系统会根据借款人提交的资料进行综合评定,给出和借款人还款能力匹配的额度。

——在提交申请及相关材料后,将进入审批流程,审批通过后,最快 3 分钟即可放款。

——用户的提交的个人信息资料进行保密,杜绝资料外漏风险。

3. 申请流程

(1) 客户根据自己的实际情况选择贷款的金额和分期期数。

(2) 支持 APP 客户端申请,客户填写申请资料,通过 APP 端拍照上传资信材料,确认之后提交申请。

(3) 审核通过之后,贷款直接打入客户提供的银行卡。

(4) 客户根据还款规则,每月定时还款。

4. 申请要求

(1) 持有中国大陆居民身份证的人士(不包括持外国护照的中国人,也不包括港澳台和军队服役人士)。

(2) 年龄 18—55 岁。

(3) 具有稳定的职业或收入。

（4）具有良好的信用记录。

（5）具备还款意愿。

招联消费金融公司为消费金融产品植入了互联网基因

　　招联消费金融公司于 2015 年 3 月开业，由招行旗下的香港永隆银行与中国联通合资设立，是国内首家在《内地与香港关于建立更紧密经贸关系的安排》（CEPA）框架下获批开业的消费金融公司。招联消费金融公司兼具传统银行和互联网信息技术企业的背景，特别是联通拥有大量的客户群体、渠道和数据，未来将向传统金融机构覆盖不到的客户群体提供更具普惠性质的互联网消费金融服务。

　　招联消费金融公司目前主推"零零花"、"好期贷"两款产品，有着明显的互联网基因，全部在线上申请。除了通过自身的手机 APP 渠道外，零零花入驻了联通网上营业厅，消费者可直接通过该产品分期购买手机；好期贷入驻了支付宝平台，芝麻信用分达到 700 分的用户，可以在线申请 1 万元人民币以内的消费贷款。

四、分期购物平台的互联网消费金融服务模式

　　作为新涌现出来的互联网消费金融服务模式，分期购物平台目前主要针对大学生群体，但由于目标群体缺乏稳定收入，且客户绝对数量较小，未来分期购物平台在坏账率、征信数据获取、客户群体延续性等方面均面临挑战。目前大学生分期购物市场竞争激烈，类似于刚刚启动时期的团购市场，未来市场将经历整合后形成几家行业领先企业。

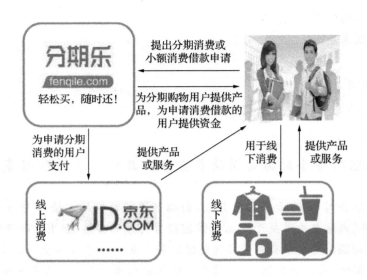

 **案例三**

分期乐简介

1. 定位

互联网小微消费金融服务商。

2. 商业模式

为在校大学生提供可分期付款的商品及小额消费借款,并将债权通过自有的 P2P 平台出售给投资者。

3. 竞争优势

通过与京东在商品供应链、物流、售后等方面深度合作,保证了用户的消费体验。

4. 主要风险

大学生用户的违约风险。

5. 主要服务类别

(1) 分期购物

分期乐与京东在消费产品层面深度合作,保障货品的来源正规和送货速度,所购商品可分期最长 24 个月,并提供行业首创的提前还款服务费全免以及限时惠、新人特权等特色服务。

(2) 取现服务

提供最高 3 000 元人民币的小额消费借款,首次办理会有高校经理上门完成身份信息审核,审核通过后资金于 48 小时内到账。

(3) 校园一卡通

无须排队直接为校园一卡通充值,省时省力,最长 40 天免息期。

(4) 充话费

支持对三大运营商手机号码的随时充值,按月还款。

6. 分期乐通过不同方式完善自身前后端业务

消费前端,通过与京东合作提升了用户购物体验;债权处置后端,通过桔子理财,打通了从债权的获得,到小型的资产证券化,再对接到互联网理财平台的资金闭环,既转移了消费金融服务的违约风险也丰富了分期乐的资金来源渠道。

五、四种互联网消费金融平台差异化比较

目前,四种主要的互联网消费金融平台都体现了"互联网+消费金融"的新型金融服务方式,但在群体覆盖、审批模式、资金来源等方面都有自己的特色。可以看出,电商平台的用户覆盖优势明显,业务创新及大数据等技术实力较突出,银行平台的业务模式成熟;主要劣势在于审批要求严格,周期较长,消费金融公司平台的现有业务模式受众较小,亟待丰富创新自身的服务模式。作为新兴的互联网消费金融模式,分期购物平台的各方面能力均有待提升。

表 7 - 2　四种互联网消费金融平台差异化比较

互联网消费金融平台	客群覆盖	审批模式	资金来源
电商	通过自身电商及支付业务,覆盖大量的消费者	借助用户的消费记录完成审批,并开展征信业务	资金来源于股东资金,但自身资金实力雄厚
银行	通过自身银行业务,拥有大量潜在客户	成熟的征信及审批模式,但效率较低	资金来源于吸收的存款,成本低,来源稳定
消费金融公司	业务模式接受程度不高,覆盖用户群体较小	风险容忍度略高,审批程序比银行更有效率	资金只能来自于股东资金及金融机构间拆借
分期购物平台	针对性的用户覆盖,目前绝对用户数量并不大	征信模式比较初级,具有互联网特色的风控体系相对传统机构更有效率	资金除了来源于自身外,还来自于P2P理财用户及传统金融机构

本章小结

互联网信托指委托方通过信托公司或其他信托机构提供的网络平台,在网上签订信托合同、转让信托产品、查询信托财产以及有关交易情况的信托业务运作方式。互联网信托具有范围更广、成本低、方便服务客户、信托产品容易转让等特征,同时互联网信托主要面临操作风险、流动性风险、信用风险、法律风险等。

现今最接近真正意义上的互联网信托模式主要有两种,一种是 P2B 网络借贷,P2B 是一种全新的互联网微金融服务模式,也被称为"互联网信托",即通过互联网实现个人对企业(非金融机构)的一种贷款模式,采取类似信托项目风控的方式,投资者在风险可控的条件下获得最大化收益,同时中小微企业又能以远低于民间借贷的利率获得中短期发展需要的资金。另一种是传统信托公司触网。在政策层面积极推动和信托公司业务迫切转型的背景下,信托公

司与互联网金融的嫁接无疑是信托行业的热点和亮点。信托作为传统金融行业,在互联网金融的后端(产品、账户)上有一定的优势。随着客户需求多元化发展,信托公司也通过互联网化寻求创新发展,逐步向互联网金融的前端延伸。

互联网消费金融是指银行、消费金融公司或互联网企业等市场主体出资成立的非存款性借贷公司,以互联网技术和信息通信技术为工具,以满足个人或家庭对除房屋和汽车之外的其他商品和服务消费需求为目的,向其出借资金并分期偿还的信用活动。互联网消费金融具有用户范围、消费场景更广,资金渠道以线上为主,授信方式上借助现代化信息技术等特征,同时还面临着征信体系风险、政策监管风险。

目前,互联网消费金融的服务模式主要有四种,分别是电商、银行、消费金融公司及分期购物平台的互联网消费金融服务模式。四种互联网消费金融服务模式具有各自不同的运作模式,在资金来源、群体覆盖、面临的风险、审批方式等也有各自的特点。

 复习思考题

1. 与传统信托相比,互联网信托有哪些特点?
2. 回顾 P2B 网络借贷模式,它和传统信托的差别有哪些?
3. 什么是互联网消费金融,其特点有哪些?
4. 互联网消费金融主要有哪些服务模式?
5. 举出现实中互联网消费金融某种服务模式的具体例子,并说明其特点。

附录: 《关于加大对新消费领域金融支持的指导意见》

为贯彻落实《国务院关于积极发挥新消费引领作用 加快培育形成新供给新动力的指导意见》(国发〔2015〕66 号),创新金融支持和服务方式,促进大力发展消费金融,更好地满足新消费重点领域的金融需求,发挥新消费引领作用,加快培育形成经济发展新供给新动力,经国务院同意,现提出如下意见:

一、积极培育和发展消费金融组织体系

(一)推动专业化消费金融组织发展。鼓励有条件的银行业金融机构围绕新消费领域,设立特色专营机构,完善环境设施、产品配置、金融服务、流程制度等配套机制,开发专属产品,提供专业性、一站式、综合化金融服务。推进消费金融公司设立常态化,鼓励消费金融公司拓展业务内容,针对细分市场提供特色服务。

(二)优化金融机构网点布局。鼓励银行业金融机构在批发市场、商贸中心、学校、景点等消费集中场所,通过新设或改造分支机构作为服务消费为主的特色网点,在财务资源、人力资源等方面给予适当倾斜。

二、加快推进消费信贷管理模式和产品创新

(三)优化消费信贷管理模式。鼓励银行业金融机构在风险可控并符合监管要求的前提下,探索运用互联网等技术手段开展远程客户授权,实现消费贷款线上申请、审批和放贷。优化绩效考核机制,突出整体考核,推行尽职免责制度。根据客户的信用等级、项目风险、综合效益和担保条件,通过贷款利率风险定价和浮动计息规则,合理确定消费贷款利率水平。

（四）加快消费信贷产品创新。鼓励银行业金融机构创新消费信贷抵质押模式,开发不同首付比例、期限和还款方式的信贷产品。推动消费信贷与互联网技术相结合,鼓励银行业金融机构运用大数据分析等技术,研发标准化网络小额信用贷款,推广"一次授信、循环使用",打造自助式消费贷款平台。

（五）鼓励汽车金融公司业务产品创新。允许汽车金融公司在向消费者提供购车贷款(或融资租赁)的同时,根据消费者意愿提供附属于所购车辆的附加产品(如导航设备、外观贴膜、充电桩等物理附属设备以及车辆延长质保、车辆保险等无形附加产品和服务)的融资。汽车金融公司开展购车附加产品融资业务时,执行与汽车贷款一致的管理制度。

三、加大对新消费重点领域的金融支持

（六）支持养老家政健康消费。加快落实金融支持养老服务业发展的政策措施。在风险可控的前提下,探索养老服务机构二地使用权、房产、收费权等抵质押贷款的可行模式。加大创业担保贷款投放力度,支持社区小型家政、健康服务机构发展。

（七）支持信息和网络消费。大力发展专利权质押融资,支持可穿戴设备、智能家居等智能终端技术研发和推广。鼓励银行业金融机构与网络零售平台在小额消费领域开展合作,并在风险可控、权责明确的条件下,自主发放小额消费信贷。

（八）支持绿色消费。加快修订《汽车贷款管理办法》。经银监会批准经营个人汽车贷款业务的金融机构办理新能源汽车和二手车贷款的首付款比例,可分别在15％和30％最低要求基础上,根据自愿、审慎和风险可控原则自主决定。大力开展能效贷款和排污权、碳排放权抵质押贷款等绿色信贷业务。

（九）支持旅游休闲消费。探索开展旅游景区经营权和门票收入权质押贷款业务。推广旅游企业建设用地使用权抵押、林权抵押等贷款业务。

（十）支持教育文化体育消费。创新版权、商标权、收益权等抵质押贷款模式,积极满足文化创意企业融资需求。运用中长期固定资产贷款、银团贷款、政府和社会资本合作(PPP)模式等方式,支持影视院线、体育场馆、大专院校等公共基础设施建设。

（十一）支持农村消费。开展农村住房、家电、就学、生活服务等消费信贷产品创新。设计开发适合农村消费特点的信贷模式和服务方式。加大对农村电商平台发展的金融支持。鼓励引导金融机构建设多功能综合性农村金融服务站。

四、改善优化消费金融发展环境

（十二）拓宽消费金融机构多元化融资渠道。鼓励汽车金融公司、消费金融公司等发行金融债券,简化债券发行核准程序。鼓励符合条件的汽车金融公司、消费金融公司通过同业拆借市场补充流动性。大力发展个人汽车、消费、信用卡等零售类贷款信贷资产证券化,盘活信贷存量,扩大消费信贷规模,提升消费信贷供给能力。

（十三）改进支付服务。扩展银行卡消费服务功能。改善小城镇、农村集市、商业聚集区银行卡受理环境,提高用卡便捷度。促进移动支付、互联网支付等新兴支付方式规范发展。

（十四）维护金融消费者权益。引入社会征信机构或吸收社会资本成立独立的第三方机构,搭建消费信用信息平台,优化信用环境。加强金融消费者教育,完善金融消费纠纷受理处理机制。建立消费领域新产品、新业态、新模式的信贷风险识别、预警和防范机制,提升风险防控能力。

请人民银行上海总部、各分行、营业管理部、省会(首府)城市中心支行、副省级城市中心支行会同所在省(区、市)银监会派出机构将本意见迅速转发至辖区内相关机构,并结合辖区实际研究提出具体落实措施和工作部署,做好政策的贯彻实施工作,有关进展及时报告人民银行和银监会。

资料来源:2016-03-24 中国人民银行银监会《关于加大对新消费领域金融支持的指导意见》(银发〔2016〕92 号)

第八章　供应链金融

本章内容

学习目标

——知识目标

了解供应链金融的本质、产生背景,理解供应链金融产品特征,熟悉供应链金融主要模式。

——能力目标

根据供应链金融的本质和理论,观察和判断现实运营的供应链金融主要模式及业务操作过程。

互联网金融的新风口:供应链金融

　　广阔的市场空间、金融业丰厚的利润、相对低的进入门槛,伴随互联网技术对金融业的快速渗透,供应链金融已成为上市公司跨界金融的火爆新模式。据统计,目前已有20余家上市公司涉足供应链金融业务。在各路资本的推动下,供应链金融的市场规模快速扩张。

　　根据前瞻网数据,我国供应链金融市场规模目前已经超过10万亿,预计到2020年可近20万亿,存量市场空间够大。供应链金融有效实现商流、物流、资金流、信息流四流合一,银行对整个供应链体系的风险掌控更强,改善银行服务质量,增加创收点。将对单个中小企业的风险信用评估转移到对信用资质高的核心企业上,能够更好地为中小企业提供融资服务,同时也给物流等产业带来新的赢利点,整个产业链条经济效益明显。

　　互联网渠道扁平化同时也加剧了供应链金融需求,国内供应链金融与互联网结合衍生出新模式。传统模式下,多层次的贸易层级在产业链中承担了"垫资"任务,互联网导致产业扁平化、减少贸易层级的同时,也加剧了供应链金融的需求。阿里、京东等比较成熟的电商,均针对其供应商及入驻商家以及第三方合作伙伴提供低成本、无担保抵押的融资解决方案。国外供应链金融模式比较成熟,主要有核心企业主导、银行主导和物流商主导三种模式。与国外不同的是,国内在工业时代赶上了互联网,互联网跟供应链金融的融合产生了与国外不同的新模式,产业互联网与供应链金融结合,四流整合成本更低,效率更高,信息更透明。产业互联网平台成为供应链金融的"核心企业",面对的是整个行业而非单个核心企业,行业存量市场空间给产业互联网平台提供了更为巨大的成长空间。

资料来源:新浪财经 http://finance. sina. com. cn/stock/t/20150128/083421415988. shtml

第一节　供应链金融概述

一、供应链金融

(一)供应链金融的概念

供应链金融,就是银行将核心企业和上下游企业联系在一起,提供灵活运用的金融产品和服务的一种融资模式,即把资金作为供应链的一个溶剂,增加其流动性。

一般来说,一个特定商品的供应链从原材料采购,到制成中间及最终产品,最后由销售网络把产品送到消费者手中,将供应商、制造商、分销商、零售商,直到最终用户连成一个整体。在这个供应链中,竞争力较强、规模较大的核心企业因其强势地位,往往在交货、价格、账期等贸易条件方面对上下游配套企业要求苛刻,从而给这些企业造成了巨大的压力。而上下游配套企业大多是中小企业,难以从银行融资,结果最后造成资金链紧张,整个供应链出现失衡。

在供应链中,竞争力较强、规模较大的核心企业在协调供应链信息流、物流和资金流方面具有不可替代的作用,正是这一地位造成了供应链成员事实上的不平等。正如一位手握 10 亿美元采购预算的沃尔玛服装采购员所说:"我当时拿着全美国最大个的铅笔,如果没有人按照我们的意思做,一言不合,我就折断手里的铅笔扔到桌上,然后扬长而去。"

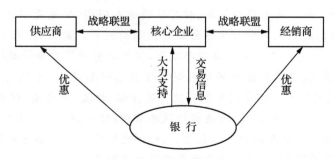

图 8-1　供应链融资模式

供应链中的弱势成员企业通常会面临既要向核心企业供货,又要承受着应收账款的推迟;或者在销售开始之前便以铺货、保证金等形式向核心企业提前支付资金。许多供应链上下游企业认为,"资金压力"是它们在供应链合作中碰到的最大压力。供应链中上下游企业分担了核心企业的资金风险,却并没有得到核心企业的信用支持。尽管银行想给这些企业进行授信,但常常因为这些中小型企业规模小、抵押物不足、生产经营难于掌握以及抵御经济波动能力差等诸多因素，让银行等金融机构认为风险很大而拒绝放贷。

仅从供应链角度内部看，核心企业不愿承担资金风险，而供应链上下游中小型企业缺乏融资能力是供应链资金流"梗阻"的内在动因。但如果核心企业能够将自身的资信能力注入其上下游企业，银行等金融机构能够有效监管核心企业及其上下游企业的业务往来，那么金融机构作为供应链外部的第三方机构就能够将供应链资金流"盘活"，同时也获得金融业务的扩展，而这就是供应链金融（Supply Chain Finance，SCF）产生的背景。

供应链金融是商业银行等金融机构的一个金融创新业务，它与传统信贷业务最大的差别在于，利用供应链中核心企业、第三方物流企业的资信能力，来缓解商业银行等金融机构与中小型企业之间信息的不对称，解决中小型企业的抵押、担保资源匮乏问题。供应链金融是商业银行根据产业特点，围绕供应链上核心企业，基于交易过程向核心企业和其上下游相关企业提供的综合金融服务。

深圳发展银行将供应链融资模式总结为"1＋N"的贸易融资方式，即围绕某"1"家核心企业，将供应商、制造商、分销商、零售商直到最终用户连成一个整体，全方位地为链条上的"N"个企业提供融资服务。

深圳发展银行通过参与核心企业"1"的供应链运作，在稳定与"1"的业务的同时，培育新兴市场的客户群"N"，拓展了银行的资金去向，同时也缓解了供应链成员企业融资瓶颈对供应链稳定性和成本的影响。

深圳发展银行的供应链金融创新从新的视角评估中小型企业的信用风险，从专注于对中小企业本身信用风险的评估，转变为对整个供应链及其交易的评估。这样既评估了业务的真实风险，同时也使更多的中小型企业能够进入银行的服务范围。

综合诸多学者以及实业界的观点，我们将供应链金融的概念界定为：

供应链金融是金融机构围绕核心企业，在对整条供应链进行信用评估及商业交易监管的基础上，面向供应链核心企业和节点企业之间的资金管理设计的一整套财务融资解决方案。

由此可以看出：

（1）供应链金融是金融机构开展的一项金融服务业务，管理的是供应链的资金往来。

（2）在整条供应链的信用评估中，核心企业的信用赋予很大权重，核心企业的信用风险是整体供应链信用风险的主要来源。

（3）供应链核心企业与链中其他企业之间的交易需要监督，确保不会向虚假业务进行融资。

（4）供应链金融是一种财务融资，企业向金融机构的抵押物不是固定资产，而是应收账款、预付款和存货等流动资产。

（二）供应链金融的特点

"供应链金融"最大的特点就是在供应链中寻找出一个大的核心企业，以核心企业为出发点，为供应链提供金融支持。一方面，将资金有效注入处于相对弱势的上下游配套中小企业，解决中小企业融资难和供应链失衡的问题；另一方面，将银行信用融入上下游企业的购销行为，增强其商业信用，促进中小企业与核心企业建立长期战略协同关系，提升供应链的竞争能力。

供应链融资具有自偿性商品融资的特点,自偿性指所得销售收入首先用于归还贷款。商品融资指在商品交易中运用结构性短期融资工具,基于商品交易中的存货、预付款、应收账款等资产的融资。

还款来源自偿	操作的封闭性	注重操作风险控制	授信用途特定化
产品设计的基础在于授信项下的资产支持,授信偿还归结于资产项下现金回流,如保理	对资金流和物流的全流程控制,如动产抵/质押授信业务	企业的信用评价相对降低,主动债项评级,风险控制重心后移至操作环节的实时监控	授信项下的每次出账都对应明确的贸易背景,做到金额、时间、交易对手等信息的匹配。

二、供应链金融产品类型

供应链金融,十年前是银行的游戏。现在在中国市场上演了一番新景象,注入了新的元素,赋予了新的定义,衍生和变幻出多种类型的供应链金融,"互联网+"的时代将是新常态的"互联网+"供应链金融。

在改革关键的路口,金融如血液一般被企业所需要,被更高层重视,给予中小企业最到位的扶持就是积极有效的金融政策。而这一切,传统银行在过去以及现在都难以给予。于是,新的模式——互联网+供应链金融诞生了。

模式的核心在于利用行业数据和资源,更有效地向生态圈或产业的各类型公司企业放贷,并且有效控制风险。对于中小微企业来说,绝对是一场最好的春雨,毕竟从银行拿到授信与贷款对于大多数中小微企业,是非常困难的事情。

各类机构与公司都"蠢蠢欲动",利用大数据与行业或平台资源来增厚利润无疑是非常诱人的选择,而在以前金融是银行的"皇家饭",是一般企业不敢奢望从事的业务。

目前 A 股市场上供应链金融模式主要有以下几种:

1. 阿里—京东模式

主要利用平台上交易流水与记录,甄别风险评测信用额度进而发放贷款,不仅赚取生态圈上下游供应商的金融利润,也为了生态圈健康发展。在整个模式中,公司是整个交易的核心,除了掌握数据,也能牢牢把控上下游的企业,属于强势的一方。A 股上市公司中,具备这种条件和优势的是苏宁云商,与阿里京东较为相似。此外,大力发展"商旅金融"的腾邦国际,向下游中小机票代理商发放贷款的模式,亦可算是互联网+商旅供应链金融的创新。

2. 行业资讯门户网站转型做供应链金融

A 股曾经的十倍牛股上海钢联,便是利用前期钢铁行业门户网站的优势,进行业务拓展与延伸,利用平台优势做电商并拓展至供应链金融,为平台上的钢贸商解决资金问题。大牛股生意宝,也可算是这类型的供应链金融模式。365 网也是历史上的牛股之一,是从做房产垂直类门户网站转型,将业务延伸推出安家贷,亦可算宽泛的互联网供应链金融一种,利用其平台用户资源来开展业务。

3. 软件公司转型

企业运行管理需要的 ERP 或各类数据软件公司,目前也参与到供应链金融的大战中来。如上市公司用友网络,是国内 ERP 管理系统的佼佼者,互联网金融是公司三大战略之一。数千家使用其 ERP 系统的中小微企业,都是其供应链金融业务平台上的一员。汉得信息与用友的模式略有不同,汉得的客户均是大型企业,而其提供供应链金融服务的对象,是其核心客户的上下游。

4. 物流公司

在传统供应链金融模式上,物流公司是参与者也是非常重要的第三方,在互联网＋时代,物流公司凭借其在行业积累的上下游深厚关系,转身从事电商进而延伸至供应链金融业务。典型的上市公司有怡亚通和瑞茂通。

5. 传统公司的华丽转型变身

传统公司的转型不只是为了迎面而来的互联网＋的风,更是在中国经济转型大背景下,各个产业升级转型而不得不走的一步棋,符合国家利益更符合企业自身发展需要,而发展供应链金融,也为传统企业拓展了盈利来源。

传统的企业,最了解的是产品,通过产品变现是传统主流的商业模式。在新的互联网浪潮推动下,传统企业生产的产品被互联网公司变为一个个入口,被"免费了",传统公司如临大敌,急切寻找转机。供应链金融被传统公司普遍用来增厚利润率。上市公司均可算是各自行业的龙头企业,拥有的深厚行业背景、资源、上下游关系不言而喻,利用行业背景开展供应链金融可算是水到渠成。A 股上市公司中,目前有嘉欣丝绸、智慧能源等。逻辑均是利用多年来经营的行业资源深入了解行业的风险与状况、从行业老大哥变身为行业的"供应链金融服务商"的角色,为难以获得银行或其他金融机构贷款的中小微企业,提供担保、牵头或者帮其融资,对上市来说是赚取金融利润,对行业来说,是帮扶中小微企业继续生存,对国家来说,是带活一个个产业的持续发展,并为产业转型提供了弹药。

在前期互联网金融的疯涨急涨之后,许多上市的互联网金融公司已站上一个个山头或已涨了几倍;目前需注意部分急涨标的出现"高反症状"而出现调整。

未来供应链金融会在中国经济转型中发挥巨大金融能量,由于我国供应链金融市场规模目前已经超过 10 万亿元,预计到 2020 年可达近 20 万亿元,存量市场空间足够大,也可以诞生出许多伟大的公司。

三、供应链金融的产生和发展

2008 年全球金融危机发生以来,全球已经有上百万家企业宣告破产,这些破产的企业并非没有市场竞争力(如克莱斯勒),也不是因为没有创新能力(如通用汽车),而是因为资金链断裂造成了供应链中企业破产的连锁反应。供应链金融自诞生以来就是为了解决供应链中资金流梗阻以及资金流的优化问题。

(一)国外供应链金融的演进

供应链金融必然是以面向供应链的整本运作为核心。供应链中物流是资金流可以依附的实物载体,因此,供应链金融中的存货质押融资业务始终是供应链金融的核心环节,没有存货的流动,应付账款和预付账款等供应链融资模式也就无从谈起。可以说,供应链中的物流是供应链金融业务得以开展的基础。

美国等西方发达国家的供应链金融几乎与其他金融业务同时开展,并经过 200 多年的创新和发展形成了现代供应链金融的雏形。西方供应链金融的发展大致可以分为三个阶段。

阶段一:19 世纪中期之前

在此阶段,供应链金融的业务非常单一,主要是针对存货质押的贷款业务。例如,早在 1905 年俄国沙皇时代,农民在丰收季节,当谷物的市场价格较低时,将大部分谷物抵押给银行,用银行贷款资金投入后续的生产和生活;待谷物的市场价格回升后,再卖出谷物归还银行本金利息。由此,农民可以获得比收割时节直接卖出谷物更高的利润。

阶段二:19 世纪中期至 20 世纪 70 年代

在此阶段,供应链金融的业务开始丰富起来,承购应收账款等保理业务开始出现。但起初,这种保理业务常常是趁火打劫式的金融掠夺,一些银行等金融机构和资产评估机构进行了合谋,刻意压低流动性出现问题的企业出让应收账款和存货,然后高价卖给其他第三方中介机构。部分金融机构恶意且无序的经营造成了市场严重的混乱,并引发了企业和其他银行的不满和抗议。为规范市场行为,1954 年美国出台了《统一商法典》,明确金融机构开展存货质押应遵循的规范。由此,供应链金融开始步入健康发展时期,但这一阶段的供应链金融业务仍以"存货质押为主,应收账款为辅"。

阶段三:20 世纪 80 年代至今

在此阶段,供应链金融的业务开始繁荣,出现了预付款融资、结算和保险等融资产品。这要归功于物流业高度集中和供应链理论的发展。在 20 世纪 80 年代后期,国际上的主要物流开始逐渐集中到少数物流企业,联邦快递(FedEx)、UPS 和德国铁路物流等一些大型的专业物流巨无霸企业已经形成。

随着全球化供应链的发展,这些物流企业更为深入地楔入到众多跨国企业的供应链体系之中,与银行相比,这些物流企业更了解供应链运作。通过与银行合作,深度参与供应链融资,物流企业在提供产品仓储、运输等基础性物流服务之外,还为银行和中小型企业提供质物评估、监管、处置以及信用担保等附加服务,为其自身创造了巨大的新的业绩增长空间,同时银行等金融机构也获得了更多的客户和更多的收益。

在此阶段,国外供应链金融发展开始形成"物流为主、金融为辅"的运作理念,供应链金融因物流企业的深入参与获得了快速发展。

(二)中国供应链金融的发展

中国供应链金融的发展有赖于改革开放三十年中制造业的快速发展,"世界制造中心"吸引了越来越多的国际产业分工,中国成为大量跨国企业供应链的汇集点。中国的供应链金融得到快速发展,在短短的十几年内从无到有,从简单到复杂,并针对中国本土企业进行了诸多创新。

与国外发展轨迹类似,中国供应链金融的发展也得益于 20 世纪 80 年代后期中国物流业的快速发展。2000 年以来中国物流行业经过大整合之后,网络效应和规模效应开始在一些大型物流企业中体现出来,而这些企业也在更多方面深入强化了供应链的整体物流服务。2004 年中国物流创新大会上,物流行业推选出了未来中国物流行业的四大创新领域和十大物流创新模式中,"物流与资金流整合的商机"位居四大创新领域之首,而"库存商品抵押融资运作模式"、"物资银行运作模式"、"融通仓运作模式及其系列关键技术创新"分别位居十大物流创新模式的第一位、第三位和第四位。

2005 年,深圳发展银行先后与国内三大物流巨头——中国对外贸易运输(集团)总公司、中国物资储运总公司和中国远洋物流有限公司签署了"总对总"（即深圳发展银行总行对物流公司总部）战略合作协议。短短一年多时间，已经有数百家企业从这项战略合作中得到了融资的便利。据统计，仅 2005 年，深圳发展银行"1＋N"供应链金融模式就为该银行创造了 2 500 亿元的授信额度，贡献了约 25⅓的业务利润，而不良贷款率仅有 0.57％。

综合来看，现阶段我国供应链金融发展呈现多个特点：① 供应链金融发展区域不平衡。外向型经济比较明显的沿海地区，供应链金融发展相对领先，而内陆供应链金融仍处在初级阶段。此外，我国关于供应链金融的业务名称约定也没有一个确定的叫法，有物流金融、物资银行、仓单质押、库存商品融资、融通仓、货权融资及货权质押授信等。② 我国的供应链金融还面临着法律风险，库存商品等流动资产质押还存在一定的法律真空。我国银行分业经营的现状，使供应链金融业务中形成了多种委托代理关系，加之我国社会信用体系建设方面的落后，进一步造成了供应链金融业务的运作风险。

第二节　供应链金融的主要模式比较

一、应收账款融资模式

（一）应收账款融资模式分析

应收账款融资模式是指企业为取得运营资金，以卖方与买方签订的真实贸易合同产生的应收账款为基础，为卖方提供的，并以合同项下的应收账款作为第一还款来源的融资业务。

这种模式主要针对企业产品销售阶段，一般是为处于供应链上游、中游的债权企业融资。供应商将货物卖给客户，若客户不直接支付现金，则产生应收账款，直到某期限后才能收回现金。可是，供应商需要支付生产加工所花费的劳动成本和到期应付账款，以及存货融资质押贷款到期的本息，或者提前支付进入下一个生产运营周期所需资金。因此，供应商必须寻求基于应收账款的融资方式，解决这一现金流缺口。

该模式中，债权企业、债务企业（下游企业）和银行都要参与其中，且债务企业为核心企业，具有较好的信用水平，在整个运作中起着反担保的作用，一旦融资企业出现问题，债务企业将承担弥补银行损失的责任，这样银行进一步有效地转移和降低了其所承担的风险。

由于应收账款是绝大多数正常经营的中小企业都具备的，这一模式解决中小企业融资问题的适应面非常广。核心企业在供应链中拥有较强实力和较好的信用，所以银行在其中的贷款风险可以得到有效控制。

该模式的具体操作方式如下：

（1）融资企业与核心企业签订商品买卖合同。

（2）融资企业收到核心企业的应收账款单据。

（3）融资企业将应收账款单据质押给银行。

（4）债务企业向银行出具应收账款单据证明。

（5）银行贷款给融资企业。

（6）债务企业销售产品，收到货款。

（7）债务企业将应付账款金额支付到融资企业在银行指定的账号。

（8）应收账款质押合同注销。

通过应收账款融资模式，中小企业可以及时获得商业银行提供的贷款，不但有利于缓解中小企业资金链紧张的问题，促进整个供应链的竞争力，而且有利于商业银行改善不良的集中信贷结构，提高贷款收益率。

（二）应收账款融资的主要风险及控制

在银行同意向融资企业提供信用贷款前，商业银行要对该企业的风险进行评估。应收账款融资应更多关注的是下游企业的还款能力、交易风险以及整个供应链的运作状况，而并非只针对中小企业本身进行评估。

应收账款融资的审查要点：

1. 行业风险评估

考察企业是否处于一个高风险行业，行业的基本特征是什么。

（1）产业政策、监管政策、信贷政策和境外反倾销政策。

（2）行业成熟度。

（3）行业周期性。

（4）这种行业对其他行业的相关性。

2. 主体资信评估

考察企业在行业内的总体经营状态如何，有无持续经营优势。

（1）行业地位。

（2）企业的成熟度和股东背景。

（3）产品。

（4）履约能力以及履约记录。

（5）对下游回款的控制力度。

（6）关联交易情况。

3. 交易对手（应收账款的债务企业）资信评估

（1）下游客户所处的行业。

（2）下游客户群结构。

（3）下游客户的支付能力及其他。

4. 借款原因分析

重点分析以下几个方面。

（1）销售增长。

（2）存货周转变慢、应收账款周转变慢。

（3）采购资金增加。

除买卖双方主体性风险外，应收账款融资主要风险来源还有如下几方面：

1. 应收账款的真实性

在应收账款业务中，应收账款是否已经真实存在或基于真实贸易应该发生，是应收账款融资业务分析的重点，对于卖方客户提供的已经发生的应收账款资料，应结合买卖双方的购销合同、增值税发票、货物运输单据、买方收货凭证等资料审查应收账款的真实性，必要时可以与买方进行核实;对于订单融资、政府采购等融资业务还应结合买卖双方的订(发)货计划、标书等文件查明应卖方应收账款的真实性。

2. 应收账款的转让手续

办理应收账款转让时,应详细审查应收账款是否有法律规定或双方约定的禁止转让的事实存在,如无,需要双方达成应收账款转让协议或通过相应书面文件确认应收账款转让事实。

3. 应收账款的通知程序

按法律规定,应收账款的通知是应收账款转让生效的必要条件,银行与卖方关于应收账款转让的事实必须通知买方,并取得买方的书面确认或获得相关通知证据,在买方无异议后,方可接受应收账款转让或进行融资,对于买方有异议的应收账款转让应查明原因或不予接受转让。

4. 对下游回款的控制力度

该模式没有将质押项下应收账款的回款资金用于归还对应的贷款,而是以新的应收账款替代质押。在操作上只是核定给予客户一个固定贷款额度,首次提供质押应收账时也是按质押率要求以足额的应收账款质押,但当部分应收款实际回收后,银行并没有将回笼货款作收贷处理,而是给予客户使用,当质押项下应收账款金额即将低于贷款额的质押率时才通知借款人补充新的应收账款质押。如果借款人未能及时补充新的应收账款或虽补充新的应收账款但未能及时办妥相关手续,都会带来应收账款质押率不足的情况,加大信贷风险。

鉴于上述风险,应将应收账款质押贷款额度与质押项下的应收账款实施双向互动,即当借款人以部分应收账款质押,银行给予贷款后,若这部分应收账款的货款回笼,则将此款项用于偿还银行此笔贷款项下的部分款项,并向借款人发出入账及扣款通知单,通知借款人已回款情况及已扣款用于归还银行质押项下贷款情况。而当借款人有新的可质押应收账款时,银行再以此部分应收账款质押重新发放一笔贷款,实现贷款与应收账款的一一对应、正常循环,这样既避免了银行现有操作流程带来的质押率不足风险,又可以通过"应收账款质押→质押放贷→应收账款回收→清还贷款"这样一个流程循环监控借款人与应收账款债务人之间的贸易是否维持正常稳定。

二、保兑仓融资模式

(一)保兑仓融资模式分析

传统的"保兑仓"业务指以银行信用为载体,以银行承兑汇票为结算工具,由银行控制货权,卖方受托保管货物并对承兑汇票保证金以外金额部分由卖方以货物回购作为担保措施,买方开出银行承兑汇票,随缴保证金、随提货的一种特定票据业务。在这个业务中,货物由银行委托卖方监管或者银行派人到卖方仓库监管,而银行不熟悉物流业务,由此增加了监管的难度和风险。

基于供应链金融的保兑仓融资是在仓储监管方(物流企业)参与下的保兑仓业务,融资企业、核心企业(卖方)、仓储监管方、银行四方签署"保兑仓"业务合作协议书,仓储监管方提供信用担保,卖方提供回购担保,银行为融资企业开出银行承兑汇票。

如果中小企业的上游供应商是强势企业,则中小企业往往需要向上游供应商预付账款,才能获得企业持续生产经营所需的原材料、产成品等。对于短期资金流转困难的企业,则可以运用保兑仓业务对其某笔专门的预付账款进行融资,从而获得银行的短期信贷支持。

从银行的角度分析,保兑仓业务是在供应商(卖方)承诺回购的前提下,融资企业(买方)向银行申请以卖方在银行指定仓库的既定仓单为质押的贷款额度,并由银行控制其提货权为条件的融资业务。该业务可以增加银行的客户资源,同时银行要求债务企业承诺回购,并以物权做担保,可以有效地降低银行信贷风险。从融资企业角度分析,通过保兑仓业务获得的是分批支付货款并分批提取货物的权利,并不必一次性支付全额货款,有效解决了其全额购货的资金困境,实现了融资企业的杠杆采购和供应商的批量销售。

保兑仓业务除了需要处于供应链中的上游供应商、下游生产商(融资企业)和银行参与外,还需要仓储监管方参与(物流企业),为银行提供质物价值评估、监管及拍卖等服务,降低金融机构贷款风险。物流企业在质押物监管及价值保全、资产变现、市场动态监控方面具备的优势使得它能够深度参与供应链金融业务,分担其中的"物控"和"货代"职能,而且其通过银行可获得更多的物流业务,也可以提高自己的信用等级,加强与银行的合作关系,提高物流的效率。

保兑仓融资模式的基本业务流程如下:

(1)买卖双方签订购销合同,共同向经办行申请办理保兑仓业务。

(2)买方在银行获取既定仓单质押贷款额度,专门向该供应商购买货物。

(3)银行审查卖方资信状况和回购能力,若审查通过,签订回购及质量保证协议。

(4)银行与仓储监管方签订仓储监管协议。

(5)卖方在收到银行同意对买方融资的通知后,向指定仓库发货,并取得仓单。

(6)买方向银行缴纳承兑手续费和首次30%承兑保证金。

(7)卖方将仓单质押给银行后,银行开立以买方为出票人、以卖方为收款人的银行承兑汇票,并交予卖方。

(8)买方缴存保证金,银行释放相应比例的商品提货权给买方,直至保证金账户余额等于汇票金额。

(9)买方获得商品提货权,去仓库提取相应金额的货物。

(10)循环8—9,若汇票到期,保证金账户余额不足,卖方于到期日回购仓单项下剩余质押物。

针对目前质押贷款手续复杂、所需时间长的问题,一些银行和物流企业成功地运用了统一授信的方式。统一授信就是银行把贷款额度直接授权给物流公司,再由物流公司根据客户的需求和条件进行质押贷款。物流公司向银行按企业信用担保管理的有关规定和要求提供信用担保,并直接利用这些信贷额度向相关企业提供灵活的质押贷款业务,银行基本上不参与质押贷款项目的具体运作。该模式有利于企业便捷地获得融资,减少原先质押贷款中一些烦琐环节;也有利于银行提高对质押贷款全过程监控的能力,更加灵活地开展质押贷款服务,优化其质押贷款的业务流程和工作环节,降低贷款的风险。统一授信这种方式目前已逐渐被广大的金融机构所接受。

(二)保兑仓融资模式风险及管理

1. 客户资信风险

客户的业务能力、业务量及商品来源的合法性,都是潜在的风险;在滚动提取时提好补坏,有坏货风险;还有以次充好的质量风险。

2. 质押商品选择风险

并非所有商品都适合做仓单质押,因为商品的价格和质量会随时发生变化,也就是说会有一定程度的风险。

3. 商品监管风险

在质押商品的监管方面,由于物流公司同银行之间的信息不对称、信息失真或信息滞后都会导致任何一方决策的失误,造成质押商品的监管风险。

4. 内部管理和操作风险

如果物流公司的信息化程度低,监管能力不强,会增加内部人员作案和操作失误的机会,形成管理和操作风险。

三、融通仓融资模式

(一)融通仓融资模式分析

融通仓融资是指受信人以其存货为质押,并以该存货及其产生的收入作为第一还款来源的融资业务。"融"指金融,"通"指物资的流通,"仓"指物流的仓储。融通仓是融、通、仓三者的集成、统一管理和综合协调。所以融通仓是一种把物流、信息流和资金流综合管理的创新,其核心思想是在各种流的整合与互补互动关系中寻找机会和时机,其目的是为了提升顾客服务质量,提高经营效率,减少运营资本,拓宽服务内容,减少风险,优化资源使用协调多方行为,提升供应链整体绩效,增加整个供应链竞争力。

企业在申请融通仓进行融资时,需要将合法拥有的货物交付银行认定的仓储监管方,只转移货权不转移所有权。在发货以后,银行根据物品的具体情况按一定比例(如60%)为其融资,大大加速了资金的周转。当提货人向银行支付货款后,银行向第三方物流企业发出放货指示,将货权交给提货人。如果提货人不能在规定的期间内向银行偿还货款,银行可以在国际、国内市场上拍卖掌握在手中的货物或者要求发货人承担回购义务。

对那些从事高附加价值产品、供应链内部联系相当密切、发货频率很高的产业而言(例如,电脑、手机、家用电器),融通仓带来的收益特别可观。即使那些价值不很高但是规模相当大的重化工而言,由于其发货数量大,总体的货值也很大,融通仓对其融资作用也十分显著。所以融通仓融资服务不仅可以为企业提供高水平的物流服务,又可以为中小型企业解决融资问题,解决企业运营中现金流的资金缺口。该模式的具体操作方式如下:

(1)银行、融资企业和仓储监管方签订《仓储监管协议》。

(2)融资企业将质押物存放到银行指定的仓储监管方仓库。

(3)银行根据核定的额度给融资企业发放贷款。

(4)融资企业一次或分次偿还款项或补充同类质物。

(5)银行向仓储监管方发出与归还贷款金额或补充质物相等价值的质物。

(6)融资企业取得质物用于生产经营。

(二)融通仓融资模式的主要风险及控制

以现货质押—动产质押为例,说明其风险控制过程中的主要风险点:

（1）应密切关注质物的价格变动情况，质押物一旦出现跌价，应及时补充货物或者保证金。

（2）应派专人及时核查借款人的出入库情况，进而了解借款人的生产和销售情况。

（3）该业务的关键点在于监管公司的选择，要求监管公司能够中立、细致、有效地对货物进行监管，防范监管公司与借款人串通套取银行信贷资金。

四、综合应用融资模式

在中小企业的生产经营过程中，由于购买原材料需要预付账款、卖出企业存货产品与回收销售货款之间存在时滞效应，所以企业的资金流动要求较高，时常出现资金短缺现象。以生产型企业的单阶段生产周期为例，企业的融资需求一般有以下三个阶段：一是企业采购原材料阶段，采购预付款可能超过企业现有流动资金，出现第一阶段的资金不足；二是企业持有原材料投入性库存的同时，不断生产出半成品和产成品，库存不断增多，但尚未对外销售。在此阶段企业不仅需要继续支付原材料采购费用，而且没有产品销售收入，资金压力不断加大；三是企业将库存产成品向下游经销商销售，产生对下游经销商的应收账款，在这个时滞效应期间，企业具有相应的融资需求。

为此，与企业生产经营的采购、生产、销售三个阶段相对应，可以形成供应链金融的三大融资模式，即保兑仓融资、融通仓融资和应收账款融资三种基本模式。

1. 采购阶段——保兑仓融资

处于供应链下游的企业在向上游供应商购买生产所需的原材料、半成品时常曾会形成预付账款。下游购货企业（融资企业）因短期资金紧张，在供应链上游销货企业承诺回购的前提下，通过保兑仓业务进行预付款融资，缓解供应链下游的购货资金压力。大致可分为先票（款）后货授信、担保提货授信。

先票（款）后货是指供应链下游购货企业从银行等金融机构取得授信后，在交纳一定比例保证金的前提下，向卖方支付全额货款；供应链上游销货企业按照购鞘合同以及合作协议书的约定发运货物，货物到达后设定抵质押，作为银行授信的担保。

担保提货是在供应链下游购货企业交纳一定比例金额保证金的前提下，银行向融资企业提供全额贷款用于向供应链上游销货企业（核心企业）付款，销货企业出具全额提单作为授信的抵质押物。此后，融资企业根据企业本身生产经营的实际需要分次分阶段向银行提交相应比例金额的提货保证金，银行依次向上游销货企业发出发货通知。上游销货企业（核心企业）就发货不足部分的价值承担向银行的退款责任。

2. 生产阶段——融通仓融资

企业在生产经营过程中存在或多或少的存货，企业部分资金处于被占用状态，与此同时，供应链中小企业很可能因缺乏固定资产等可以作为抵押担保的资产，无法获得继续经营所需资金，为此，考虑将企业现有库存商品或是原材料转化成为银行愿意接受的抵押担保物品是实现中小企业重新获得银行贷款的新思路。融通仓融资业务就是通过引入第三方物流公司对企业现有存货进行验收、评估和监管，然后向银行出具存货价值评估等证明文件，并起到反担保作用，成功将企业存货转化为银行等金融机构愿意接受的质押物，为中小企业缓解资金困境，也为银行和物流公司带来了更多的盈利点。另一方面，银行根据第三方物流公司的资金实力和经营规模，可以将部分授信额度授权由第三方物流公司直接对中小企业进行贷款，从而减少了银行与贷款企业之间的审贷手续。因为第三方物流公司的加入,这一业务可以很大程度上降低银行的贷款风险,提高供应链整体的运行效率。

3. 销售阶段——应收账款融资

当企业向外发货时会产生应收账款,处于供应链上游的中小企业以未到期的应收账款向银行等金融机构提出贷款申请以盘活自身资金运作。一般参与主体包括三方:处于供应链上游的债权企业(中小企业)、处于供应链中下游的债务企业(核心企业)、银行等金融机构。按照银行等金融机构是否具有追索权,可大致分为两类:应收账款融资质押、应收账款保理。其中,应收账款质押是指将中小企业将对核心大企业的应收账款作为质押物,进而从银行等金融机构获得资金。债务企业(核心大企业)需要承担反担保作用,若是融资企业(供应链上游债权企业)到期未能偿还债务,债务企业具有承担银行亏损的义务和责任。应收账款保理是指中小企业将对核心大企业的应收账款全部打包出售给银行、财务公司等金融机构,银行等金融机构没有后续追索权。目前,在我国银行的实际操作过程中,更多的是采用应收账款融资质押方式,应收账款保理方式因门槛较高,应用范围相对较为狭窄。

第三节 供应链金融在中国市场的典型应用

一、商业银行供应链金融运作典型案例——以中信银行为例

供应链金融是商业银行根据产业特点,围绕供应链上核心企业,基于交易过程向核心企业和其上下游相关企业提供的综合金融服务。中信银行供应链金融的"1+N"模式是典型的商业银行供应链金融运作模式。

(一)中信银行供应链金融业务概况

1. 中信供应链金融业务系统

中信银行供应链金融的 LOGO 为风车型,代表了中信银行供应链金融为企业提供竞争原动力,实现企业新价值。服务的行业主要为:钢铁、汽车、家电、石化、电信、船舶等重点行业。

供应链金融业务系统(SCF)是一套全面管理中信银行供应链金融业务(含物流金融业务)信息系统,此系统实现了七个覆盖,如下所示:

(1)客户管理全覆盖:经销商、供应商、核心企业、监管企业。

(2)行业管理全覆盖:汽车、钢铁、家电、煤炭、石化、有色,其他。

(3)商品管理全覆盖:商品目录、价格管理、价格盯视、价值预警。

(4)业务模式全覆盖:预付款融资、存货融资、应收款融资。

(5)流程全覆盖:网络管理、协议管理、订货计划管理、放款及收款管理、质物出入管理、价格管理、还款和敞口管理、违约管理。

(6)产品全覆盖:流贷、银票、贴现、保函、法透、国内证、进口证、押汇。

(7)渠道全覆盖:线下、网银、直联。

2. 中信银行基本业务图

中信银行供应链金融主要以物流金融产品为主,其中汽车金融网络业务和钢铁金融网络

业务主要采用先票(款)后或存货质押业务操作模式、家电金融网络业务主要采用保兑仓业务操作模式。图8-2为中信银行供应链金融基本业务。

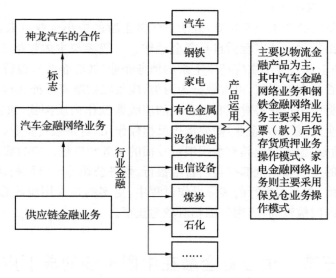

图 8-2　中信银行供应链金融基本业务

3. 中信银行供应链金融的品牌特征

中信银行供应链金融包含"三大平台、四大增值链和五大特色网络"。如图8-3所示。

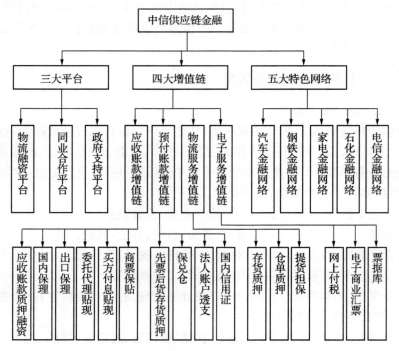

图 8-3　中信银行供应链金融品牌体系

（二）中信银行供应链金融主要产品

依托于中信银行供应链金融的四大增值链,中信银行供应链金融主要产品可以分为四大类,即预付账款增值链、应收账款增值链、物流服务增值链和电子服务增值链。

1. 预付款融资

预付款融资是中信银行的主要供应链金融产品,它与丰田汽车合作的汽车经销商网络业务、与马钢合作的钢铁经销商网络业务、与久宝田农业机械销售金融业务都是预付款融资模式,主要包括先票(款)后货存货质押模式和保兑仓模式。

（1）保兑仓

中信银行与核心企业合作,对核心企业的多个经销商提供授信的一种金融服务,是供应链金融最典型的融资模式,目前主要运用在家电、钢铁等供应链管理较为完善的行业,这些行业内核心企业和供应链成员关系紧密,并有相应的准入和退出制度。该模式的应用必须有一个重要基础,即核心企业必须有供应链管理意识,对银行授信环节予以配合。

这种模式的优势在于:第一,突破担保资源限制,解决了采购预付账款不足问题;第二,扩大采购规模,提高销售能力,通过一次性大批量订货获得核心厂商的优惠价格和销售返利,同时提前预付账款,锁定了货源;第三,融资工具多样,融资成本相对较低。

图 8-4 为中信银行的保兑仓融资模式的主要操作流程。

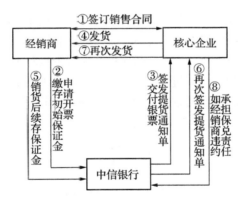

图 8-4 中信银行保兑仓融资模式

（2）先票(款)后货存货质押——预付款融资

先票(款)后货存货质押是基于核心厂商与经销商或直供方的供销关系,经销商通过中信银行融资提前支付预付款给核心厂商,并以融资项下所购买货物向中信银行出质,中信银行按经销商的销售回款进度逐步通知监管企业释放质押货物的授信业务。与保兑仓相比,该模式引入了物流监管企业,核心企业收到款项后不再按照银行通知逐步发货,而是直接在一定时间内将货物发给银行指定的物流监管企业,物流监管企业代理银行占有货物,并按照银行的通知发货给经销商,也是供应链金融最典型的融资模式,目前主要运用在汽车、钢铁等供应链管理较为完善的行业。在该模式中,核心企业必须有供应链管理意识,对银行授信环节予以配合。图 8-5 为具体流程。

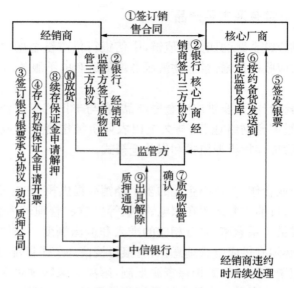

图 8-5 先票(款)后货存货质押融资模式

2. 应收账款融资

(1) N+1 应收账款融资模式

该模式以大型企业为核心,上游供应商将其对核心企业的应收账款整体转让或质押给银行前提下,由银行对供应商提供综合性金融服务。这是国外供应链融资最典型的模式。

该模式中,核心企业必须有供应链管理意识,对银行授信环节予以配合。中信银行致力于提供一个远程化供应商融资平台,通过银行与核心企业 ERP 系统的连接,实现应收账款等信息的电子化交流和确认,使供应商实现线上融资。业务流程如图 8-6 所示。

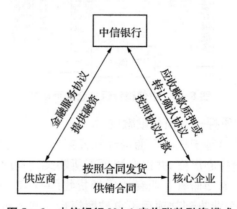

图 8-6 中信银行 N+1 应收账款融资模式

(2) 订单融资封闭授信模式

此种模式下,根据供应商与核心企业签订的订单,中信银行利用物流和资金流的封闭操作,运用应收账款融资产品组合,为供应商提供的一定额度融资的一种金融服务。

这种融资模式可以解决中小企业接到大型优质企业的采购订单,但缺乏资金运作,自身不具备银行融资所需抵质押物或其他担保条件的问题。操作流程人图 8-7 所示:

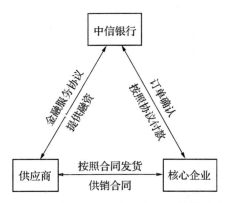

图 8-7　中信银行订单融资封闭授信模式

（3）典型案例——深圳华为供应商融资网络

基于华为对上游供应商的采购订单，中信银行开发了上游供应商网络融资模式，为上游优质中小企业提供信用方式的订单融资＋未来应收账款质押＋保理的融资业务，为通信设备制造行业上游供应商企业提供了更为简便快捷的融资方式。操作流程如图 8-8 所示：

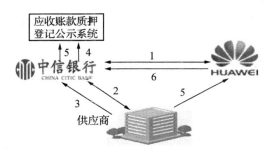

图 8-8　中信银行—华为供应商网络

第一，华为向中信银行推荐符合中信银行准入标准的供应商，并向中信银行确认与所推荐的上游供应商年度订单或单笔订单。

第二，中信银行给予供应商订单融资额度，与供应商签订合同并约定相关项目的所有回款必须回到中信银行指定账户。

第三，供应商在授信额度内提款，款项定向支付用于材料采购、工程款、人员费用、研发费用等。

第四，中信银行在应收账款质押登记系统中对所提供的订单将来可产生的应收账款进行质押登记。

第五，华为验收交付，供应商开具增值税发票，中信银行审核无误后，发放保理融资置换原有订单融资，并取消应收账款质押登记。

第六，华为支付货款至供应商在中信银行的指定账户，中信银行直接扣收相应款项还贷。

3. 物流服务融资模式

物流服务融资模式主要包括：动产质押模式和交易所仓单融资模式。

（1）动产质押模式

动产质押融资模式下，商业银行与物流公司合作，由物流公司提供自由库监管、在途监管、和输出监管等,代理商业银行占有借款人动产以实现授信。物流公司出提供监管服务外,某些情况下也基于货物控制为客户提供担保或回购。该模式的核心在于物流公司代理银行占有动产以协助银行控制风险,同时获取收益。操作流程如图8-9所示。

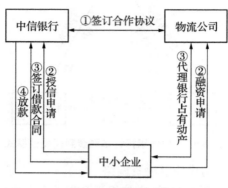

图8-9　动产质押融资模式

（2）交易所仓单融资模式

在交易所仓单融资模式下,商业银行与物流仓储公司、交易所合作,通过交易所的交易规则以及仓储公司中立的动产监管职能,为交易所成员提供仓单质押授信的一种金融服务。其实质就是一种权利的质押,模式包括先贷后质和先质后贷两种形式。我国的交易所有两类,一类是上海期货交易所、郑州商品交易所和大连商品交易所;第二类是一些地方的大型专业交易场所。

4. 电子服务增值链模式

中信银行电子服务增值链典型模式为B2B电子商务服务平台会员线上融资。

B2B电子商务服务平台会员线上融资模式,是基于电子商务平台的信用担保、会员融资项下仓的反质押担保、中信银行为电子商务平台提供资金监管、分户账管理、支付结算、会员线上融资的服务。该模式可以解决众多中小型会员企业评级不高、可抵押固定资产不足等融资瓶颈问题,帮助众多中小企业顺利获得银行资金。业务流程如图8-10所示。

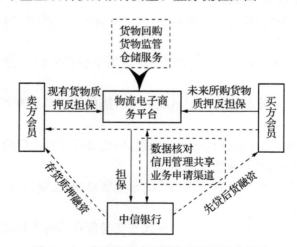

图8-10　中信银行电子服务增值链融资模式

二、实体供应链金融企业运作典型案例

随着电商行业的快速发展,电商行业的竞争愈发激烈,电商巨头阿里巴巴、苏宁、京东分别推出了阿里金融、苏宁供应链融资、京东供应链金融服务平台三种供应链金融创新模式。下面以苏宁供应链为例介绍供应链金融模式。

(一)苏宁云商供应链融资概述

(1)成立时间:2012 年 12 月 5 日,苏宁电器发布公告,该公司境外全资子公司香港苏宁电器有限公司拟与苏宁电器集团共同出资发起设立"重庆苏宁小额贷款有限公司"。

(2)概述:基于供应商与苏宁之间存在真实、连续的交易背景,银行作为出资人依托苏宁良好的商业信誉向苏宁供应商进行融资。苏宁供应链融资把银行的金融产品灵活地融入苏宁特有的业务模式中,能够根据供应商的不同需求为供应商量身设计融资产品。

(二)苏宁供应链金融融资方案

苏宁供应链融资方案由采购订单融资、入库单融资、结算清单融资和苏宁到期付款四种方式组成。其中,采购订单融资和入库单融资还处在开发阶段,现在苏宁大部分采用的是结算清单融资。如图 8-11 所示。

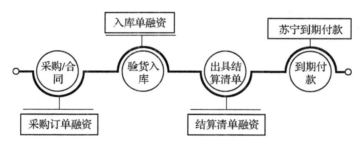

图 8-11　苏宁供应链金融融资业务系统

苏宁供应链融资方案特色:
(1)根据订单生命周期中的各个阶段,为苏宁的上游供应商量身定做融资方案。
(2)对于不同类型供应商的不同需求,设计有针对性的融资产品。

(三)苏宁供应链融资操作流程

1. 流程
(1)会员注册:供应商登录 SCF 平台成为苏宁供应链融资俱乐部的资质会员。
(2)融资申请:选择个性化的融资产品及合作银行,与银行签约后,点击【融资申请】发送融资指令到银行。
(3)银行发放融资:银行根据供应商资质决定放款金额并发放贷款。
(4)苏宁到期付款:苏宁到期按结算清单金额付款给供应商融资专户,银行扣除供应商融资金额,与供应商进行尾款结算。

图 8-12 为苏宁供应链金融操作流程。

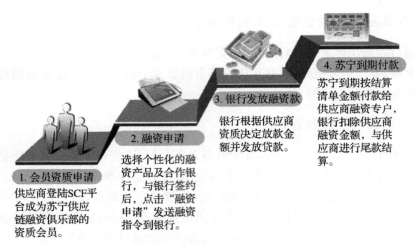

图 8 - 12　苏宁供应链金融操作流程

2. 案例分析

在苏宁供应链融资中,有供应商、苏宁、银行三方。运行模式为苏宁作为整条供应链的核心企业,供应商依靠供应链中核心企业苏宁的商业信誉向银行申请贷款并提前获得融资,苏宁则在账款到期时将货款打至供应商在银行设立的账户上,相当于帮供应商还了贷款,供应商只需向银行付利息即可,利息计算是从供应商得到货款日到苏宁还款日止计,按日利息计算。图 8 - 13 为具体流程。

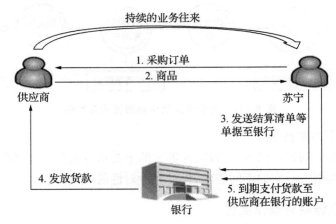

图 8 - 13　苏宁云商结算清单供应量融资

供应商单纯基于每笔结算清单对应的应收账款,借助苏宁商业信誉而非供应商本身的信贷财务实力向银行申请信贷融资;供应商免去了千方百计寻找抵押、担保的困扰。这样一来供应商在苏宁出具结算清单后,立即到银行进行融资,银行快速放款,供应商紧抓市场机遇生产优势产品,扩大销售,占有市场。而银行和苏宁从中分别获得了利息和供应商的聚集,这对于三方都是有利的。

（四）苏宁供应链融资的分析

1. 与银行信贷比较

苏宁供应链融资与银行信贷的比较,可以通过表 8-1 分析:

表 8-1　苏宁云商供应链融资和银行信贷

苏宁供应链融资	银行信贷
1. 供应商将其应收账款质押或转让给银行,无须抵押、无须担保、快速获得融资;	1. 供应商提供抵押无(无房产等)或者寻找担保、流程繁杂,放款速度慢;
2. 电子化操作,满足供应商短、频、快、急的融资需求;	2. 大量手工操作,无法满足中小企业短、频、急、快的融资需求;
3. 多次出单、多次融资,供应商可操作性强,灵活性高	3. 融资方式单一、不灵活;
4. 业务不受供应商所在地域限制,可为更多企业服务。	4. 受银行贷款属地化限制。

2. 对苏宁供应链融资的分析——苏宁供应链融资的优势

（1）专业的供应链融资产品设计团队,对供应商一对一服务,提供个性化的融资产品及方案。

（2）专门的供应链融资平台(SCF),与多家银行系统进行无缝对接,保障供应商简便、快捷融资。

（3）与中资、外资等多家银行紧密合作,形成巨大的资金池,为供应商提供融资保障。

（4）中小企业无须担保、无须抵押,快速从银行获取流动资金。

三、以物流商为主导的供应链金融典型案例

物流是供应链的关键环节,是衔接供应链各节点企业的桥梁。供应链上的企业为了增强竞争优势,越来越多地选择只做自己擅长领域的业务,而将其他相关业务外包出去,这促使第三方物流的力量逐渐强大。随着第三方物流企业逐渐参与供应链的各种衍生业务,其在供应链金融中的地位也日益重要。供应链企业中,怡亚通是供应链金融应用的一个典范。

（一）怡亚通供应链金融概述

1. 怡亚通供应链模式介绍

怡亚通供应链股份有限公司(简称 EA)成立于 1997 年,总部设在深圳,是中国第一家上市供应链企业。怡亚通整合各方资源,打造了集商流、物流、资金流、信息流四流合一的一站式供应链整合服务平台,专业承接企业的非核心业务外包,根据企业的个性化需求,量身定制适合的供应链服务方案,帮助企业提高供应链效益。图 8-14 为怡亚通供应链服务平台。

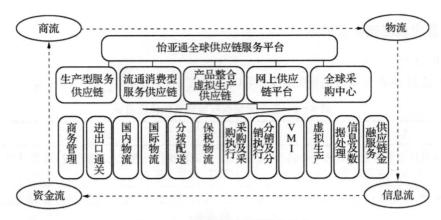

图 8 - 14　怡亚通供应链服务平台

2. 怡亚通供应链金融服务

凭借良好的商业信誉及经营业绩,怡亚通与众多银行结成了战略合作伙伴关系,并基于丰富的供应链金融服务经验,为客户提供多样化供应链金融服务。主要包含以下几项内容:一是在传统的供应链金融模式的基础上,引入物流金融及金融物流,形成"1+N+L"模式,确保了供应链金融核心商流、物流、信息流、资金流的"四流"合一;二是适应时代变化,由线下供应链金融升级为线上、线下共通应用场景的 O2O 的供应链金融,同时通过综合运用贷款、保理、互联网金融、融资租赁等各种金融工具,更好地满足客户的多种金融需求;三是营销模式上做了深刻的变革,由原来的围绕核心企业"1",演变成通过核心企业上下游及物流公司来拓展客户,直接打破了营销核心企业难,中小客户难融资的局面。

(二)怡亚通宇商供应链金融平台

1. 怡亚通宇商供应链金融平台

宇商供应链金融服务平台为上市公司怡亚通全资控股,旗下包括深圳宇商小贷、深圳宇商资产管理、深圳宇商融资租赁、赣州宇商小贷、深圳前海商业保理等公司。率先在国内推出 N+1+N 供应链金融,业务涵盖消费、IT 通信、家电、医疗、教育等众多行业。怡亚通目前正着手打造供应链金融天网+地网模式,围绕 O2O 和 B2B2C 打造线上线下两大供应链平台:线上供应链服务平台包括宇商理财和消费金融,线下供应链金融平台包括商业生态 O2O 金融服务、1+N 产业链金融服务和物流金融服务。图 8 - 15 为怡亚通宇商供应链金融服务平台框架。

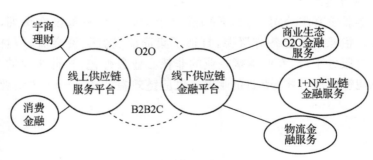

图 8 - 15　怡亚通宇商供应链金融平台

2. 怡亚通供应链金融服务体系

宇商金融服务平台凭借自身在供应链金融、供应链消费金融领域积累的丰富经验,打造创新型"链式金融"商业模式,将联合更多的实力实体和整合各类金融资源,综合运用"互联网+"、各种金融工具,为更多的中小企业和个人提供更好的金融服务。如图8-16所示:

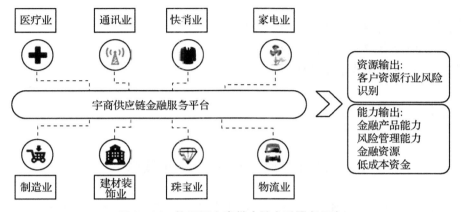

图 8-16　怡亚通宇商供应链金融服务平台

3. 怡亚通互联网金融生态圈

未来怡亚通互联网金融生态圈应该是,面向 C 端客户,提供理财、增值服务、消费金融等;面向核心企业,提供供应链金融、物流金融等服务,面向终端商户,提供白条产品、周转贷款、跨界合作和支付服务。如图8-17所示:

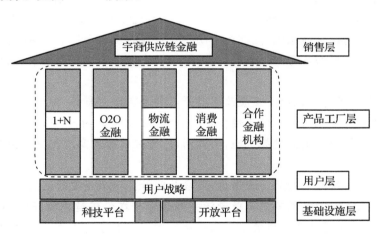

图 8-17　怡亚通宇商互联网金融生态圈

本章小结

本章介绍了供应链金融的本质、内涵、特点和供应链金融产品主要类型,进一步分析了供应链金融的产生背景和发展趋势,对应收账款融资模式、保兑仓融资模式、融通仓融资模式做了相关比较。通过案例介绍了中国当前对供应链金融业务的运作,包括中信银行供应链金融业务、苏宁云商供应链金融业务和怡亚通宇商供应链金融业务。

复习思考题

1. 简述供应链金融和互联网金融的关系。
2. 简述供应链金融的主要模式。
3. 列举几种现代模式下供应链金融的应用。

拓展案例

供应链金融将是下一片蓝海

随着中国金融制度的逐步完善、互联网技术的广泛运用,金融领域的创新力度越来越高,P2P、众筹、供应链金融等逐步走进我们的视野。但是相较于 P2P 行业监管不力、众筹行业风险较高的现状,供应链金融却呈现出稳定、强劲的发展势头。

从发展现状来看,目前我国供应链金融市场规模据称已经超过 10 万亿元,预计到 2020 年可达近 20 万亿元。

从发展趋势来看,互联网金融企业的创新发展可进一步深挖供应链金融的垂直细分市场需求,更精准地服务于有需求的制造企业,帮助企业实现转型升级。供应链金融的出现成为企业尤其是中小企业的融资新渠道,能够为中小企业融资的理念和技术瓶颈提供解决方案,中小企业信贷市场不再可望而不可即。因此,我们看好供应链金融的发展前景,未来 3 至 5 年将维持较高的增速。

最近,中国人民银行、银监会、发展改革委等八部委联合发布的《关于金融支持工业稳增长调结构增效益的若干意见》,力推供应链金融、应收账款融资。由此,供应链金融、应收账款融资在政策的扶持下将迎来重大发展机遇,与此同时,与应收账款高度相关的商业保理也或将迎来一波井喷。

特别是当前经济持续下行的背景下,企业应收账款是一个关键的枢纽点,任何一个产业价值链的环节中的应收账款如果不能有效盘活并确保资金在价值链内的正常循环,都可能引发"三角债"困局,甚至出现产业价值链上企业的连环破产。对于企业具有经济价值的可变现资源此次也一并被纳入应收账款融资支持的范畴。"加强动产融资统一登记系统建设,改进完善应收账款质押和转让、特许经营权项下收益权质押、合同能源管理未来收益权质押、融资租赁、保证金质押、存货和仓单质押等登记服务"。由此,企业的可变现资产能有效地帮助企业解决资金的流动性问题,经营压力也大幅缓解。

保理业务是基于受让企业赊销产生的应收账款,为企业提供应收账款融资、应收账款管理和买方付款担保,集融资、应收账款催收、管理及坏账担保于一体的综合性金融服务解决方案,可以解决眼下国内中小企业融资的"两头难":一方面在正常生产经营当中产生的应收账款十分庞大,陷入资金周转困境,另一方面"轻资产"和信息不透明,很难从银行等传统渠道融得资

金,不得不从更不透明的民间借贷"饮鸩止渴"。如果以保理业务为出发点,金融服务机构可以将业务触角延伸至供应链上下游。不同于传统的信贷业务,保理业务不仅要考察客户本身的财务情况,还需考察其下游客户,判断其交易对手的还款能力,这有助于提高行业对供应链上下游客户的研究和掌握。通过一笔业务带动一组产品,通过一个客户带动一个链条,以点带面,提升营销能力,也有助于有选择、有针对性地挖掘潜力客户,进行以保理为基础的业务创新。

可以预见,随着国家政策对保理行业的放开、发展环境的进一步改善,以及电子商务、互联网金融等新型业态的发展,商业保理业务规模必将呈现出高速增长态势。在国家鼓励大力发展应收账款融资的背景下,商业保理行业将迎来更加广阔的发展空间。

资料来源:中国经济时报　2016-04-11

第九章　大数据金融

 **本章内容**

 **学习目标**

　　——**知识目标**

　　了解大数据对金融的影响,熟悉大数据的处理方法,掌握大数据在金融行业中的应用以及基于金融大数据视角的展望。

　　——**技能目标**

　　熟悉大数据的基本处理方法,即数据挖掘的方法和功能。重点掌握大数据在金融行业中的(银行、保险、证券)中的应用,并掌握基于金融大数据视角的展望分析。

　　——**能力目标**

　　初步具备大数据处理的基本能力,具备大数据在金融行业灵活运用的能力以及基于金融大数据的展望视角。

大数据承载着互联网金融的未来

　　2016 第二届中国互联网金融峰会上,财经作家吴晓波就互联网金融作了主旨演讲,提到大数据会成为未来互联网金融的核心。

　　互联网金融领域,渠道创新不再是核心竞争力。今天互联网发生的最大变革是两个东西:第一个是大数据,彻底改变了人和货币之间的关系,以及经营体系在中国区市场重建的速度和效率;另一个是区块链等技术,未来会产生有"记忆"的钱。

　　现在人们对海量数据的收集、挖掘和应用处于前所未有的热情,大数据迎来了它的时代。奥巴马政府曾宣布投资 2 亿美元拉动大数据相关产业发展,将"大数据战略"上升为国家战略,甚至将大数据定义为"未来的新石油"。

大数据已经渗透到当今很多行业。在大数据带动的工业4.0时代,消费者的行为和爱好可通过数据分析出来,形成完整的订单处理、产品设计制造、原料采购和终端零售组合的环形运作。电商能根据网购者的购买记录和其他使用过的信息数据建立起算法,预测个人喜好,推荐个性化的结果。

IBM分析研究所说,63%的零售企业会因为使用大数据而增强竞争力。据麦肯锡的预测,使用大数据可使利润增加60%以上。

大数据也将是未来互联网金融发展的关键。随着目前中国互联网金融的快速发展,已经从过去互联网渠道对接传统金融资源的简单1.0渠道阶段到了第二阶段。2.0阶段的互联网金融将真正产生自己独特的商业生态,是大数据、智能投顾、区块链以及个性化分析等核心技术应用。

网易金融CEO兼总裁王一栋认为,以大数据和周边技术为代表的创新金融信用评估和场景化的产品开拓模式可以有效降低行业风险集中度,为用户提供更多便捷、安全、简单的金融服务。

网易金融与清华大学达成了在金融科技领域的战略合作,并首次对外揭秘了在金融科技领域的三个重大产品布局规划:大数据风控、智能金融和大数据保险。

大数据风控的应用体现在三个方面:消费金融、供应链金融、风控技术输出。

智能金融和大数据保险的运用,更多体现为根据海量数据,对用户信息进行分析,便捷地提供个性化金融服务。

随着社会的发展,用户对于金融服务的需求更加个性化和深度化。据了解,网易金融正在进行这方面的尝试,利用广大用户的行为数据来描绘用户的个人画像,将用户的需求和差别化的互联网金融产品匹配起来,满足用户对金融服务的需求。

无论是社交平台和电商的发展中,已经越来越离不开大数据的作用,而随着互联网金融监管的升级与新技术的发展,大数据也将在互金领域发挥越来越关键的作用,而互联网巨头们纷纷进行布局,也从一个侧面反映了这一潮流。

资料来源:http://finance.huanqiu.com/roll/2016-08/9383549.html

第一节　大数据对金融的影响

大数据是信息技术与互联网产业发展到特定阶段的产物,从互联网到物联网,从云计算到大数据,信息技术正在从产业基础走向产业核心。

目前,业界对大数据尚没有标准定义,行业内将大数据的特点概括为四个维度,第一是容量大,互联网上每天都会产生15PB容量的数据,而且数据量预计将以每两年翻一番的速度增长。第二是速度快,数据生成和流动的速度都很快,同时,数据在流动的过程中被快速的处理和决策。例如日常的购物订单、微信、微博、视频、可穿戴设备等,都在快速地产生和传播数据。第三是类型多样,以手机为代表的移动终端具备了采集图片、流媒体、健康数据等更多传感器功能,这些信息有结构化的,也有半结构化或非结构化的。第四是强调海量数据之间的关联性而非因果。在大数据时代,更关注的是一种趋势分析,研究的侧重点是关联关系。

大数据金融指集合海量非结构化数据,通过对其进行实时分析,为互联网金融机构提供客户全方位信息,挖掘客户的交易和消费信息掌握客户的消费习惯,并准确预测客户行为,使金融机构和金融服务平台在营销和风控方面有的放矢。数据挖掘在金融行业中的应用越来越重要。金融部门每天的业务都会产生大量数据,利用目前的数据库系统可以有效地实现数据的录入、查询、统计等功能,但无法发现数据中存在的关系和规则,无法根据现有的数据预测未来的发展趋势。缺乏挖掘数据背后隐藏的知识的手段,导致了数据爆炸但"知识贫乏"的现象。与此同时,金融机构的运作必然存在金融风险,风险管理是每一个金融机构的重要工作。利用数据挖掘技术不但可以从海量的数据中发现隐藏在其后的规律,而且可以很好地降低金融机构存在的风险。学习和应用数据挖掘技术对我国的金融机构有重要意义。

一、大数据怎样影响着金融业

中国金融业正在步入大数据时代的初级阶段。经过多年的发展与积累,目前国内金融机构的数据量已经达到 100 TB 以上级别,并且非结构化数据量正在以更快的速度增长。金融机构行在大数据应用方面具有天然优势:一方面,金融企业在业务开展过程中积累了包括客户身份、资产负债情况、资金收付交易等大量高价值密度的数据,这些数据在运用专业技术挖掘和分析之后,将产生巨大的商业价值;另一方面,金融机构具有较为充足的预算,可以吸引到实施大数据的高端人才,也有能力采用大数据的最新技术。

总体看,正在兴起的大数据技术将与金融业务呈现快速融合的趋势,给未来金融业的发展带来重要机遇。

首先,大数据推动金融机构的战略转型。在宏观经济结构调整和利率逐步市场化的大环境下,国内金融机构受金融脱媒影响日趋明显,表现为核心负债流失、盈利空间收窄、业务定位亟待调整。业务转型的关键在于创新,但现阶段国内金融机构的创新往往沦为监管套利,没有能够基于挖掘客户内在需求提供更有价值的服务。而大数据技术正是金融机构深入挖掘既有数据,找准市场定位,明确资源配置方向,推动业务创新的重要工具。

其次,大数据技术能够降低金融机构的管理和运行成本。通过大数据应用和分析,金融机构可以准确地定位内部管理缺陷,制定有针对性的改进措施,实行符合自身特点的管理模式,进而降低管理运营成本。此外,大数据还提供了全新的沟通渠道和营销手段,可以更好地了解客户的消费习惯和行为特征,及时、准确地把握市场营销效果。

第三,大数据技术有助于降低信息不对称程度,增强风险控制能力。金融机构可以摈弃原来过度依靠客户提供财务报表获取信息的业务方式,转而对其资产价格、账务流水、相关业务活动等流动性数据进行动态和全程的监控分析,从而有效提升客户信息透明度。目前,花旗、富国、UBS 等先进银行已经能够基于大数据整合客户的资产负债、交易支付、流动性状况、纳税和信用记录等,对客户行为进行 360 度评价,计算动态违约概率和损失率,提高贷款决策的可靠性。

当然,也必须看到,金融机构在与大数据技术融合的过程中也面临诸多挑战和风险。

一是大数据技术应用可能导致金融业竞争版图的重构。信息技术进步、金融业开放以及监管政策变化,客观上降低了行业准入门槛,非金融机构更多地切入金融服务链条,并且利用自身技术优势和监管盲区占得一席之地,例如阿里和腾讯。而传统金融机构围于原有的组织架构和管理模式,无法充分发挥自身潜力,反而可能处于竞争下风。

二是大数据的基础设施和安全管理亟待加强。在大数据时代,除传统的账务报表外,金融机构还增加了影像、图片、音频等非结构化数据,传统分析方法已不适应大数据的管理需要,软件和硬件基础设施建设都亟待加强。同时，金融大数据的安全问题日益突出，一旦处理不当可能遭受毁灭性损失。近年来，国内金融企业一直在数据安全方面增加投入，但业务链拉长、云计算模式普及、自身系统复杂度提高等，都进一步增加了大数据的风险隐患。

三是大数据的技术选择存在决策风险。当前，大数据还处于运行模式的探索和成长期，分析型数据库相对于传统的事务型数据库尚不成熟，对于大数据的分析处理仍缺乏高延展性支持，而且它主要是面向结构化数据，缺乏对非结构化数据的处理能力。在此情况下，金融企业相关的技术决策就存在选择错误、过于超前或滞后的风险。大数据是一个总体趋势，但过早进行大量投入，选择了不适合自身实际的软硬件，或者过于保守而无所作为都有可能给金融机构的发展带来不利影响。

二、大数据时代给中国金融业带来的机遇与挑战

大数据是重塑金融竞争格局的一个重要支撑和抓手，对它的有效利用，将带动整个行业的发展，给整个金融体系带来创新动能。

第一，在客户营销方面，银行可通过大数据的应用，搜集和掌握更为广泛的客户信息，不但包含传统格式化的金融信息，还可以扩大到客户在电子商务、社交媒体、多终端媒介等林林总总各类，非结构化信息。基于这些信息，可以为客户构建崭新的360度画像，分析粒度将从原有客户群体分析精细化到每个客户的个体分析，及时获知客户行为，洞察客户情感与情绪，预测客户期待，组织好匹配的产品与个性化服务，快速响应客户的需求。

第二，在风险管理方面，银行利用大数据收集并量化互联网上的各类信息，例如餐饮商户的客户评价信息等。利用这些信息通过模型计算商户的信用情况和违约概率，突破传统单纯以财务信息作为评价要素的做法，引入交易行为、客户评价、公用事业缴费记录等多侧面、各角度的关联数据，以大数据的思维构建新的信用评价模型，更精确、更有效地评价客户，打造智能化引擎支持的"直通式"全流程在线融资服务模式，提高融资效率，降低信贷风险。

第三，在产品创新和资源配置方面，大数据可以帮助银行及时深入了解自身的运营情况，辅助改造和优化业务管理流程，提高运行效率、产品创新速度，更有效地开展绩效管理和资源配置。

大数据还可以应用在实时反欺诈监控、预测客户流失、打造增值服务等方面，全面提高银行的经营和服务能力。

善于高效运用海量数据的金融机构，将会在未来竞争中脱颖而出，大数据应用水平也将成为培育差异化竞争优势的重要支柱。挑战与机遇永远并存，金融业在享受大数据带来的技术红利同时，也同样面临IT能力建设、思维模式转变等诸多挑战。

互联网的飞速发展，对传统行业的生产经营模式产生了根本的影响，伴之而来还有爆炸式的数据量增长，在这些海量数据中同样蕴含了无限的价值。

经过多年的积累，传统金融IT体系虽然已经具备了一定的数据分析能力，但在新兴大数据技术支撑的背景下，仍有待进一步提升和增强。

三、怎样将大数据应用于金融企业

尽管大数据在金融企业的应用刚刚起步，目前影响还比较小，但从发展趋势看，应充分认识大数据带来的深远影响。在制定发展战略时，董事会和管理层不仅要考虑规模、资本、网点、

人员、客户等传统要素,还要更加重视对大数据的占有和使用能力以及互联网、移动通信、电子渠道等方面的研发能力;要在发展战略中引入和践行大数据的理念和方法,推动决策从"经验依赖"型向"数据依靠"型转化;要保证对大数据的资源投入,把渠道整合、信息网络化、数据挖掘等作为向客户提供金融服务和创新产品的重要基础。

(一)推进金融服务与社交网络的融合

我国金融企业要发展大数据平台,就必须打破传统的数据源边界,注重互联网站、社交媒体等新型数据来源,通过各种渠道获取尽可能多的客户和市场资讯。首先要整合新的客户接触渠道,充分发挥社交网络的作用,增强对客户的了解和互动,树立良好的品牌形象。其次是注重新媒体客服的发展,利用论坛、微博、微信、聊天工具等网络工具将其打造成为与电话客服并行的服务渠道。三是将企业内部数据和外部社交数据互联,获得更加完整的客户视图,进行更高效的客户关系管理。四是利用社交网络数据和移动数据等进行产品创新和精准营销。五是注重新媒体渠道的舆情监测,在风险事件爆发之前就进行及时有效的处置,将声誉风险降至最低。

(二)处理好与数据服务商的竞争、合作关系

当前各大电商平台上,每天都有大量交易发生,但这些交易的支付结算大多被第三方支付机构垄断,传统金融企业处于支付链末端,从中获取的价值较小。为此,金融机构可考虑自行搭建数据平台,将核心话语权掌握在自己的手中。另一方面,也可以与电信、电商、社交网络等大数据平台开展战略合作,进行数据和信息的交换共享,全面整合客户有效信息,将金融服务与移动网络、电子商务、社交网络等融合起来。从专业分工角度讲,金融机构与数据服务商开展战略合作是比较现实的选择,如果自办电商,没有专业优势,不仅费时费力,还可能丧失市场机遇。

(三)增强大数据的核心处理能力

首先,是强化大数据的整合能力。这不仅包括金融企业内部的数据整合,更重要的是与大数据链条上其他外部数据的整合。目前,来自各行业、各渠道的数据标准存在差异,要尽快统一标准与格式,以便进行规范化的数据融合,形成完整的客户视图;同时,针对大数据所带来的海量数据要求,还要对传统的数据仓库技术,特别是数据传输方式 ETL(提取、转换和加载)进行流程再造。其次,是增强数据挖掘与分析能力。要利用大数据专业工具,建立业务逻辑模型,将大量非结构化数据转化成决策支持信息。第三,加强对大数据分析结论的解读和应用能力。关键是要打造一支复合型的大数据专业团队,不仅要掌握数理建模和数据挖掘的技术,还要具备良好的业务理解力,并能与内部业务条线进行充分沟通合作。

(四)加大金融创新力度,设立大数据实验室

可以在金融企业内部专门设立大数据创新实验室,统筹业务、管理、科技、统计等方面的人才与资源,建立特殊的管理体制和激励机制。实验室统一负责大数据方案的制定、实验、评价、推广和升级。每次推行大数据方案之前,实验室都应事先进行单元试验、穿行测试、压力测试和返回检验;待测试通过后,对项目的风险收益做出有数据支撑的综合评估。实验室的另一个

任务是对"大数据"进行"大分析",不断优化模型算法。在方法论上,要突破美国 FICO 式的传统评分模式,针对大数据的非结构化特征,依靠云计算等海量分析工具,开发具备自学习功能的非线性模型。目前市场上的许多新技术,如谷歌 MapReduce 框架下的 Hadoop 或 Hive 等分析系统,具备较强的整合分析功能,可促进大数据向价值资产的转换。

(五)加强风险管控,确保大数据安全

大数据能够在很大程度上缓解信息不对称问题,为金融企业风险管理提供更有效的手段,但如果管理不善,"大数据"本身也可能演化成"大风险"。大数据应用改变了数据安全风险的特征,它不仅需要新的管理方法,还必须纳入全面风险管理体系,进行统一监控和治理。为了确保大数据的安全,金融机构必须抓住三个关键环节:一是协调大数据链条中的所有机构,共同推动数据安全标准,加强产业自我监督和技术分享;二是加强与监管机构合作交流,借助监管服务的力量,提升自身的大数据安全水准;三是主动与客户在数据安全和数据使用方面加强沟通,提升客户的数据安全意识,形成大数据风险管理的合力效应。

基于大数据的金融服务主要指拥有海量数据的电子商务企业开展的金融服务。大数据的关键是从大量数据中快速获取有用信息的能力,或者是从大数据资产中快速变现利用的能力。

网易金融与清华大学达成了在金融科技领域的战略合作,并揭秘了在金融科技领域的三个重大产品布局规划:大数据风控、智能金融和大数据保险。

大数据风控的应用体现在三个方面:消费金融、供应链金融、风控技术输出。

智能金融和大数据保险的运用,更多体现为根据海量数据,对用户信息进行分析,便捷地提供个性化金融服务。

第二节　大数据处理概述

一、数据挖掘

(一)数据挖掘的定义

数据挖掘(data mining)是采用统计、数学、人工智能和神经网络等领域的科学方法,如记忆推理、聚类分析、关联分析、决策树、神经网络、基因算法等技术,从大量数据中挖掘出隐含的、先前未知的、对决策有潜在价值的关系、模式和趋势,并用这些知识和规则建立用于决策支持的模型,提供预测性决策支持的方法、工具和过程。

数据挖掘技术是统计技术、计算机技术和人工智能技术等构成的一种新学科。数据挖掘来源于统计分析,是统计分析方法的扩展和延伸。大多数的统计分析技术都基于完善的数学理论和高超的技巧,其预测的准确程度还是令人满意的,但对于使用者的知识要求比较高。而随着计算机技术的不断发展,数据挖掘可以利用相对简单和固定程序完成同样的功能。新的算法的产生,如神经网络、决策树,使人们不需了解到其内部复杂的原理也可以通过这些方法获得良好的分析和预测效果。

（二）数据挖掘方法

数据挖掘技术是数据库技术、统计技术和人工智能技术发展的产物。从使用的技术角度，主要的数据挖掘方法包括：

1. 决策树方法

利用树形结构来表示决策集合，这些决策集合通过对数据集的分类产生规则。国际上最有影响和最早的决策树方法是 ID3 方法，后来又发展了其他的决策树方法。

2. 规则归纳方法

通过统计方法归纳，提取有价值的 if-then 规则。规则归纳技术在数据挖掘中被广泛使用，其中以关联规则挖掘的研究开展得较为积极和深入。

3. 神经网络方法

从结构上模拟生物神经网络，以模型和学习规则为基础，建立 3 种神经网络模型：前馈式网络、反馈式网络和自组织网络。这种方法通过训练来学习的非线性预测模型，可以完成分类、聚类和特征挖掘等多种数据挖掘任务。

4. 遗传算法

模拟生物进化过程的算法，由繁殖（选择）、交叉（重组）、变异（突变）三个基本算子组成。为了应用遗传算法，需要将数据挖掘任务表达为一种搜索问题，从而发挥遗传算法的优化搜索能力。

5. 粗糙集（RoughSet）方法

Rough 集理论是由波兰数学家 Pawlak 在 20 世纪 80 年代初提出的一种处理模糊和不精确性问题的新型数学工具。它特别适合于数据简化，数据相关性的发现，发现数据意义，发现数据的相似或差别，发现数据模式和数据的近似分类等，近年来已被成功地应用在数据挖掘和知识发现研究领域中。

6. K2 最邻近技术

这种技术通过 K 个最相近的历史记录的组合来辨别新的记录。这种技术可以作为聚类和偏差分析等挖掘任务。

7. 可视化技术

将信息模式、数据的关联或趋势等以直观的图形方式表示，决策者可以通过可视化技术交互地分析数据关系。可视化数据分析技术拓宽了传统的图表功能，使用户对数据的剖析更清楚。

（三）数据挖掘功能

数据挖掘综合了各个学科技术，有很多的功能，当前的主要功能如下：

1. 分类

按照分析对象的属性、特征，建立不同的组类描述事物。例如：银行部门根据以前的数据将客户分成不同的类别，现在就可以根据这些来区分新申请贷款的客户，以采取相应的贷款方案。

2. 聚类

识别出分析对内在的规则，按照这些规则把对象分成若干类。例如：将申请人分为高度风险申请者、中度风险申请者、低度风险申请者。

3. 关联规则

关联是某种事物发生时其他事物也会发生的一种联系。例如：购买啤酒的人也有可能购买香烟，比重有多大，可以通过关联的支持度和可信度描述。

4. 预测

把握分析对象发展的规律，对未来的趋势做出预见。例如：对未来经济发展的判断。

5. 偏差的检测

对分析对象的少数的、极端的特例的描述，揭示内在的原因。例如：在银行的 100 万笔交易中有 500 例的欺诈行为，银行为了稳健经营，就要发现这 500 例的内在因素，减小以后经营的风险。

二、数据挖掘技术在金融领域的应用

目前，在很多领域，数据挖掘（data mining）都是一个很时髦的词，尤其是在如银行、电信、保险、交通、零售（如超级市场）等商业领域。数据挖掘所能解决的典型商业问题包括：数据库营销（Database Marketing）、客户群体划分（Customer Segmentation & Classification）、背景分析（Profile Analysis）、交叉销售（Cross-selling）等市场分析行为以及客户流失性分析（Churn Analysis）、客户信用记分（Credit Scoring）、欺诈发现（Fraud Detection）等。

（一）数据挖掘技术在银行业的应用

1. 对账户进行信用等级的评估

银行业是负债经营的产业，风险与效益并存，分析账户的信用等级对于降低风险、增加收益是非常重要的。利用数据挖掘工具进行信用评估的最终目的是，从已有的数据中分析得到信用评估的规则或标准，即得到"满足什么样条件的账户属于哪一类信用等级"，并将得到的规则或评估标准应用到对新的账户的信用评估，这是一个获取知识并应用知识的过程。

2. 金融市场分析和预测

对庞大的数据进行主成分分析，剔除无关的，甚至是错误的、相互矛盾的数据"杂质"，以更有效地进行金融市场分析和预测。

3. 分析信用卡的使用模式

通过数据挖掘，人们可以得到这样的规则："什么样的人使用信用卡属于什么样的模式"。一个人在相当长的一段时间内，其使用信用卡的习惯往往是较为固定的，因此，一方面，通过判别信用卡的使用模式，可以监测到信用卡的恶性透支行为；另一方面，根据信用卡的使用模式，可以识别"合法"用户。

4. 发现隐含在数据后面的不同的财政金融指数之间的联系

5. 探测金融政策与金融业行情的相互影响的关联关系

（二）数据挖掘技术在证券行业的应用

数据挖掘在证券行业的应用方向主要有，客户分析、客户管理、财务指标分析、交易数据分析、风险分析、投资组合分析等。

从业务角度看，经纪业务是目前国内券商竞争的焦点，它仍是券商利润的主要来源。据统计,从事经纪业务获得的收入占各券商利润来源的 80％以上,而中小证券公司 90％的利润主要来自证券营业部。

从营销角度看,证券经纪业务是为满足客户需要而提供的一种金融服务活动,营销战略贯穿在证券经纪业务整个活动过程中,分析型客户关系管理(CRM)是国内券商(特别是各营业部)尤其关注的技术,而数据挖掘技术是分析型 CRM 的核心技术。营业部是否真正了解自己的客户,知道他们的特征、分布和习性?谁是真正有价值的客户,谁在为证券营业部贡献利润?谁带来了当期利润,谁有潜在价值?传统的按资金量大小区分大、中、小、散客户价值的方法是否真正反映了客户对营业利润的贡献?凡此种种问题可以通过客户价值分析解决。它不仅让我们从投入产出角度看待客户,而且还为营业部的经营方针提供了决策依据。

典型应用包括:

1. 客户分析

建立数据仓库来存放对全体客户、预定义客户群、某个客户的信息和交易数据,并通过对这些数据进行挖掘和关联分析,实现面向主题的信息抽取。对客户的需求模式和盈利价值进行分类,找出最有价值和盈利潜力的客户群,以及他们最需要的服务,更好地配置资源,改进服务,牢牢抓住最有价值的客户。通过对客户资源信息进行多角度挖掘,了解客户各项指标(如资产贡献、忠诚度、盈利率、持仓比率等),掌握客户投诉、客户流失等信息,从而在客户离开券商之前,捕获信息,及时采取措施挽留客户。

2. 咨询服务

根据采集行情和交易数据,结合行情分析,预测未来大盘走势,并发现交易情况随着大盘变化的规律,并根据这些规律做出趋势分析,为客户提供针对性进行咨询。

3. 风险防范

通过对资金数据的分析,可以控制营业风险,同时可以改变公司总部原来的资金控制模式,并通过横向比较及时了解资金情况,起到风险预警的作用。

4. 经营状况分析

通过数据挖掘,可以及时了解营业状况、资金情况、利润情况、客户群分布等重要的信息,并结合大盘走势,提供不同行情条件下的最大收益经营方式。同时,通过对各营业部经营情况的横向比较以及对营业部历史数据的纵向比较,对营业部的经营状况做出分析,提出经营建议。

(三)数据挖掘技术在保险业的应用

保险金的确定:对受险人员的分类有助于确定适当的保险金额度。通过数据挖掘可以得知,对不同行业的人、不同年龄段的人、不同社会层次的人的保险金该如何确定。

险种关联分析:分析购买了某种保险的人是否会同时购买另一种保险,预测什么顾客会购买新险种。

第三节 大数据在金融行业的具体应用

近年来,大数据热潮引发了一场思维、生产和生活方式的重大变革,可以说开启了全新的时代。对于天然具有数据属性的金融业来说,一方面,大数据能够为金融机构的经营管理提供充分的信息支持;另一方面,大数据衍生的新型金融业态给传统金融机构带来了严峻挑战。在这场社会大变革中,金融机构将如何应对?本节将探讨大数据时代金融业的变革与发展。大数据是重塑金融竞争格局的一个重要支撑和抓手,对它的有效利用,将带动整个行业的发展,给整个金融体系带来创新动能。以大数据为代表的新兴移动互联网技术正在影响着消费者和企业需求,并通过间接和直接影响对金融业产业巨大冲击。

从投资结构看,银行将会成为金融类企业中的重要部分,证券和保险分列第二和第三位。下面分别介绍银行、保险和证券行业的大数据应用情况。

一、银行大数据应用

近十年来,中国银行业的改革发展取得了令世界瞩目的成就。在 2016 年《银行家》《福布斯》发布的大企业排行榜和市值排名上,五家大型商业银行均已跻身世界前列。随着以移动互联网、云计算、"大数据"和物联网为代表的信息革命的兴起,银行业又一次面临新的机遇和挑战。中国银行业能否用好大数据,实现经营、管理和服务创新,决定了其未来的可持续发展能力。银行大数据项目都有一个共同动因,那就是业务价值驱动。各银行中会有不同的内部结构化数据资产,在业务价值驱动的前提下,很多银行在尝试着把原有资产进行梳理。大数据将打破以前的数据壁垒,不同类型的数据借着大数据的新技术和新能力进行关联性认知分析,产生了新的业务和价值。作为银行的运营,需要从固网的传统的运营模式走向数据化的经营。大数据已从生产工具向生产力转化。

国内不少银行已经开始尝试通过大数据来驱动业务运营,如中信银行信用卡中心使用大数据技术实现了实时营销,光大银行建立了社交网络信息数据库,招商银行则利用大数据发展小微贷款。总的来看银行大数据应用有四大方面:

(一)大数据在金融行业的应用

1. 客户画像应用

客户画像应用主要分为个人客户画像和企业客户画像。个人客户画像包括人口统计学特征、消费能力数据、兴趣数据、风险偏好等;企业客户画像包括企业的生产、流通、运营、财务、销售和客户数据、相关产业链上下游等数据。值得注意的是,银行拥有的客户信息并不全面,基于银行自身拥有的数据有时候难以得出理想的结果,甚至可能得出错误的结论。比如,某位信用卡客户月均刷卡 8 次,平均每次刷卡金额 800 元,平均每年打 4 次客服电话,从未有过投诉,按照传统的数据分析,该客户是一位满意度较高流失风险较低的客户。但如果看到该客户的微博,得到的真实情况是,工资卡和信用卡不在同一家银行,还款不方便,好几次打客服电话没接通,客户多次在微博上抱怨,该客户流失风险较高。所以,银行不仅仅要考虑银行自身业务所采集到的数据,更应考虑整合外部更多的数据,以扩展对客户的了解。包括:

(1)客户在社交媒体上的行为数据(如光大银行建立了社交网络信息数据库)。通过打通银行内部数据和外部社会化的数据可以获得更为完整的客户拼图,从而进行更为精准的营销和管理。

(2)客户在电商网站的交易数据。如建设银行将自己的电子商务平台和信贷业务结合起来,阿里金融为阿里巴巴用户提供无抵押贷款,用户只需要凭借过去的信用即可。

(3)企业客户的产业链上下游数据。如果银行掌握了企业所在的产业链上下游的数据,可以更好掌握企业的外部环境发展情况，从而预测企业未来的状况。

（4）其他有利于扩展银行对客户兴趣爱好的数据，如网络广告界目前正在兴起的DMP数据平台的互联网用户行为数据。

2. 精准营销

在客户画像的基础上银行可以有效地开展精准营销。

（1）实时营销。实时营销是根据客户的实时状态进行营销，比如客户当时的所在地、客户最近一次消费等信息有针对性地进行营销（某客户采用信用卡采购孕妇用品，可以通过建模推测怀孕的概率并推荐孕妇类喜欢的业务）；或者将改变生活状态的事件（换工作、改变婚姻状况、置居等）视为营销机会。

（2）交叉营销。即不同业务或产品的交叉推荐，如招商银行可以根据客户交易记录分析，有效地识别小微企业客户，然后用远程银行实施交叉销售。

（3）个性化推荐。银行可以根据客户的喜欢进行服务或者银行产品的个性化推荐，如根据客户的年龄、资产规模、理财偏好等，对客户群进行精准定位，分析出其潜在金融服务需求，进而有针对性地营销推广。

（4）客户生命周期管理。客户生命周期管理包括新客户获取、客户防流失和客户赢回等。如招商银行通过构建客户流失预警模型，对流失率等级前20％的客户发售高收益理财产品予以挽留，使得金卡和金葵花卡客户流失率分别降低了15个和7个百分点。

3. 风险管控

包括中小企业贷款风险评估和欺诈交易识别等手段。

（1）中小企业贷款风险评估。银行可通过企业的产、流通、销售、财务等相关信息结合大数据挖掘方法进行贷款风险分析，量化企业的信用额度，更有效地开展中小企业贷款。

（2）实时欺诈交易识别和反洗钱分析。银行可以利用持卡人基本信息、卡基本信息、交易历史、客户历史行为模式、正在发生行为模式（如转账）等，结合智能规则引擎（如从一个不经常出现的国家为一个特有用户转账或从一个不熟悉的位置进行在线交易）进行实时的交易反欺诈分析。如IBM金融犯罪管理解决方案帮助银行利用大数据有效地预防与管理金融犯罪，摩根大通银行则利用大数据技术追踪盗取客户账号或侵入自动柜员机（ATM）系统的罪犯。

4. 运营优化

（1）市场和渠道分析优化。通过大数据，银行可以监控不同市场推广渠道，尤其是网络渠道推广的质量，从而进行合作渠道的调整和优化。同时，也可以分析哪些渠道更适合推广哪类银行产品或者服务，进行渠道推广策略的优化。

（2）产品和服务优化：银行可以将客户行为转化为信息流，并从中分析客户的个性特征和风险偏好，更深层次地理解客户的习惯，智能化分析和预测客户需求，从而进行产品创新和服务优化。如兴业银行目前对大数据进行初步分析，通过对还款数据挖掘比较区分优质客户，根据客户还款数额的差别，提供差异化的金融产品和服务方式。

（3）舆情分析：银行可以通过爬虫技术，抓取社区、论坛和微博上关于银行以及银行产品和服务的相关信息，并通过自然语言处理技术进行正负面判断，尤其是及时掌握银行以及银行产品和服务的负面信息，及时发现和处理问题；对于正面信息，可以加以总结并继续强化。同时，银行也可以抓取同行业的银行正负面信息，及时了解同行做得好的方面，以作为自身业务优化的借鉴。

5. 银行的大数据处理

银行业作为与信息技术深度结合的行业,互联网思维和决策数据化已开始嵌入经营管理的全流程。大数据实质是"深度学习",能够为银行提供全方位、精确化和实时的决策信息支持。银行的经营转型、产品创新和管理升级等都需要充分用好大数据。目前,银行在客户分析、风险管理方面对大数据运用已初步积累了一定的经验,为未来过渡到全面大数据运用奠定了良好基础。

20 世纪 90 年代,随着信息技术发展,国内银行业顺应潮流,将信息技术广泛应用到业务处理和内部管理,以提高服务管理效率。进入 21 世纪,大银行率先推进系统大集中和数据大集中,整合原有分散化的信息系统,不断加快产品创新、提升客户体验,建立了数据仓库和数据平台,信息化程度不断提高。近几年,银行业大力发展面向客户的新一代核心业务系统,信息系统建设日趋完备,电子银行等在线金融服务大幅增长,在提升客户体验和风险管控能力、满足监管各项要求的同时,形成并储存了庞大的可用数据资源。银行业的数据资源不仅包括存贷汇核心业务结构化数据,也包含客户电话语音、在线交易记录、网点视频等非结构化数据。

中国建设银行从 2011 年开始建设企业级全行共享的新一代核心业务系统,以客户为中心、面向服务设计架构,实现业务与 IT 融合、产品快速创新的目的,目前已初具规模。特别是在新一代系统设计中,建行充分考虑数据储存和应用的重要性,并专项设置了数据集成层模块,包括数据缓存区、数据记录系统、历史数据存储、分析数据仓库、实时数据仓库、公共数据集市等。

银行业开始尝试接入和整合外部数据资源。在传统的数据分析模式下,银行业出于市场分析、内部管理、监管需要,产生并记录了巨量的文本式结构化数据,涉及客户账户资金往来、财务信息等以及网银浏览、电话、视频等非结构化数据。但是,传统意义上的银行仅能掌握客户与银行业务相关的金融行为,无法获得客户在社会生活中体现出的兴趣爱好、生活习惯、消费倾向的情感或行为数据,无法与业务数据形成联动。随着电子商务的快速发展和移动金融的深化,银行业逐步加强了与外部数据源对接,甄别有效信息,整合多渠道数据,丰富客户图谱。目前,已有多家银行进行了有益尝试。

一是银行与电商平台形成战略合作。银行业共享小微企业在电商平台上的经营数据和经营者的个人信息,由电商平台向银行推荐有贷款意向的优质企业,银行通过交易流水、买卖双方评价等信息,确定企业资信水平,给予授信额度。建设银行曾在这方面做过有益的尝试。此外,也有银行参股电商、开展数据合作的案例。

二是银行自主搭建电商平台。银行自建电商平台,获得数据资源的独立话语权,在为客户提供增值服务的同时获得客户的动态商业信息,为发展小微信贷奠定基础,这也是银行搭建电商平台的驱动力。2012 年,建设银行率先上线"善融商务",提供 B2B 和 B2C 客户操作模式,涵盖商品批发、商品零售、房屋交易等领域,为客户提供信息发布、交易撮合、社区服务、在线财务管理、在线客服等配套服务,提供的金融服务已从支付结算、托管、担保扩展到对商户和消费者线上融资服务的全过程。

三是银行建立第三方数据分析中介,专门挖掘金融数据。例如,有的银行将其与电商平台一对一的合作扩展为"三方合作",在银行与电商之间,加入第三方公司负责数据的对接,为银行及其子公司提供数据分析挖掘的增值服务。其核心是对客户的交易数据进行分析,准确预测客户短时间内的消费和交易需求,从而精准掌握客户的信贷需求和其他金融服务需求。

银行业有处理数据的经验和人才。数据分析和计量模型技术在传统数据领域已得到较充分运用,同时也培养出大批精通计量分析技术的人才。如在风险管理方面,我国金融监管部门在与国际接轨过程中,引入巴塞尔新资本协议等国际准则,为银行业提供了一套风险管理工具体系。银行在此框架下,利用历史数据测度信用、市场、操作、流动性等各类风险,内部评级相关技术工具已发挥出效果,广泛应用于贷款评估、客户准入退出、授信审批、产品定价、风险分类、经济资本管理、绩效考核等重要领域。

银行已初步尝试应用大数据。我国银行业大规模运用大数据技术尚不成熟,但多家银行已从关键点、具体业务入手应用大数据挖掘技术,解决效率提升中的难题。例如,有的银行提供集电话、网络在线、客户端、微博、微信于一体的整合服务平台,也有的银行信用卡中心开发智能云语音,着眼于客服语音信息的挖掘和分析,通过对海量语言数据的持续在线和实时处理,为服务质量改善、经营效率提升、服务模式创新提供支撑,从而全面提升运营管理水平。还有些银行在个人客户营销方面,着重客户数据分析,摸索出客户行为模式和潜在需求,促成定向精准销售。例如,通过分析客户行为数据和财务数据来锁定潜在客户,根据客户行为规律,并结合其所在区域、行为内容来确定消费习惯,开展针对性营销;通过分析交易记录信息来有效识别小微企业客户,并用远程银行和云转借实施交叉销售。此外,有的银行还将其内部客户编号和微博、QQ、邮箱等相对应,将互联网数据与传统数据一起存储,建立数据库,不仅了解客户理财、基金购买等交易行为的频繁程度,还可以发现其他动态信息如出差、喜好和社交圈等。

金融大数据目前有四个阶段。第一阶段是基于数据存储;第二阶段是分布式计算;第三阶段是大数据挖掘与分析;第四阶段是数据服务。

银行等金融机构,对大数据的处理需求有其特殊性。第一,就是结构化数据存储,第二,是数据挖掘。

结构化数据存储,商业银行有实时查询数据库,用来处理历史金融数据。受限于传统ROE(Oracel、DB2、Sybase等)数据库的单表数据量瓶颈,银行数据超过一定上限就会影响查询效率。解决瓶颈的方法只能通过提高成本,大量购买高性能硬件和应用软件来解决。虽然银行IT部门预算丰富,但还是需要平衡性能与成本的关系。

银行需要在现有的数据上进行增值挖掘。如果依靠传统数据研究(Data Research),对成本的影响巨大。采用大数据技术、采用分布式集成框架、采用开源框架,一方面满足了成本依赖,另一方面运算性能有所提升。

在业务数据模型方面,商业银行分为两个层面。第一个层面是面向业务层面,需要选择哪些参数来构成预算的数据模型,这一部分是与以前的模型一致。

第二个层次就是针对数据模型还有什么样的计算方式,需要哪些数据的输入,这方面发生了变化。因为传统离岸模式是单机的,运算性能始终都是它无法突破的屏障,所以它对数据进行处理的时候,往往基于销量数据,基于出让数据做小批量的数据尝试,得出一些规律性的东西,然后反向推导到其他数据,这是传统的模式。现在有了一种突破,可以去用全量数据,构建数据模型的参考体系,这个数据量更大但性能更高一些,比单机模式要快。

(二)国际同业大数据运用的经验教训

金融业大数据运用的国际经验主要体现在快速判断宏观经济趋势、分析预测客户及交易对手行为、防范欺诈、改进内部效率以及外包非核心业务等方面。

快速判断宏观经济形势。英国央行已经开始运用大数据对英国房地产市场和劳动力市场趋势做出快速判断。以前，英国央行通过统计部门发布的房地产销售数据、就业数据等判断房地产市场和劳动力市场变动趋势，但统计部门的数据一般有数日乃至数周的时滞，不利于对形势的快速判断。目前，英国央行已通过对一些网络搜索关键词的监控，如"按揭""房价""职位"等，获取最新的经济运行情况。

分析预测客户及交易对手行为。由谷歌（Google）前首席信息官 Douglas Merrill 创办的信用评估公司 ZestFinance，通过大数据技术把收集的海量碎片化数据整合成完整的客户拼图，较为准确地还原客户的真实状况和实际信用状况，并据此支持合作公司向难以从银行获得贷款的美国人提供"工资日贷款"（payday loan）。西班牙对外银行（BBVA）推出的具有记忆功能的 ATM 机 ABIL，不但能记住客户习惯的取款金额、频率，还能根据其账户情况给出相应的取款建议。美国一些基金公司在几年前开始借助社交媒体大数据分析市场情绪变动，进而判断未来交易是扩大还是萎缩。近期，这些基金公司进一步通过分析金融交易大数据，识别交易对手的交易特征，预判交易对手的交易动向，并采取相应的操作，以获取差价。

防范欺诈。运用大数据分析软件，可以预防信用卡和借记卡欺诈。通过监控客户、账户和渠道等，提高银行在交易、转账和在线付款等领域防御欺诈的能力。在监控客户行为时，大数据可以识别出潜在的违规客户，提示银行工作人员对其予以重点关注，从而节省反欺诈监控资源。

改进内部效率。美国银行用大数据分析该银行某呼叫中心员工的行为，通过在员工姓名牌中置入感应器，监控员工的行走线路与交谈语气，知道员工在工作场所的社交状况。监控结果表明，那些一起享受工间休息并相互交流的员工工作效率更高，他们可以在日常交流中分享如何应付"难缠"顾客的小窍门。美国银行发现这一现象后，立即转而推行集体工间休息，此后员工表现提升了 23％，而员工说话语调所反映出的压力水平则下降了 19％。另外，还有些欧美银行运用大数据评价分支机构绩效并获得显著成效。

大数据的应用存在运维风险和运营风险等，前者如数据丢失、数据泄露、数据非法篡改、数据整合过程中的信息不对称导致错误决策等，后者如企业声誉风险、数据被对手获取后的经营风险等，因此，必须加强数据管控。这方面既有成功的经验，也有值得总结的教训。从已出现的问题看，最大的风险来自网络攻击和欺诈。2011 年，网络银行欺诈给日本 53 家银行造成 2 700 亿日元（约合 225 亿元人民币）的损失；2012 年，诈骗集团曾攻击欧美至少 60 家银行的网络，盗取银行资金；2013 年，国内某保险公司受黑客攻击，造成数十万保单信息泄露。为此，一是高度重视并推进统一的数据标准，并做好数据清洗，保证数据质量。二是审慎划定数据边界，合理开展内外部数据共享和非核心数据业务外包。三是大数据下应更加重视隐私保护和信息安全，加大对反网络攻击的投入。

（三）推动银行大数据应用的策略

党的十八大提出坚持走中国特色新型工业化、信息化、城镇化、农业现代化道路，信息化已升级为国家战略。我国银行业加快大数据应用不仅具有行业意义，而且对推动我国信息化进程、服务"新四化"发展也有重要作用。我国银行业应从战略高度充分认识到大数据分析、运用的重要性，从管理体系建设、具体运用模式方面不断探索，打造银行业在大数据时代的核心竞争力。

建立完善的大数据工作管理体系。银行业应充分认识大数据的重要性，在总行层面建立大数据工作推进机制,制定大数据工作规划,主管数据部门对大数据工作进行统筹规划、组织协调、集中管理;业务部门承担大数据采集、分析和应用的职责,全面定义、收集、多方式整合集团内外部各类数据,形成管理数据、使用数据和推广数据的有效工作机制。

增强数据挖掘与分析运用能力。在银行内部全面推广基于数据进行决策、利用信息创造价值的观念,引进数据挖掘和大数据运用专业方法和工具,培养专业数据挖掘分析人才队伍,重视人才的经济金融、数学建模、计算机新型算法等复合型技能,建立前瞻性的业务分析模型,把握、预测市场和客户行为,将数据深度运用到业务经营管理过程,利用数据来指导工作,设计和制定政策、制度和措施,做到精准营销和精细管理。

以大数据技术促进智慧银行建设。推动大数据向生产力转化,加快产品创新实验室的技术研发,把实验室成熟产品运用于客户的营销和服务,推进智慧银行建设,把技术创新优势转化为竞争优势。网点服务要运用好大数据等技术成果,推广普及智能叫号预处理、远程银行VTM、电子银行服务区、智能互动桌面、人脸识别等创新服务,将传统银行服务模式和创新科技有机结合,利用智能设备、数字媒体和人机交互技术为客户带来"自助、智能、智慧"的全新感受和体验。智慧网点在建设推广中,还应充分采用用户交互技术和体验设备,吸引客户浏览、试用、比较各类金融产品,辅以工作人员推荐,从地域、客户、产品等多种维度,挖掘客户需求,实现对合适客户、在合适时间、通过合适渠道、推荐合适产品。

建立基于大数据分析的定价体系。当前,资金的交易变动频率和流动性加快,大数据从更宽广角度,预判负债的波动情况,能更灵活测算是否满足监管要求和贷款需求变化,从而为银行以存定贷、以贷吸存策略提供量化支撑,可有效降低资金成本。银行还要运用大数据分析,建立起综合服务和信贷差异化定价体系,做到对不同产品、不同行业、不同区域实施差别化定价,最终实现一户一策的综合化、差异化服务,提升精准营销水平。例如,将对公、对私客户逐步纳入定价系统,进行客户选择,不同服务内容享受不同信贷优惠,达到差别化定价和客户最佳体验的双重目的。

依托大数据技术提升风险管理水平。大数据能较好地解决传统信贷风险管理中的信息不对称难题,提升贷前风险判断和贷后风险预警能力,实现风险管理的精确化和前瞻性。大数据时代,银行业可以打破信息孤岛,全面整合客户的多渠道交易数据,以及经营者个人金融、消费、行为等信息进行授信,降低信贷风险。如建设银行依托"善融商务"开发出大数据信贷产品"善融贷"后,银行可实时监控社交网站、搜索引擎、物联网和电子商务等平台,跟踪分析客户的人际关系、情绪、兴趣爱好、购物习惯等多方面信息,对其信用等级和还款意愿变化进行预判,在第一次发生信贷业务,缺乏信贷强变量情况下,及时用教育背景、过往经历等变量进行组合分析,以建立起信贷风险预警机制。由历史数据分析转向行为分析,将对目前的风险管理模式产生巨大突破。

大数据是信息革命中非常前沿且快速发展的技术,银行业要抓紧解决内部数据挖掘分析和外部资源的安全整合利用问题,加快人才队伍建设和技术成果转化,通过大数据的高效应用,加速推进银行业的转型升级和可持续发展。

近年来,国际金融业在大数据领域不断地探索和尝试,我们列举其中两例。一个是花旗银行的例子,该行通过挖掘信用卡数据,实现交叉营销。客户每次刷卡时,银行根据时间、地点以及其过往的购物记录,筛选并推送给客户周边商店、餐厅的折扣优惠,从而捕获第二次交易价值,获取新消费的盈利。二是富国银行的例子。这家银行运用大数据识别欺诈行为,通过研究客户之间发生的历史交易,检测是否存在背离常规操作模式的资金异动,通过综观多个数据来源,总结出用户典型的交易习惯,实现实时的可疑交易甄别。

中国银行在这个领域进行了探索与研究,主要概括总结为七个层次的能力,主要包括:集成、存储、计算、整合、智慧、消费、洞察等七层,其中前四个层次主要考验 IT 基础设施支持能力,后三个层次考量的是业务范畴上思维方式改变和服务模式的转型升级。

重点在后三个层次:智慧层是基于数据整合层的信息,利用人工智能和数据挖掘技术,实现信息的分解和提炼,找出对客户、对产品、对业务流程等一系列目标对象有价值的信息点,用于支持后续的营销、管理、优化等场景。主要包括实时决策、机器学习、数据沙箱。而面对客户的消费层,主要提升的是信息交互与共享能力,也就是信息消费,更加注重自动化的处理,将数据直接提供给各类业务系统,用于实现无须人工干预的自动化业务决策和处理。洞察层,将数据的概貌以各种形式展现出来,用于支持各类管理和市场决策需求。

(四)国内银行应用大数据支持网络金融创新的案例分享

通过一段时期的摸索,中行针对互联网金融快速发展下的大数据应用体系建设作了深入研究,提出了利用大数据切入业务的六大领域:一是辅助发掘客户,扩大客户基础,解决银行的获客问题;二是提升客户体验,塑造"千人千面"的客户画像,打造"量身契合"的客户服务;三是变革营销模式,实现精准营销,基于客户画像,想客户所想及客户所需;四是完善信用风险评价体系,提升风险计量准确性、及时性,构建互联网模式的风控体系;五是动态检测风险,精准识别欺诈;六是优化流程整合,促进产品创新。

两个中行在大数据方面试点的案例:

案例一

中银沃金融

"中银沃金融"是应用大数据服务小微企业网络融资的一个应用实践案例。电信运营商的代理商通过电商平台向中行发起贷款申请;银行利用大数据技术,整合电商平台共享数据、征信数据以及客户经理面谈获取的信息,利用授信审批模型实现自动审批;通过短信验证码、动态口令等方式对客户身份进行验证,实现在线签合同和在线提还款;贷后利用预警模型实现在线风险预警。

案例二

e 触即发

"e 触即发"是基于大数据分析技术、面向个人客户的金融产品精准推荐应用。该模式把

握住客户来到网点这一契机,利用客户排队等待的碎片化时间进行现场营销,根据每个客户基于大数据分析出来的独有属性特征,基于统计分析模型与机器学习能力,实时向客户推荐"量身契合"的金融产品或服务,实现了客户识别—精准推荐—差异化营销的闭环服务。

从国内外银行业的应用案例看,大数据已经成了现实生产力,而不只是雾里看花,纸上谈兵。有理由展望,未来越来越多的金融机构将从客户行为分析、差异化营销、差别定价,以及产品设计、风险实时监测和预警等领域,获得更多的大数据支持,大数据支持金融创新和转型升级的应用空间无限广阔。

二、证券行业大数据应用

大数据时代,券商们已意识到大数据的重要性,券商对于大数据的研究与应用正在处于起步阶段,相对于银行和保险业,证券行业的大数据应用起步相对较晚。目前国内外证券行业的大数据应用大致有以下三个方向。

(一) 股价预测

2011 年 5 月英国对冲基金 Derwent Capital Markets 建立了规模为 4 000 万美金的对冲基金,该基金是首家基于社交网络的对冲基金,该基金通过分析 Twitter 的数据内容来感知市场情绪,从而进行投资。利用 Twitter 的对冲基金 Derwent Capital Markets 在首月的交易中确实盈利了,其以 1.85% 的收益率,让平均数只有 0.76% 的其他对冲基金相形见绌。

麻省理工学院的学者,根据情绪词将 twitter 内容标定为正面或负面情绪。结果发现,无论是"希望"等正面情绪,或是"害怕"、"担心"等负面情绪,其占总 twitter 内容数的比例,都预示着道琼斯指数、标准普尔 500 指数、纳斯达克指数的下跌。

美国佩斯大学一位博士采用了另一种思路,他追踪了星巴克、可口可乐和耐克三家公司在社交媒体上的受欢迎程度,同时比较它们的股价。他们发现,Facebook 的粉丝数、Twitter 的听众数和 YouTube 的观看人数都和股价密切相关。另外,品牌受欢迎程度,还能预测股价在10 天、30 天之后的上涨情况。

但是,Twitter 情绪指标,仍然不可能预测出会冲击金融市场的突发事件。例如,2008 年10 月 13 日,美国联邦储备委员会突然启动一项银行纾困计划,令道琼斯指数反弹,而 3 天前的 Twitter 相关情绪指数毫无征兆。而且,研究者自己也意识到,Twitter 用户与股市投资者并不完全重合,这样的样本代表性有待商榷,但仍无法阻止投资者对于新兴的社交网络倾注更多的热情。

(二) 客户关系管理

(1) 客户细分。通过分析客户的账户状态(类型、生命周期、投资时间)、账户价值(资产峰值、资产均值、交易量、佣金贡献和成本等)、交易习惯(周转率、市场关注度、仓位、平均持股市值、平均持股时间、单笔交易均值和日均成交量等)、投资偏好(偏好品种、下单渠道和是否申购)以及投资收益(本期相对和绝对收益、今年相对和绝对收益和投资能力等),来进行客户聚类和细分,从而发现客户交易模式类型,找出最有价值和盈利潜力的客户群,以及他们最需要的服务,更好地配置资源和政策,改进服务,抓住最有价值的客户。

（2）流失客户预测。券商可根据客户历史交易行为和流失情况来建模从而预测客户流失的概率。如2012年海通证券自主开发的"给予数据挖掘算法的证券客户行为特征分析技术"主要应用在客户深度画像以及基于画像的用户流失概率预测。通过对海通100多万样本客户、半年交易记录的海量信息分析，建立了客户分类、客户偏好、客户流失概率的模型。该项技术最大初衷是希望通过客户行为的量化分析，来测算客户将来可能流失的概率。

（三）投资景气指数

2012年，国泰君安推出了"个人投资者投资景气指数"（简称3I指数），通过独特的视角传递个人投资者对市场的预期、当期的风险偏好等信息。国泰君安研究所对海量个人投资者样本进行持续性跟踪监测，对账本投资收益率、持仓率、资金流动情况等一系列指标进行统计、加权汇总后得到综合性投资景气指数。

3I指数通过对海量个人投资者真实投资交易信息的深入挖掘分析，了解交易个人投资者交易行为的变化、投资信心的状态与发展趋势、对市场的预期以及当前的风险偏好等信息。在样本选择上，选择资金100万元以下、投资年限5年以上的中小投资者，样本规模高达10万，覆盖全国不同地区，所以，这个指数较为有代表性。在参数方面，主要根据中小投资者持仓率的高低、是否追加资金、是否盈利这几个指标，来看投资者对市场是乐观还是悲观。3I指数每月发布一次，以100为中间值，100—120属于正常区间，120以上表示趋热，100以下则是趋冷。从实验数据看，从2007年至今，3I指数的涨跌波动与上证指数走势拟合度相当高。

图9-1是2012年1月到2014年2月的3I指数（虚线）和上证综指运行（实线）走势。

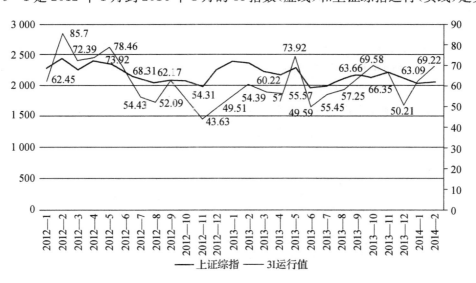

图9-1 3I指数（虚线）和上证综指运行（实线）走势

注：3I指标在80以下表明个人投资者的投资景气度"低迷"，100以下表明"趋冷"。

资料来源：国泰君安

三、保险行业大数据应用

过去,由于保险行业的代理人的特点,所以在传统的个人代理渠道,代理人的素质及人际关系网是业务开拓的最关键因素,而大数据在新客户开发和维系中的作用就没那么突出。但随着互联网、移动互联网以及大数据的发展,网络营销、移动营销和个性化的电话销售的作用将会日趋显现,越来越多的保险公司注意到大数据在保险行业中的作用。总的来说,保险行业的大数据应用可以分为三大方面:客户细分及精细化营销、欺诈行为分析和精细化运营。

(一)客户细分和精细化营销

1. 客户细分和差异化服务

风险偏好是确定保险需求的关键。风险喜好者、风险中立者和风险厌恶者对于保险需求有不同的态度。一般来讲,风险厌恶者有更大的保险需求。在客户细分的时候,除了风险偏好数据外,要结合客户职业、爱好、习惯、家庭结构、消费方式偏好数据,利用机器学习算法来对客户进行分类,并针对分类后的客户提供不同的产品和服务策略。

2. 潜在客户挖掘及流失用户预测

保险公司可通过大数据整合客户线上和线下的相关行为,通过数据挖掘手段对潜在客户进行分类,细化销售重点。通过大数据进行挖掘,综合考虑客户的信息、险种信息、既往出险情况、销售人员信息等,筛选出影响客户退保或续期的关键因素,并通过这些因素和建立的模型,对客户的退保概率或续期概率进行估计,找出高风险流失客户,及时预警,制定挽留策略,提高保单续保率。

3. 客户关联销售

保险公司可以关联规则找出最佳险种销售组合、利用时序规则找出顾客生命周期中购买保险的时间顺序,从而把握保户提高保额的时机、建立既有保户再销售清单与规则,从而促进保单的销售。除了这些做法以外,借助大数据,保险业可以直接锁定客户需求。以淘宝运费退货险为例。据统计,淘宝用户运费险索赔率在 50% 以上,该产品对保险公司带来的利润只有 5% 左右,但是很多保险公司都愿意提供这种保险。因为客户购买运费险后保险公司就可以获得该客户的个人基本信息,包括手机号和银行账户信息等,并能够了解该客户购买的产品信息,从而实现精准推送。假设该客户购买并退货的是婴儿奶粉,我们就可以估计该客户家里有小孩,可以向其推荐关于儿童疾病险、教育险等利润率更高的产品。

4. 客户精准营销

在网络营销领域,保险公司可以通过收集互联网用户的各类数据,如地域分布等属性数据,搜索关键词等即时数据,购物行为、浏览行为等行为数据,以及兴趣爱好、人脉关系等社交数据,可以在广告推送中实现地域定向、需求定向、偏好定向、关系定向等定向方式,实现精准营销。

(二)欺诈行为分析

基于企业内外部交易和历史数据,实时或准实时预测和分析欺诈等非法行为,包括医疗保险欺诈与滥用分析以及车险欺诈分析等。

1. 医疗保险欺诈与滥用分析

医疗保险欺诈与滥用通常可分为两种,一是非法骗取保险金,即保险欺诈;另一类则是在保额限度内重复就医、浮报理赔金额等,即医疗保险滥用。保险公司能够利用过去数据,寻找影响保险欺诈最为显著的因素及这些因素的取值区间,建立预测模型,并通过自动化计分功能,快速将理赔案件依照滥用欺诈可能性进行分类处理。

2. 车险欺诈分析

保险公司利用过去的欺诈事件建立预测模型,将理赔申请分级处理,可以很大程度上解决车险欺诈问题,包括车险理赔申请欺诈侦测、业务员及修车厂勾结欺诈侦测等。

(三) 精细化运营

1. 产品优化,保单个性化

过去在没有精细化的数据分析和挖掘的情况下,保险公司把很多人都放在同一风险水平之上,客户的保单并没有完全解决客户的各种风险问题。现在,保险公司可以通过自有数据以及客户在社交网络的数据,解决风险控制问题,为客户制定个性化的保单,获得更准确以及更高利润率的保单模型,给每一位顾客提供个性化的解决方案。

2. 运营分析

基于企业内外部运营、管理和交互数据分析,借助大数据台,全方位统计和预测企业经营和管理绩效。基于保险保单和客户交互数据进行建模,借助大数据平台快速分析和预测再次发生或者新的市场风险、操作风险等。

3. 代理人(保险销售人员)甄选

根据代理人员(保险销售人员)业绩数据、性别、年龄、入司前工作年限、其他保险公司经验和代理人员思维性向测试等,找出销售业绩相对最好的销售人员的特征,优选高潜力销售人员。

总的来看,大数据在金融行业的应用起步比互联网行业稍晚,其应用深度和广度还有很大的扩展空间。金融行业的大数据应用依然有很多的障碍需要克服,比如银行企业内各业务的数据孤岛效应严重、大数据人才相对缺乏以及缺乏银行之外的外部数据的整合等问题。可喜的是,金融行业尤其是以银行的中高层对大数据渴望和重视度非常高,相信在未来的两三年内,在互联网和移动互联网的驱动下,金融行业的大数据应用将迎来突破性的发展。

第四节　基于金融大数据视角的展望

互联网的飞速发展,对传统行业的生产经营模式产生了根本的影响,伴之而来还有爆炸式的数据量增长,在这些海量数据中同样蕴含了无限的价值。

一、大数据时代融合经济衍生金融需求

金融是服务于实体经济的,随着传统的物理经济形态向融合经济形态转变,同时虚拟经济也快速兴起,金融的服务对象必将随之发生变化,这种转变为金融业带来了巨大的机遇和挑战。虚拟经济是指基于计算机和互联网产生的一种经济形态,其产品和服务都具有虚拟化的

特点,具体包括软件、网络游戏、社交网络、搜索引擎、门户网站等细分市场领域。物理经济则是相对于虚拟经济而言,是我们传统意义上的实体经济。随着新兴信息技术的快速发展,物理经济与虚拟经济正在加速融合,衍生了未来的主体经济形态,即融合经济,电子商务、O2O 模式都是融合经济发展进程的产物。

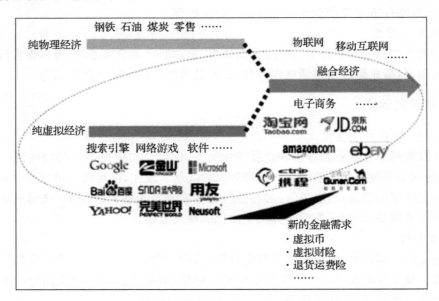

图 9-2　经济形态的转变衍生出新的金融需求

(一)虚拟经济发展迅猛

伴随着计算机和互联网的产生和发展,虚拟经济一直保持高速增长,已经逐步成为中国乃至世界经济的重要组成部分。

(二)传统产业与互联网融合日益深化

最近几年,传统产业与互联网等信息技术的融合趋势日益明显,融合经济逐步发展成为一个主流经济形态,电子商务便是零售行业与互联网融合后的一个重要产物。零售行业与互联网的融合仅仅是一个开始,教育、医疗、旅游、家电、汽车、建筑等行业无一例外都将或早或晚或大或小受到互联网的影响,O2O、LBS 等新商业模式也将纷纷涌现。同时,移动互联网和物联网等新兴技术的出现使得传统产业与信息技术的融合范围和深度进一步扩大,融合进程加速推进。

(三)虚拟经济和融合经济衍生出新的金融需求

金融主要是为实体经济服务,随着物理经济形态逐步向融合经济形态转变以及虚拟经济形态的兴起,金融业将面临历史性意义的机遇。在经济形态的转变过程中,衍生出大量新的市场需求,意味着金融新蓝海市场的诞生。

（四）虚拟币应运而生

2013 年 5 月，亚马逊宣布推出亚马逊币（Amazon Coin），价格为 100 个亚马逊币/1 美元，用户可以使用亚马逊币购买亚马逊应用商店中 Kindle Fire 应用、游戏和游戏内的虚拟商品等。事实上，虚拟币作为虚拟经济的一个重要组成部分，在很早之前就已经存在，并发挥着非常关键的作用。各类互联网企业将虚拟币视为重要武器，纷纷推出各自的虚拟币，如腾讯的 Q 币，用于购买腾讯的增值服务、腾讯游戏服务等，百度文库的虚拟币可以用于文档下载，应用更为广泛的当属网络游戏中的虚拟币，可用于购买游戏当中的各种装备。

目前市场还有一种更特殊的虚拟币——比特币。比特币基于一套密码编码、通过复杂算法产生，人们主要可以通过两种方式获得比特币，一是下载比特币客户端，通过做运算获得比特币奖励，通常也被比特币爱好者称为"挖矿"，二是从他人处购买。然而，比特币具有巨大的安全风险，且容易成为各种违法行为的"温床"，更重要的是，比特币是一种去中心化的货币，对传统权力霸主发起了挑战。

虽然比特币存在一些问题，但还是受到很多人的追捧，价格在今年又开始走高，2013 年 5 月 22 日的最后价格为 1 比特币＝123.7 美元。资本市场对比特币也在一定程度上给予了认可。2013 年，BitPay 两轮融资约 250 万美元，Coinbase 融资 500 万美元，融资 Coinsetter 融资 50 万美元。

二、从运营效率和结构效率两层面创新金融模式

以大数据为代表的新型技术将在两个层面改造金融业：一是金融交易形式的电子化和数字化，具体表现为支付电子化、渠道网络化、信用数字化，是运营效率的提升；二是金融交易结构的变化，其中一个重要表现便是交易中介脱媒化，服务中介功能弱化，是结构效率的提升。

（一）金融交易形式加速电子化和数字化，提升运营效率

1. 电子支付日趋主流，无现金社会即将到来

货币形态与支付方式始终朝着低成本、高效率的方向演进。电子支付作为新兴的支付方式，流通速度更快、效率更高，省掉了币材成本，流通费用也较低，且应用更为方便，必然会成为未来的主流支付方式，无现金社会即将到来。

支付方式与货币形态密切相关，最早的货币是贝，古书有"夏后以玄贝"的说法，后来演化为金属铸币，因为金属具有价值较高、易于分割、易于保存和便于携带的特点，所以成了一种很好的币材选择。由于交易不断地扩大，世界上有限的金银等金属难以满足实际的需求，纸币开始出现。纸币最初是与金银挂钩，但随着布雷顿森林体系的崩溃，纸币与金融开始脱钩，货币真实价值开始向信用方式转变。

20 世纪中叶以后，信用卡和借记卡开始兴起，经过几十年的发展，磁卡已经集存款、消费、结算和理财等多功能于一体，应用更加方便快捷，在支付领域占据着重要的地位，而现金支付情景日益减少。为了提高安全性，扩大业务创新空间，现在磁条卡也慢慢被智能卡所取代。2011 年 3 月，中央人民银行开始全面启动银行磁条卡向 IC 卡迁移工作，在 2012 年 7 月中央人民银行又宣布，自 2013 年 1 月 1 日起，全国性商业银行均要发行金融 IC 卡。

由于互联网技术的普及和发展，电子支付方式日趋成为主流。除了银行开设网银之外，两

种新兴方式显示出了非常强大的生命力,一是第三方支付,二是移动支付。

第三方支付已经成为一股重要金融力量,业务功能不断扩张,大大提升了支付结算的电子化速度,但竞争也日趋激烈。2010 年 6 月,中央人民银行发布了《非金融机构支付服务管理办法》,并于 2011 年开始颁发非金融机构支付业务许可证(简称"第三方支付牌照"),为第三方支付提供了政策支持和规范,从此第三方支付结束了野蛮生长期。截至目前,中央人民银行已经先后发放了六批牌照,共计 223 家企业拿到了第三方支付牌照,牌照已经不是一个关键竞争资源,随着越来越多的市场参与者加入,竞争激烈程度不断提高,第三方支付公司纷纷开拓新的业务和市场,寻求差异化竞争。目前第三方支付公司的经营范围主要包括互联网支付、移动电话支付、固定电话支付、数字电视支付、预付卡发行与受理和银行卡收单等业务。其中的互联网支付在最近几年一直保持着高速增长势头,据统计,2006—2012 年中国互联网支付交易规模年复合增长速度高达 110%,2012 年的交易规模已经达到 3.82 万亿元。

移动互联网兴起的同时也带动了移动支付的快速发展,在国家政策利好、利益相关者(包括银联和银行、运营商、第三方支付、手机厂商等)大力推动的背景下,移动支付得到了快速普及和发展,2012 年的中国移动支付交易规模达到了 1 511 亿元,每年的增长速度仍在不断提高。随着移动支付标准的落地,中国移动支付已经到了爆发式增长的前夜。

2. 金融网络渠道兴起,衍生金融大平台和金融垂直搜索

政策利好、用户转移、渠道平衡诉求以及互联网企业布局四大因素正推动中国金融产品加速触网,传统物理渠道作用衰弱,面临功能转型,就如同当年的电信营业厅转型和当前零售网点转型一般,当然,由于行业属性和历史阶段的不同,具体模式也会有所差异。

中国三会一行在最近几年出台了一系列政策推动金融产品在线销售,2011 年 8 月,中国保监会发布《中国保险业发展"十二五"规划纲要》,提出要大力发展保险电子商务,2013 年 3 月,证监会在经过数次征求意见之后正式颁布《证券投资基金销售机构通过第三方电子商务平台开展业务暂行管理规定》,以推动第三方电子商务平台上的基金销售活动规范有序开展,此外,早在一年多以前,证监会就开始发放独立基金销售机构牌照,截至目前已有天天基金、好买基金、宜信等 20 家机构获得了牌照。2013 年 3 月,中国证券登记结算公司发布的《证券账户非现场开户实施暂行办法》,允许用户通过网络进行开户,这将推动证券经纪业务的全面网络化。

中国网民数持续增长,尤其手机网民增长速度更快,且网民应用已经从信息、娱乐向商务转移。中国网民的应用也从最初的信息获取和后来的娱乐向商务转移,这为金融网络化奠定了很好的基础。

随着"大资管"时代的来临,证券、基金等金融机构迫切需要打通渠道通路,平衡渠道体系格局,低成本高效率的网络渠道有助于证券、基金实现这一目标。中国目前仍然是银行渠道占据主导地位。以基金销售为例,根据证券业协会的统计,2010 年开放式基金销售总额直销渠道占比 31%,券商渠道占比 9%,银行渠道占比 60%。

腾讯、阿里巴巴等互联网企业凭借其强大的数据积累和客户基础,进军金融业,开拓新的盈利点,这也成为金融产品在线销售的一大推动力。

在四大驱动力的推动下,金融产品触网进程不断加速。金融产品的在线销售已经成为必然趋势,其在整体金融产品销售的占比也将不断提高。

伴随着金融产品的触网,快速实现买卖双方匹配对接的需求也逐步增大。金融产品垂直搜索和金融产品销售平台应运而生,就如同网络购物的兴起带动了一淘网等购物搜索和eBay、阿里巴巴以及亚马逊等平台业务的大发展。由于金融产品相对复杂,决策周期也比较长,因而金融产品搜索和平台在提供需求匹配的时候,还会衍生出决策支持等增值服务。目前,国内的金融垂直搜索已呈现出不错的发展势头,融360、91金融等一批公司成立并顺利拿到了融资。虽然金融产品的销售大平台还没有出现,但未来很可能出现几家大型的线上金融平台,主要提供标准化、规模化的产品和服务,同时也会出现多家专业金融公司,提供线上线下相融合的个性化、定制化产品和服务。

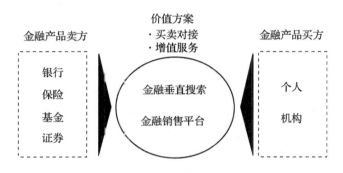

图 9-3　金融垂直搜索和金融销售平台机遇

资料来源:宏源证券

3. 信用数据化推动金融产品创新

从抵押贷款到供应链金融再到网络信贷,服务效率在不断提升,但同时对风险控制也提出了更大的挑战,而大数据的积累和应用则是解决这一问题的关键。从金融贷款产品演变过程中,可以看出"抵押物"逐步趋于虚拟化,呈现出信用数据化和数据资产化的发展规律。

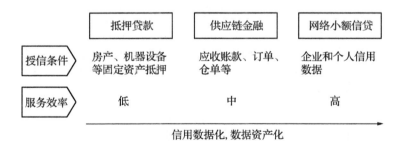

图 9-4　中国贷款产品演变分析

资料来源:宏源证券

抵押贷款由于风险低、盈利好的特点成为中国银行等金融机构的主要业务,但弊端也很明显。中国在社会主义市场经济发展初期,进行经济金融体制改革,并全面推出抵押贷款服务,即借款人以一定的抵押品作为物品保证向银行等金融机构取得贷款,抵押品通常是建筑物、生产设备、交通工具等财产,由于其在安全性和营利性方面都具有明显优势,至今仍然是银行等金融机构的主要业务。但抵押贷款的弊端也是显而易见，如抵押物登记确认不统一、抵押权实现较难等，更为重要的是服务群体范围有限。

随后，供应链金融兴起，但早期供应链金融仍面临诸多问题。20世纪末，随着物流运输行业和通信技术的快速发展，全球性的业务外包活动日益增多，在提升效率、降低成本的同时也导致了融资节点的相应增多，由于供应链各个节点参差不齐，部分节点出现资金流瓶颈并引发了"木桶短板"效应。为了解决这一问题，供应链金融随之兴起。但早期供应链金融在发展过程中面临着一系列的问题，如信息技术支持不够，中国很多银行在应收账款和预付账款等环节还需依托人工服务，这不仅降低了供应链金融的运作效率，也增加了一定的操作风险；供应链金融覆盖范围仍主要局限在重点行业和优势企业，对于中小企业的关注不够。

互联网企业将信息流、物流和资金流深度融合，开拓供应链金融因为，推动供应链金融进一步发展。2009年，金银岛与中国建设银行、中远物流合作推出了在线融资业务——E单通，E单通具体又分成网络仓单融资和网络订单融资，前者是以中国建设银行认可的专业仓储公司出具的电子仓单作为质押申请融资，后者是凭借金银岛确认的电子订单向中国建设银行申请融资，其操作简单便捷，且单笔贷款最长期限为180天，满足了企业做行情或是短期资金周转等需求，三方共同建立了一整套服务体系和风险控制机制。2012年11月，京东商城与中国银行合作推出供应链金融服务平台，为供应商提供订单融资、入库单融资、应收账款融资、委托贷款融资、协同投资信托计划和资产包转移计划等服务。在服务过程中，京东承担着类似中介的角色，即供应商向京东提出融资申请后，由其确认核准，并转交给银行，再由银行完成资金的发放。此外，敦煌网、苏宁等企业均推出了各自的供应链金融产品。

基于大数据的网络信贷业务崛起。目前提供网络小额信贷业务的公司主要分成两类：一是掌握大数据的互联网巨头为打造良好的生态体系而推出的网络信贷业务，如阿里巴巴的阿里小贷、亚马逊的Amazon Lending、谷歌的广告信贷业务等；二是利用大数据开展网络信贷业务的创业公司，Kabbage便是其中的一个典型案例。Kabbage是一家致力于为不符合银行贷款资格的网上商家提供快速、安全的资金的信贷公司，于2010年4月上线，主要目标客户是ebay、amazon.com、YAHOO!、Etsy、shopify、Magento、PayPal上的美国网商，Kabbage通过查看网店店主的销售、信用记录、顾客流量和评论、商品、计算机行业深度报告价格和存货等信息，以及其在Facebook和Twitter上与客户的互动信息，借助数据挖掘技术（其中一个比较主要的专利技术是"为在线拍卖和市场环境提供流动资金的工具"，美国专利号7983951）来最终确定是否为他们提供贷款以及贷款金额和贷款利率，其贷款期限最长为6个月，贷款月利率在2%—7%。Kabbage用于贷款判断的支撑数据一方面来源于网上搜索和查看，另一方面来源于网上商家的自主提供，且提供的数据多少直接影响着最终的贷款情况，同时Kabbage也通过与物流公司UPS、财务管理软件公司Intuit合作，扩充数据来源渠道。Kabbage的商业模式适应了市场发展要求，上线不到1年，就得到数千家商户的支持，每家商户的平均贷款资金为1万美元左右。

美国Kabbage公司商业模式充分体现了信用数据化和数据资产化的发展趋势。未来，随着数据规模的快速膨胀，数据资源的获取不再成为企业竞争的关键优势，数据的分析利用能力成为竞争焦点，当然这种状况需要数据共享和数据所有权归于用户两个条件的成熟。

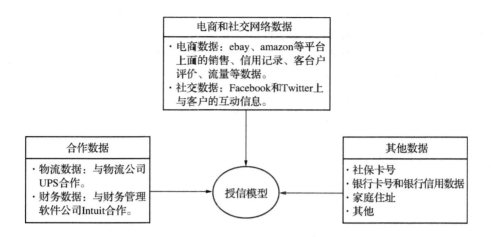

图 9 - 5　美国 Kabbage 授信模型的主要数据构成

资料来源:宏源证券

（二）金融机构体系重新构建,提升结构效率

1. 大数据推动交易中介脱媒,服务中介弱化

传统资金融通方式在促进资源配置和经济增长的同时,也产生了巨大的交易成本。目前中国资金融通主要是通过交易中介和服务中介两类中介机构,交易中介主要包括银行、证券公司等机构,交易服务主要包括会计事务所、律师事务所、投资咨询公司等机构。交易中介提供两种融资方式:一是通过银行的间接融资方式,这也是中国当前主要的资金融通方式;二是通过证券公司进行股票或债券的直接融资方式。这两种资金融通方式对于促进经济增长和资源配置起到了非常重要的作用,但同时也产生了巨大的交易成本,直接体现为银行等金融机构的利润,据中国银监会的统计显示,2012 年中国商业银行的净利润近 1.24 万亿元,较 2011 年增长了近 18.96%,远高于 2012 年 GDP 增长速度 7.8%。

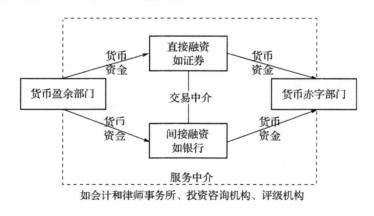

图 9 - 6　中国传统金融市场资金融通方式

资料来源:宏源证券

银行等金融中介存在有两个主要前提:一是交易费用的存在,金融交易是跨地域跨时间的,不确定性更大,旨在降低风险和不确定性的交易费用更高,金融中介通过专有技术可以实现规模经济;二是信息不对称的存在,导致逆向选择和道德风险,金融中介通过信息生产加工和账户监控等方式可以缓解上面的逆向选择和道德风险两个问题。搜索引擎、社交网络、物联网、移动互联网、云计算、大数据等新兴信息技术改变了传统的信息产生、传播、加工利用的方式,打破了信息不对称,降低了信息获取和加工成本,这将加速交易中介的脱媒化进程。

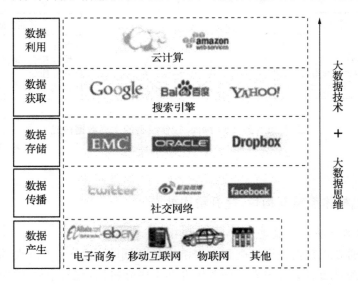

图 9 - 7　大数据时代的信息处理

资料来源:宏源证券

电子商务、移动互联网、物联网、社交网络等信息技术和模式的兴起,推动社会数据量呈现爆炸式增长,同时数据类型也从结构化向半结构化和非结构化扩张,人类进入了大数据时代。社交网络使得每个人不仅是信息的消费者,也是信息的生产者,同时还实现了信息的双向传播,加强了互动与分享。

搜索引擎技术通过信息搜索、组织和处理后,为用户提供检索服务,该技术满足了用户在信息大爆炸时代快速、低成本获取信息的需求,尤其是随着个性化搜索、情景搜索等技术的进一步发展,该功能价值将更加凸显。

云计算技术如同物理世界中的水电煤一般实现了用户需求与物理、虚拟资源的动态配置,在计算机物理硬件短期内难以突破的情况下,借助分布式计算、网络存储等方式大大提高了海量数据的计算和储存能力。

大数据是当前市场热门的话题,联合国、美国政府、法国政府等组织都对其给予了高度重视,美国奥巴马政府甚至将其上升至国家战略高度。大数据具有规模大(Volume)、速度快(Velocity)、类型多(Variety)和价值大(Value)的 4V 特征,其不仅是适应时代发展的技术产物,更是一种全新的思维理念,即基于数据资产的商业经营模式。

未来的金融模式将是资金供求双方实现自由匹配,且双向互动社交化。但金融业不仅存在信息不对称,同时也存在知识不对称,金融产品具有风险性特征,因而个性化的解决方案咨询仍有市场。不过 IT 可以将人类知识结构化,且随着机器学习、IT 智能的发展,服务中介的部分功能也会逐渐被 IT 智能支持所取代。目前新兴的 P2P 模式和众筹模式已经显示出金融业的这种发展趋势。

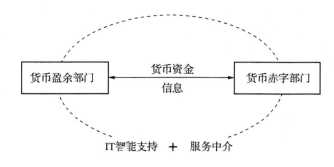

图 9-8　未来的金融运作模式

资料来源:宏源证券

　　P2P 网络借贷与 eBay 的运作模式比较类似,即为贷款人和借款人搭建了一个展示、交易的网上平台,拟借款人需要填写贷款金额、用途、期限、信用记录以及个人信息等资料,网站会对拟借款人的资料进行初步审核,并给出量化的信用评分和风险等级,拟贷款人可以据此设计投资方案。在国外 P2P 模式发展态势良好,以美国 Lending Club 为例,截至 2013 年 1 月初,贷款总额已经超过 12 亿美元,创造利息收入突破 1 亿美元。P2P 引入中国虽然相对较晚,但发展却极其迅猛,宜信、拍拍贷、红岭创投等一批新兴 P2P 网络借贷公司应运而生,同时,中国平安集团(陆金所)、国家开发银行(开鑫贷)等传统巨头也纷纷参与角逐 P2P 市场。

　　众筹模式冲击传统证券中介模式。众筹模式是通过网络平台面向公众筹资,该模式的兴起源于美国的 Kickstarter,该网站是一个创意方案的众筹平台,人们可以通过该平台向公众募集小额资金,用以实现自己的梦想,截至 2013 年 4 月,Kickstarter 已经帮助人们获得了 5.71 亿美元融资。

　　目前可以初步将众筹模式分成三类:一是生活众筹模式,如 Crowdtilt,筹资主要是用于满足生活小梦想,如举办一个集体活动;二是股权众筹模式,如 FundersClub,筹资主要是用于帮助人们创办一家企业;三是产品预售模式。2012 年 4 月,奥巴马总统签署了《促进初创企业融资法案》,对众筹模式进行了定义和规范,为众筹模式的发展提供了法律支撑。中国虽然也出现了点名时间等众筹模式网站,但总体上还处于萌芽状态。

　　阿里小贷以"封闭流程+大数据"的方式开展金融服务,凭借电子化系统对贷款人的信用状况进行核定,发放无抵押的信用贷款及应收账款抵押贷款,单笔金额在 5 万元以内,与银行的信贷形成了非常好的互补。阿里金融目前只统计、使用自己的数据,并且会对数据进行真伪性识别、虚假信息判断。阿里金融通过其庞大的云计算能力及数十支优秀建模团队的多种模型,为阿里集团的商户、店主时时计算其信用额度及其应收账款数量,依托电商平台、支付宝和阿里云,实现客户、资金和信息的封闭运行,一方面有效降低了风险因素,同时真正地做到了一分钟放贷。京东商城、苏宁的供应链金融模式是以电商作为核心企业,以未来收益的现金流作为担保,获得银行授信,为供货商提供贷款。

2. 数据共享和数据安全是关键

大数据能够通过海量数据的核查和评定,增加风险的可控行和管理力度,及时发现并解决可能出现的风险点,对于风险发生的规律性有精准的把握,并推动金融机构更深入和透彻地进行数据分析。虽然银行有很多支付流水数据,但是各部门不交叉,数据无法整合,大数据金融的模式促使银行开始对沉积的数据进行有效利用。大数据将推动金融机构创新品牌和服务,做到精细化服务,对客户进行个性定制,利用数据开发新的预测和分析模型,实现对客户消费模式的分析以提高客户的转化率。

大数据金融模式广泛应用于电商平台,以对平台用户和供应商进行贷款融资,从中获得贷款利息和流畅的供应链所带来的企业收益。随着大数据金融的完善,企业将更加注重用户个人的体验,进行个性化金融产品的设计。未来,大数据金融企业之间的竞争将存在于对数据的采集范围、数据真伪性的鉴别以及数据分析和个性化服务等方面。

数据共享是打破信息不对称的关键,否则很可能会出现新的信息霸权,出现更严重的信息不对称。制度、地方主义、部门主义等人为因素造成数据分散的现象,称之为"数据割据";技术差距、历史遗留问题等形成的数据分散的现象,称为"数据孤岛"。数据割据现象更多存在于国家各部门、各地方之间;大型企业也会造成数据割据现象。随着搜索引擎、电子商务、社交网络等领域的迅猛发展,百度、淘宝、腾讯等公司已经积累了大量的数据,这无疑是他们的宝贵资产。如果他们将这些数据据为己有且滥用先发优势,将加剧数据割据现象,且由于大数据时代这些企业掌握的数据规模远大于以前,数据的不共享将会导致更严重的信息不对称。大数据时代面临更大的数据安全挑战。

(三)众多拥有大数据以及变现能力的跨界快速重构金融格局

1. 技术和政策促使金融业面临三个层次竞争

新兴信息技术和国家大资管政策促使中国金融业出现三层竞争:一是金融业的潜在进入者与传统各类金融机构之间的竞争;二是银行、保险、证券和基金等传统金融机构之间的直接竞争开始加剧;三是全国大型金融机构与区域中小型金融机构之间的正面竞争日趋激烈。

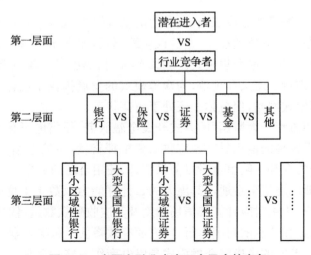

图 9-9　中国金融业未来三个层次的竞争

　　大量金融业的潜在进入者凭借互联网和大数据涉足金融业,打破了原有的竞争格局体系。金融业的潜在进入者可以分为两类:一类是跨界企业,主要是以阿里巴巴、京东商城、谷歌等互联网企业为代表,新兴新技术推动产业边界日益模糊化,跨界竞争日趋常态,这类企业依托在各自领域的多年积累,掌握了大量的用户数据,并借此进入金融业满足用户的金融需求,推动生态体系的发展;另一类是基于互联网的初创企业,具体包括支付宝、财付通等第三方支付企业,宜信、Lending Club 等 P2P 网络借贷企业,Kabbage 小额网络信贷企业等。

图 9-10　金融业潜在进入者构成

资料来源:宏源证券

　　大资管政策推动金融机构的混业竞争。以前,银行、保险、证券、基金等金融机构是分业经营,在各自领域攫取利润,而今混业经营已经成为发展趋势,传统金融机构之间的竞争也将日趋激烈。银行在中国金融体系中处于强势地位,证券、基金等金融机构若想在混业角逐过程中取得胜利,互联网将成为其关键利器。

　　互联网和大数据打破了信息不对称和物理区域壁垒,使得中小型、区域型金融机构与大型、全国型金融机构站在同一层次竞争,迫使中小机构转型开展差异化竞争,否则将难逃被淘汰的结局。以证券公司为例,之前很多证券公司凭借区域优势收取较高的经纪费率,2013 年 3月,中国证券登记结算公司推出《证券账户非现场开户实施暂行办法》,允许用户通过网络进行开户,这对区域证券公司带来了较大的冲击。

　　2. 大平台＋众多小而美的产业格局是未来方向

　　金融业三个层次的竞争将推动产业格局重构,大平台＋众多小而美的格局将成为未来发展趋势。在大数据时代和混业竞争的背景下,实力强的大型企业将大肆扩张,由于金融业信息密集型的特点,大平台将凸显赢者通吃的态势,尤其在标准化产品和低净值客户领域将更加凸显其规模优势和成本优势;同时,其他实力较弱的企业被迫寻求差异化竞争道路,改造和转型线下传统营业厅,通过线上线下深度融合的方式重点针对高净值客户提供非标准化产品和服务,否则将难逃被淘汰的命运,由于金融业知识密集型的特点以及多层次的金融需求的存在,在一些细分领域市场仍将有很大的生存空间。未来金融业的参与者中将既包括传统金融机构(一批淘汰,一批转型后生存),又包括互联网企业跨界者和初创企业,至于哪方力量占据主导地位目前尚不能给出明确定论,而且这种判断意义也不大,因为未来两方力量终将殊途同归,最终存活下来的企业必然兼具金融和互联网两方面的基因与能力。

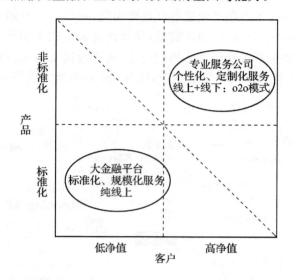

图 9 - 11　未来金融业的产业格局

资料来源:宏源证券

本章小结

大数据是信息技术与互联网产业发展到特定阶段的产物,从互联网到物联网,从云计算到大数据,信息技术正在从产业基础走向产业核心。

大数据金融指集合海量非结构化数据,通过对其进行实时分析,为互联网金融机构提供客户全方位信息,挖掘客户的交易和消费信息掌握客户的消费习惯,并准确预测客户行为,使金融机构和金融服务平台在营销和风控方面有的放矢。基于大数据的金融服务主要指拥有海量数据的电子商务企业开展的金融服务。目前,大数据服务平台的运营模式可以分为以阿里小额信贷为代表的平台模式和京东、苏宁为代表的供应链金融模式。大数据的关键是从大量数据中快速获取有用信息的能力,或者是从大数据资产中快速变现的能力,因此,大数据的信息处理往往以云计算为基础。数据挖掘在金融行业中的应用越来越重要。金融部门每天的业务都会产生大量数据,利用目前的数据库系统可以有效地实现数据的录入、查询、统计等功能,但无法发现数据中存在的关系和规则,无法根据现有的数据预测未来的发展趋势。缺乏挖掘数据背后隐藏知识的手段,导致了数据爆炸但知识贫乏的现象。与此同时,金融机构的运作必然存在金融风险,风险管理是每一个金融机构的重要工作,利用数据挖掘技术不但可以从这海量的数据中发现隐藏在其后的规律,而且可以很好地降低金融机构存在的风险。学习和应用数据挖掘技术对我国的金融机构有重要意义。

互联网金融世界瞬息万变,正在进行一场金融革命,一切还都是未知数,其具体形式也会不断丰富和完善,但毫无疑问,互联网金融正以摧枯拉朽之势改变传统金融模式。

当"互联网"与激烈"金融"这两个当下社会最热、平均薪酬最高的行业结合在一起的时候,将发出何种激烈的碰撞? 自 2014 年,随着互联网金融的迅猛发展,金融从一个高贵、专业、远离大众的行业,变成了街头巷尾热议的话题,并持续占据着诸多媒体重要版面。金融大数据,目前还处于一个逐步实施的阶段。商业银行中的金融大数据,既包括传统的 BI 结合,也包括对大数据环境下数据分析挖掘。今后,金融大数据在历史数据存储和历史数据仓库存储这两个领域,会有更多落地实施的案例出现。

复习思考题

1. 大数据给金融业带来什么影响?
2. 大数据在金融行业中有哪些应用?
3. 举出现实中大数据金融具体应用的例子。

第十章 信息化金融机构

本章内容

学习目标

——知识目标

了解信息化金融机构定义,熟悉信息化金融机构对金融业发展态势的影响,掌握信息化金融机构运营模式及发展趋势。

——技能目标

能够把信息化金融机构相关知识与生活实际结合起来,学以致用。

——能力目标

能够领会信息化金融机构运营模式的具体体现。

中国工商银行的信息化

信息技术和网络技术的发展大大提高了知识创新和技术创新的能力,加快了信息化传播的速度,尤其为银行业信息化发展创造了良好的技术环境,并推动银行业信息化、网络化的快速发展。

"如果离开了信息通信技术,无法想象一个现代商业银行将怎样运作,在激烈的竞争下如何生存,用户会得到什么样的服务。"走在信息化前列的国有大型商业银行——中国工商银行信息科技部总经理林晓轩对信息通信技术在银行业的应用及其带来的影响有深刻体会。

林总说,虽然无法用具体数字描述或者说明信息技术在银行业的应用所带来的收益和成效,但是,如今信息通信技术已经渗透到银行业的决策、管理、业务、服务等各个层次和领域,成为银行业生存的技术基础和业务创新甚至深层次改革的有力支撑。中国工商银行成立20年来,一直十分重视信息通信等新技术在金融业的应用,通过不断发展和创新,构建了强大的信息技术基础,建立了高度集中统一的电子化服务体系,与国外商业银行的信息化差距日益缩小,在国内银行业保持领先水平。现在,高效、快捷的信息技术平台为中国工商银行迎接国内外竞争、实现自身可持续发展奠定了良好的基础。

工商银行电子银行体系在业内领先,在信息通信技术特别是网络技术的有力支撑下,工商银行不断创新,拓展服务渠道,创建了网上银行、电话银行、手机银行、自助银行等多种功能完善的电子银行体系,并推出了 95588 和"金融 e 通道"精品品牌。网上银行是最能体现信息通信技术魅力的业务之一。工商银行 2000 年就推出了网上银行业务,并一直十分重视这项业务的发展。目前,网上银行已经成为工行交易的重要渠道,交易额自 2000 年以来,几乎每年翻一番,并一直稳坐国内银行网上交易额的头把交椅。2002 年,中国工商银行被美国《环球金融》杂志评为"中国最佳企业网上银行";2003 年,被该杂志评为 2003 年度中国唯一的"最佳个人网上银行"。2003 年 12 月,工商银行推出了新版个人网上银行"金融@家",为广大用户打造了集银行、投资、理财于一体的新一代个人网上银行,不同层次的客户都可以享受以先进信息通信技术为基础的高度安全、高度个性化的金融服务。

2014 年工行电子银行交易额超过 400 万亿元,同比增长近 20%。截至 2014 年末,通过工行电子银行渠道办理的业务量占全部业务量的比重已达 86%,相当于 3 万多个物理网点、30 万名柜员所办理的业务量。现代信息技术的广泛应用为银行业的管理模式、经营模式、服务方式带来了深刻变革,为广大用户带来了超值的金融服务。

林晓轩认为,在经济全球化趋势下,先进技术在银行管理和业务中发挥的作用越来越明显。随着我国加入 WTO,也对我国金融信息化提出了新要求。今后,在银行信息化领域,传统银行将逐步向电子银行过渡,电子银行交易额占银行总交易额的比重将越来越大;金融业数据大集中的浪潮将继续涌动,而且呈现越来越集中的趋势,工行目前两大数据中心将会进一步集中成一个数据中心,金融信息化在生产运行管理上的投入将会更多;信息化在银行内部管理和客户关系分析上的应用力度将会进一步加大,银行内部管理和客户信息资源的价值将进一步开发。

国内一些商业银行的信息技术应用水平完全不落后于国际上一流商业银行的水平。但是,在对客户真正需求的理解以及对业务产品开发的组织上与国际先进银行还存在一定差距。

目前,银行业已经成为信息技术应用最重要的行业之一,作为国民经济的命脉,银行的信息化水平在国民经济信息化建设中发挥着举足轻重的作用。今后,在银行业和信息通信业的共同推动下,银行业信息化水平将不断提升,并将通过与税务、海关、保险等国家重要部门的网络连接和资源共享,对整个国民经济的运行水平的提升发挥有力的促进作用。

资料来源:工商银行信息化建设 2016 年工作总结

第一节　信息化金融机构概况

信息化金融机构是指在互联网金融时代,通过广泛运用以互联网为代表的信息技术,对传统运营流程、服务产品进行改造或重构,实现经营、管理全面信息化的银行、证券和保险等金融机构。

一、金融机构信息化历程

经过二十几年的发展,中国金融机构信息化从无到有、从小到大、从单项业务到综合业务,取得了显著的成绩。我国金融信息化的发展,现如今已从根本上改变了传统金融业务处理模式,建立了以计算机和通信网络为基础的电子资金清算系统、柜台业务服务系统和金融管理信息系统,说明一个多功能的、开放的金融电子化体系已初步形成。

纵观我国银行信息化的发展历程,从刚开始的电子设备在银行业的使用和普及,到银行网络化的建设和应用,银行信息系统建设已经走过了二十几年的历程,大致经历了三个阶段:第一个阶段(20世纪70年代末—80年代末:以电子银行业务为主的阶段,银行开始采用信息技术代替手工操作,实现了银行后台业务和前台兑换业务处理的自动化);第二阶段(20世纪80年代末—90年代末:以连接业务为主的银行全面电子化建设阶段,我国银行业在全国范围内建起了一批计算机网络的应用系统,实现了处理过程的全部电子化);第三个阶段(从20世纪90年代末—至今:以业务系统整合、数据集中为主要特点的金融信息化的新阶段)。伴随着互联网信息化建设的不断发展,金融机构信息科技工作由原来的全面管理、基本维护和系统研发为主,逐步转变成以贯彻落实总行及管理机构标准为主导,以保障所在地区网络安全并稳定运行为重中之重的工作机制。

我国保险业信息化发展历程同样大体经历了三个阶段:20世纪80年代—90年代初,起步阶段,国内一些大型保险公司初步实现了办公系统信息化;20世纪90年代中后期,伴随着网络技术的发展,我国保险公司逐步加快网络的应用,基本可以保单电子化、保险业务流程信息化和网络化,所有大型保险公司开始对业务进行更新、整合;2000年以后,保险业信息化程度有了很大的飞跃,这一阶段的保险业积极开展电子化建设,信息化主要成绩有不断开发保险新产品,精算的效率与保险计费的科学性不断提高等。

我国证券行业信息化起步是比较早的,发展也很快。证券业最早采用信息技术的是证券交易所。1990年,上海证券交易所使用计算机进行了第一笔交易。1992年,深圳证券交易所复合系统正式启用。仅十几年,中国证券市场发展迅速,目前证券交易所的信息化的主要体现四个方面:① 交易系统的信息化;② 信息平台系统;③ 通信系统;④ 监管系统。证券业的主体是证券公司,它也是证券信息化的主体。如今国内的所有证券公司都建立了网上交易系统,借助互联网实现了全公司互联和集中交易。另外在管理、决策和风险控制方面,也已实现了信息化,包括稽核系统、统计分析系统和财务系统等。

2013年以来,金融行业信息化进入了创新机遇时期。经历了之前十多年的数据和业务的大集中建设,包括银行、证券等在内的金融行业信息化正在朝着一个全新的阶段前进。基于大数据、云计算、移动与智能设备以及有关的第三类平台的金融服务,将成为新的金融业务创新及增值点。

二、信息化金融机构的特点

金融业发展趋势之一是金融信息化,金融创新的产物则是信息化金融机构。如今金融业正处在一个由金融机构信息化向信息化金融机构转型的阶段。总的来说,与传统金融机构相比较,信息化金融机构有如下几个特点:

（一）金融服务更加高效便捷

传统金融机构通过采用信息技术的投入、硬件设施升级等基础性信息化建设，实现了工作效率的极大提高。信息化金融机构通过借助互联网技术为基础的更高层次的信息化建设，对传统运营流程、服务产品进行改造或更新，更是在金融服务取得了质的提升。更加高效便捷的金融服务成了信息化金融机构的一个显著特点。

（二）资源整合能力更为强大

现代金融机构的业务组成复杂，信息化的发展使得金融机构能够实现业务的整合。同时，通过完整的计算机建设，可以使得金融机构遵循一个统一的计算机架构，使得内部各管理系统整合到一个系统管理平台，实现各系统的联通。借助信息化建设集成的统一内部管理系统，金融机构可以运作的空间更加广阔。

（三）金融创新产品更加丰富

金融机构的信息化建设非常强大的提高了金融的创新能力，各金融行业不断研发出新型的金融产品。针对移动互联网时代而言，手机银行作为银行业的创新产品，给人们的日常生活带来了便利，无论是生活缴费、转账还是投资理财，通过手指轻轻触摸屏幕就能够实现。

日益丰富的理财产品也是金融产品创新的一个体现，更多的大众化理财产品的出现，改变了金融理财以往高门槛印象。金融行业线上线下业务的创新结合，给人们的生活带来了方便，同时也拓展了金融机构自身的服务空间。

第二节　信息化金融机构对金融业发展态势的影响

一、信息化成为企业核心竞争力，上升到战略层面

就传统金融机构来说，它的核心竞争力在于机构本身的规模优势，具体指机构的实体网点数量、资金如何、人才优势等几个方面。步入互联网时代，规模优势固然是金融机构竞争力的重要体现，然而，金融机构竞争力的核心已经逐渐转移到信息化程度上。未来的信息化金融机构比的往往是建立在信息化技术层面上的金融产品创新和业务创新，以及金融服务体验的完善。信息化对于金融机构行业来说，意味着更加敏锐的市场反应，更大程度地利用信息价值。同时信息化建设能够解决企业内部信息不对称问题，充分挖掘客户信息，并通过互联网平台的方式建立金融生态圈，其对于金融机构的提升是非常全面的，也决定了未来的金融机构的核心竞争力所在。

二、金融服务竞争战场转移

以互联网时代为平台模式的金融改变了盈利的着眼点，信息化金融机构从传统的产品服务提供者转变为产业需求与供给之间的连接者。如今在互联网平台模式下，单单提供产品和服务已不再是金融机构对盈利能力的要求。越来越多的企业逐步改变商业模式，从产品销售

角色转而将自身打造成某种媒介的角色。

对于信息化金融机构来说,需要将互联网平台开放、协作、分享的精神融入金融机构的业务创新中,这种平台精神活化在商业活动中,能够为企业带来更多创新性的机遇和更为广阔的市场。

三、中小金融机构上升的机会

金融行业讲究规模的优势,相对于大型机构,中小金融机构缺乏资金和人才。但这不代表他们没有机会,开拓大型金融机构还尚未涉足的市场空白,结合拥有海量用户的互联网企业进一步开拓新的投资渠道,不断推出个性化创新金融产品来满足不同客户的需求,这样中小金融机构就很有机会突出重围。在互联网时代,规模的竞争优势不会再像传统模式时代一样起到决定性的作用,对于金融机构来说,借助于互联网的传播速度与广度带来的优势往往成效更加明显,而且是先进入者取得绝对优势。

与大型金融机构比,中小金融机构拥有创新成本优势,大型金融机构因其庞大的规模,复杂的程序使其金融创新常常需要考虑更多复杂的因素,需要更漫长的时间,相反中小金融机构更加灵活、简化。

四、混业经营趋势明显

金融业混业经营,是指银行、保险公司、信托公司、证券公司等金融机构在业务上相互交叉、渗透与融合,它突破了分业经营业务模式的局限,借助金融创新手段不断丰富金融产品内涵,很大地提高了金融市场资金运用效率,为客户提供一站式金融服务创造了良好的先决条件。

对于信息化金融机构来说,通过混业经营,更好地实现包括人力资源和硬件资源的共享及整合,同时可以精减人员,削减物理网点,降低经营成本,提高经营效率,增强竞争力。同时,混业经营往往意味着更为强大的资源优势和规模优势,从而带来更强的竞争优势。混业经营将使得金融机构的业务类型更为广泛,收入来源增多,市场份额扩大。随着经营业务领域的扩展,经营也能得以分散。以往单一业务经营模式,一旦受经济波动或其他因素影响,很难分散风险,多元化的业务经营则给了金融机构更多的应对机会。

第三节　信息化金融机构运营模式

目前信息化金融机构主要运营模式有三类:传统金融业务电子化模式、基于互联网的创新金融服务模式、金融电商模式。

一、传统业务的电子化模式

传统业务的电子化实质也是金融电子化的过程,是指金融企业采用现代通信技术、网络技术和计算机技术,提高传统金融服务行业的工作效率,降低经营成本,实现金融业务处理的自动化、业务管理的信息化以及决策的科学化,为客户提供快捷、方便的服务,达到提升市场竞争力的目的。它是一种基于传统的、封闭的金融专用计算机网络系统,其本质是行业内部管理的自动化与信息化。

以银行为例,目前传统业务的电子化模式按业务形态分类,可分为网上银行,网上银行系统主要分为个人网上银行、企业网上银行、内部管理三个部分。个人网上银行能够为个人客户提供注册、账户处理、客户服务、外汇业务、B股证券查询、银证通、个人汇款、理财顾问、b2c等服务;对公网上银行能够为企业客户提供集团理财(账户管理)、付款指令、网上购物、贷款查询、客户服务、证书管理等服务和手机银行、电话银行、家居银行等。最有代表性的工行网上银行系统自1999年建立以来,经过多次的业务拓展和版本升级,目前已经形成一个覆盖全国各地区的internet网上银行业务系统。截至2015年12月,工行电子银行业务交易金额达到22.3万亿元,网上银行交易金额达到19.4万亿元,同业占比超过了8%;累计发展网上银行企业客户6.88万户、个人客户749.9万户;电话银行企业客户78.6万户、个人客户1 364万户。

除银行外的其他行业主要是依托信息技术,实现业务的网络化,包括网上证券服务等形式。网上证券的作用有:对投资者来说,利用证券电子商务可以得到比较公平、公正、高效的证券行情、信息和交易服务,可以减少因行情延迟、信息时差或交易不及时等引起的交易损失;对证券商来说,证券电子商务的实现一方面可以大幅度降低成本,减少基础设施和人力资源的投入,另一方面可以方便地扩展业务范围,通过远程证券交易的手段占领更广大的市场;对交易所来说,支持证券电子商务的发展,积极向电子商务靠拢是非常必要的,国际证券市场已广泛实现了电子商务,中国加入WTO必然对中国证券市场产生巨大的压力;中国的证券交易所应尽早开展证券电子商务,不仅有利于与国际接轨,也可以使我国证券交易所在的国际市场竞争中处于有利地位。

传统业务的电子化使得金融机构处于一个对金融信息进行采集、传送、处理、显示与记录、管理和监督的综合性应用网络系统之中。具体而言,这种系统包括四个层面,一是金融自动化服务系统,二是金融管理信息系统,三是金融电子支付系统,四是金融决策支持系统,通过一个完整的系统,对金融机构的运行提供全方位的支持。传统业务的电子化,从根本上改变了金融机构原有的业务处理和管理体制,大大加快了资金的周转速度。同时,金融业已发展为一个全开放的、全天候的和多功能的现代化金融体系。这种体系提高了金融业的效率,降低了经营成本,也使金融机构的收入结构发生了根本性的变化。

二、基于互联网的创新金融服务模式

以互联网技术为支撑的金融创新的遍布金融行业,基于互联网的新金融服务模式在不同的金融行业有着不同的代表模式。银行业作为我国金融系统的重要组成部分,其信息化水平一直处于领先地位。目前基于互联网的服务模式也率先在银行业展开,比较有代表性的是直销银行模式。直销银行在国外的发展已经比较成熟,国内的直销银行正处于试点阶段,最先涉足此模式的是民生银行和北京银行。

直销银行,是指业务拓展不以柜台为基础,打破时间、地域、网点等限制,主要通过电子渠道提供金融产品和服务的银行经营模式和客户开发模式。此种模式能够为客户提供简单、透明、优惠的产品,具有显著的市场竞争力和广泛的客户吸引力。直销银行的显著特点有:① 充分依托虚拟网络和外部实体网络平台,大部分金融服务都可以通过互联网来实现,也会积极借用其他实体单位的网络渠道来处理业务。② 组织结构扁平化。绝大部分银行都极少或根本没有实体分支网点,银行后台工作人员直接与终端客户进行沟通和业务往来。③ 吸引顾客方式灵活多样。由于不设立实体店面和分支机构,所以直销银行能够将节约下来的成本和费用开支让利于顾客。④追求便捷性和安全性的统一。直销银行可以利用互联网、移动通信等方式为客户提供一年365天全天24小时不间断的网上金融服务,为客户进行网上交易和支付提供极大的便利。直销银行几乎不设立实体业务网点的银行,其主要通过互联网、移动终端、电话、传真等媒介工具,实现业务中心与终端客户直接进行业务往来。直销银行是有独立法人资格的组织,其日常业务运转不依赖于物理网点,因此在经营成本费用支出方面较传统银行更具优势,能够在经营中提供比传统银行更具吸引力的利率水平和费用更加低廉的金融产品及服务。

2013年9月16日,民生银行宣布与阿里巴巴合作,最早把直销银行的概念送入公众视野。然而,最先推出直销银行业务的是北京银行,2013年9月18日,北京银行宣布与其境外战略合作伙伴荷兰ING集团正式开通直销银行服务模式。虽然国内的直销银行业务才刚刚起步,其发展模式已呈现出不同特征,北京银行的直销银行模式与民生银行直销银行模式差异较大。

目前看,很难草率判断哪种模式会成为我国直销银行发展的主流模式,甚至还会有其他新型直销银行模式问世。随着金融互联网化的深入,国内银行会积极借助互联网技术变革传统金融服务模式,通过为客户提供更好的服务体验在激烈的市场竞争中获得优势。

三、金融电商模式

对于传统金融机构而言,充分抓住互联网带来的机会,主动拥抱互联网金融是每个机构的必然选择。这种选择体现在运营模式上的一个最大特色和共同点就是金融机构电商化的选择。他们或者自己建立电商平台,或者与其他拥有海量客户信息和渠道的互联网企业合作建设电商平台,无论采用何种模式,其目的都是获得多元化的盈利模式。

(一)银行业的金融电商

早在互联网金融兴起之前,国内商业银行已经紧跟信息技术革命的浪潮,持续投入大量人力和资金,推进了信息化建设。在这一过程中,各家银行尽管进度有先有后,战略侧重点也各有不同,但大体发展方向是一致的。特别是几家大型银行都走过了从一把算盘一支笔的手工操作,到单机处理,到区域互联,再到大机集中和网络金融的发展道路,不仅显著提升了对经济社会和公众生活的金融服务能力,也有力推动了银行体制机制的深刻变革和各项业务的创新发展。总的来看,目前国内商业银行已基本完成了银行信息化建设目标,正在加速进入信息化银行建设的崭新阶段。

工商银行的信息化建设历程是我国整个银行业现代信息技术应用发展史的一个缩影。自1984年成立以来,工商银行坚持"科技兴行"战略,高起点、高标准建设科技平台,并先后自主研发了四代核心应用系统,实现了信息技术与经营管理的深度融合,探索走出了一条符合国情行情的信息化建设道路。以工行为例,这些年来我国商业银行信息化建设的成果主要体现在以下几方面:

一是实现了IT大集中。工行在国内同业中最早完成了全行数据大集中,实现了境内外所有分支机构以及集团子公司各类数据的集中处理和统一管理,支撑着全行近1.7万家营业机构、9.12万台ATM、140万台POS、4.65万台自助终端的运行,从而由过去因信息分割而造成事实上的成千上万家"小银行"的集合体,整合成真正意义上的一家大银行。目前全行数据中心日均处理业务量2.15亿笔,日峰值业务量2.54亿笔。工商银行整体搭建了"两地三中心"的科技运行架构,2002年在北京、上海建立了"一主一备"两个集中式大型数据中心,其中上海数据中心作为全行业务处理的生产运行中心,北京数据中心作为异地灾备中心,在意外发生时可实现千公里级的数据切换和快速接管。今年6月份,又在上海数据中心50公里范围内增建了一个同城灾备中心,成功实现了核心生产系统同城双中心的并行运行,能做到发生灾难时分钟级快速恢复生产运行以及数据的零损失切换,进一步提升了信息系统风险防范和业务连续性运行水平,这一科技成果处于全球金融业领先水平。

二是实现了大数据积累。工商银行建立了全行统一的数据仓库和集团信息库两个大数据基础平台,实现了客户信息、账户信息、产品信息、交易信息、管理信息等内容的集中管理,信息系统中存储的数据量达到700万GB,其中用于海量数据挖掘和分析的数据仓库平台经过6—7年的累积,数据总量增长了近30倍,目前已达38万GB,包含客户、柜员、各有关机构的交易行为、关联性和交易习惯等大量有价值的信息。仅以客户信用记录为例,工商银行对4.52亿个人客户和460万法人客户的客户违约率和违约损失率数据的完整积累长度分别超过了8年和6年,完全满足了巴塞尔Ⅲ资本管理协议的要求。此外,影像、语音等非结构化数据每年以接近50%的速度增长,总量已经达到120万GB。

三是实现了运营集约化。按照"集约运营、服务共享"理念和打造"流程银行"目标,先后建立了业务集中处理中心、金融交易中心、单证中心、报表中心、电子银行中心、电话银行中心、短信平台、远程授权、信贷监测中心等集约化营运中心,改变了传统分散式的作业模式,实现了业务处理工厂化、集中化和规范化,使数万名员工从中后台转移到前台服务和营销岗位,不仅大幅提升了业务运营效率和降低了运营成本,而且促进了柜面服务响应能力和服务质量的提高。比如我们的业务集中处理模式形成"网点全面受理、中心集中处理"的全新运营格局,人日均处理量是分散模式下的7倍,核算质量提升了10倍,节约人员近9 000名。

四是实现了管理现代化。工商银行先后开发应用了一系列管理系统,持续推动了管理创新,提高了经营管理效率。比如,建立了满足新资本协议要求,覆盖信用风险、市场风险和操作风险管理三大领域的风险管理体系,实现了全面的风险计量和控制。开发应用了新一代监督系统,依托对客户交易习惯和历史数据的系统分析,编制了数百个智能化监督模型,实现了对各类风险特征的全景展现,进而对不同程度的风险采取不同的监督手段,从根本上改变了沿袭多年的业务复审模式,实现了更为精准的业务监督。基于价值管理理念开发应用了新的绩效考核系统,从机构、部门、产品、客户和员工五个维度构建起完整的绩效评价体系,为各级机构的客户营销、经营分析及资源配置提供了综合解决方案,有效激发了经营活力和价值创造力;开发了全行共享的全球信息资讯平台,通过对行内外商务信息的统一采集和深度挖掘,为不同部门、分行和境内外机构之间搭建了联动营销通道,同时也帮助客户更加及时全面地了解市场动向、把握商机、降低获信成本。

五是实现了服务信息化。近年来,各家商业银行普遍建立起由网上银行、电话银行、手机银行和自助银行构成的信息化服务体系,极大地缓解了银行业务快速增长与物理网点资源有限的矛盾。从工行来看,目前拥有网上银行客户1.8亿户,电话银行客户1.1亿户,手机银行客户1.3亿户。以网上银行为主的电子银行已发展成为全行交易型业务的主渠道,大多数的理财、基金等产品均是通过网络渠道销售的,其中外汇、贵金属等交易量占比更是高达99%以上。目前,电子银行对传统柜面业务的替代率超过82%,相当于3万个物理网点、30万个柜员办理的业务量。2013年网上银行交易额达到380万亿元,自2000年以来的年复合增长率达到50%。应该说,这些年来商业银行电子银行服务体系的建立和快速发展,对培育互联网金融文化和客户互联网金融消费习惯起到了重要作用。

2016年6月初,从银行业传出的重磅消息炸到了第三方支付的圈子中。随着工商银行商户发展中心的成立,以及工行独立支付APP的上线、工行二维码支付得到监管肯定,天时、地利、人和齐聚的工行或将与目前的收单老大支付宝展开精彩争夺。

就表现形式而言,目前银行业的金融电商主要表现形式有两种:第一种是以中国建设银行为代表的自建平台模式;第二种是以招商银行为代表的平台合作模式。

总体来讲,银行经营电商业务存在很大的短板,业务中主要表现为用户的活跃度不够高,交易量也不及传统电商的千分之一,主要原因有几点:第一,商业银行内控比较严格,审批流程较长,而电商是短平快的业务,要求快速反应;第二,由于长久的垄断地位所致,银行与电商相比服务意识更差一些;第三,商业银行用有传统的金融人才,但缺少了解电商运营的人才;最后,仓储、物流等因素也将是银行电商平台建设的短板。

但是对于银行来说,其建立电商平台还是具有一定的优势,主要有三点:首先,商业银行有很多对公客户,其中大部分是制造企业,这决定银行有足够量的货源;其次,商业银行有大量个人客户,可以作为买家,拥有大量的买家资源;最后,在金融行业中,商业银行的作用属于金融中介,电商平台的建立可以拓宽银行作为中介的内涵。

(二)证券业的金融电商

我国证券行业信息化起步较早,发展较快。证券业最早应用信息技术的是证券交易所。1990年,上海证券交易所通过计算机进行了第一笔交易。1992年,深圳证券交易所复合系统正式启用。十几年来中国证券市场发展迅速,目前证券交易所的信息化的主要成就包含四个方面,分别是交易系统的信息化、信息平台系统、通信系统和监管系统。证券公司作为证券业的主体,也是证券信息化的主体。目前国内的所有证券公司都建立了网上交易系统,通过互联网实现了全公司互联和集中交易。在管理、决策和风险控制方面,也基本实现了信息化,包括稽核系统、财务系统和统计分析系统等。

与银行业电商模式类似,证券业金融电商模式主要分为依靠传统电商平台渠道及自建电商平台等模式:一种是目前部分券商正在做的,自己搭建电子商务网站;另一种是通过与淘宝、腾讯等大型网络公司合作,在对方的平台上销售产品的模式;此外,资本较充足的券商甚至可以直接收购第三方电子商务公司。相对于银行,券商面临的主要问题是客户流量有限,不具备银行那样的海量数据资源,其品牌认知度也远低于银行。对于券商来说,建立电商平台,本身就是争抢客户数据的行为。在券商进军电子商务领域的竞争中,一批券商已经抢得先发优势。其中,国泰君安的网上商城,已经成为各家券商模仿和学习的模板。在国泰君安的网上商城,金融产品同一般商品一样销售,甚至引入了目前火热的团购模式。

(三)保险业的金融电商

在传统保险业务模式中,用户往往难以明确自己的保险需求。同时受制于信息不对称,用户普遍对保险公司缺乏信任感,保险经纪人推荐的产品购买率低下。假设现在传统保险行业中信息的传输效率只有 30％，如果互联网能够将这个效率提升至 90％，甚至接近 100％，就可以认为互联网颠覆了整个行业。然而此过程中，互联网扮演的可能仍是工具的角色。而场景化营销，正是保险业提升信息传输效率的一个重要手段。

好的互联网保险产品一定是渠道、流量、产品、服务四位一体的深度融合，互联网保险公司可在这四个方面持续创新，充满前景的互联网保险必定是新技术基础上的商业模式创新。场景化就是产品设计更多围绕用户的实际需求和消费习惯展开，将成为未来互联网保险核心竞争领域。

在场景化营销模式中，加入一键配置家庭财产保护方案的功能，大大增加了保险公司和用户之间的信息透明度，同时体现了浓浓的人文关怀。这种良好的互动性也更值得互联网保险从业者深度思考和实践。

第四节　信息化金融机构发展趋势

一、服务机构虚拟化

基于计算机技术的信息化在互联网时代的广泛运用，营造出一个全新的不同于实体经济的虚拟经济，而未来的金融机构将会呈现出显著的虚拟化趋势。网络信息技术在金融业中的应用可以实现在互联网上设立网络银行等网络金融机构，从事虚拟化的金融服务，或者传统金融机构以现有专用网络与 Internet 联网，提供服务或设立网站。

二、服务对象平民化

随着我国金融业市场化程度不断加深，金融业所面临的竞争也日益激烈。互联网时代新兴互联网金融企业的进入，更使传统金融机构感受到威胁。同时，互联网时代金融机构的信息化建设，金融机构推出小额理财产品的成本大幅下降，使小额理财成为可能。随着我国社会经济的不断发展，普通居民的投资理财意识更为强烈，寻求收益更高的投资方式成为他们迫切的需求。可以说现实的激烈竞争和居民的金融需求共同要求金融机构服务对象平民化，而互联网技术又使得这一需求成为现实，未来的信息化金融机构的服务将会向着更加平民化的趋势发展。

三、金融机构平台化

平台经济实质是全球化、信息化、网络化三大趋势的集大成者。对于金融机构而言，建立平台能在竞争中居于有利位置，从而具有聚集各种资源的能力，在竞争中掌握主动权。从风险控制角度来看，通过平台占有的社会资源越多，抗风险的能力就越强。平台通过不断增加参与者规模并且逐渐改进、完善平台商业模式来为参与者带来更多价值，最终完成平台自身的增值。

面对一个金融需求强烈、客户群体庞大但渠道稀缺的市场，以商业银行为主体的金融机构扩张是必然性战略选择。而同新设机构背后承担的巨大建设成本与人员管理压力相比，构建虚拟化的平台中介，整合渠道与资源，低成本拓宽销售渠道更是转型发展的新方向。

四、金融服务个性化

互联网通过开放、分享、个性化和分布式协作改造着传统金融,互联网时代的信息化金融机构的运营模式使得金融服务的成本更低,操作更便捷,同时服务的透明度更高,个性化更强,用户体验更好。对于信息化金融机构而言,未来的竞争更多体现在服务质量的比拼上,是否有能力针对客户的不同需求推出个性化、定制化的产品是每个金融机构必须面对的考验。

本章小结

信息化金融机构是指在互联网金融时代,通过广泛运用以互联网为代表的信息技术,对传统运营流程、服务产品进行改造或重构,实现经营、管理全面信息化的银行、证券和保险等金融机构。

信息化金融机构对金融业发展态势的影响表现为,信息化成为企业核心竞争力,上升到战略层面,使金融服务竞争战场转移,给了中小金融机构发展的机会,混业经营趋势明显。信息化金融机构运营模式主要有传统金融业务电子化模式、基于互联网的创新金融服务模式、金融电商模式。

信息化金融机构发展趋势是,服务机构虚拟化,服务对象平民化,金融机构平台化,金融服务个性化。

 复习思考题

1. 你是怎样理解信息化金融机构对金融业发展态势的影响?
2. 目前信息化金融机构主要运营模式分哪几类? 它们的区别是什么?
3. 请结合自己的理解谈谈信息化金融机构的发展历程。
4. 加入 WTO 以后我国银行业面临的机遇与挑战有哪些?
5. 国家金融机构体系一般由哪些金融机构构成?

第十一章 互联网金融门户

 **本章内容**

 **学习目标**

——知识目标

了解互联网金融门户的概念,掌握互联网金融门户模式和特点;了解互联网金融门户的发展态势,掌握互联网的种类,理解互联网金融门户的作用。

——技能目标

能够在实际生活中识别互联网金融门户并能够分辨其业务类型;能够在生活中熟练运用互联网金融门户寻找合适的理财方案。

随着金融市场化进程,金融创新步伐的加快,信托投资和私募基金行业快速发展,各类信托产品、阳光私募基金和私募股权基金(FE)层出不穷,给投资人带来丰富的投资理财产品。与此同时,这类投资理财产品合约条款复杂,投资收益起伏不定,加上投资人受到专业知识和投资技术的限制,面对大量多元化的这类投资理财产品,很难做出明智选择,形成最佳投资组合,甚至因为对其中隐藏的风险不了解而受到损失。

在这样的背景下,不同于银行、信托机构的第三方理财专业机构及其开展的第三方投资理财网上服务平台应运而生,更有少数机构发展成这一领域有影响力的互联网金融门户。如成立于2007年的北京格上理财顾问有限公司,其作为独立的第三方理财机构,提供高端理财产品的投资顾问服务,现已成为国内领先的第三方理财服务平台。因为其满足了投资人的理财需要,将来会有更快的发展,而且为阳光私募基金、信托产品等理财与资产管理行业提供了销售、交易的渠道,可以形成平台、行业和投资人三方共赢的格局。

第一节　互联网金融门户概述

一、互联网金融门户概念

互联网金融门户是利用互联网提供金融产品、金融服务信息，汇聚、搜索、比较金融产品，并为金融产品销售提供第三方服务的平台。它采用金融产品垂直比价的方式，将各家金融机构的产品放在平台上，用户通过对比挑选合适的金融产品，也就是互联网金融门户提供了交易环节外的在线金融服务，这种智能化的运营模式将大数据技术、垂直搜索技术与金融顾问、贷款初审等传统金融服务相结合，实现了金融搜索方式以及金融业务流程的更新，其核心在于利用数据的可追踪性和可调查性等特点，依托数据分析以及数据挖掘技术，根据客户的特定需求，为其筛选并匹配符合条件的金融产品。目前互联网金融门户领域又可以细分为信贷、私募、理财、保险、P2P等行业产品。

二、互联网金融门户模式

互联网金融门户模式是指中小企业利用互联网金融门户服务平台，对平台上的各家金融机构的产品进行垂直搜索，对各种金融产品的价格、特点对比分析，自行挑选金融机构提供的金融服务产品。在当下众多的互联网金融模式中，互联网金融门户模式正在快速崛起。比如融360、格上理财、大童网、好贷网等金融门户网站每天都吸引着成千上万的客户进行咨询和交易。以融360为例，它是成立于2011年的一家国内金融垂直搜索平台，也被称为"服务中国消费者和中小企业的金融搜索和推荐平台"，"互联网＋金融"典型业态，是新型的网络金融服务公司，利用大数据、搜索等技术，让上百家银行的金融产品可以直观地呈现在用户面前。

在盈利方面，现阶段互联网金融门户的主要收入来源有佣金、推荐费、广告费、培训费以及咨询费等。总体来看，无论是佣金、广告费还是推荐费，互联网金融门户盈利的核心在于流量以及变浏览为购买者的转化率。与吸引流量相比，更为重要的是在流量基础上提高转化率，因为互联网金融门户处理信息的成本在短期内很难降低，所以在流量固定的假设条件下，互联网金融门户的转化率越高，收益也就越高。因此，互联网金融门户要注重网站内容与页面设计，提供内在价值高的金融产品，同时创新搜索方式，简化操作流程，努力增强用户黏性，从而提高转化率，使互联网金融门户获取稳定且可持续的收入。

到目前为止，互联网金融门户并未对金融脱媒产生直接影响，而是对传统金融业的创新形成了良好的补充，促进了金融产品信息化程度提高，给客户带来了更为丰富的金融产品以及更加便利的购买方式，从而加快了传统金融业适应互联网发展的节奏。从短期来看，互联网金融门户对金融业发展态势的影响主要体现在提高信息对称程度和改变用户搜索金融产品信息方式两个方面。从长期来看，当互联网金融门户拥有了庞大的客户资源，积累了渠道优势后，势必会对上游的金融产品供应商形成反向控制。

三、互联网金融门户的特点

（一）搜索方便快捷，匹配快速精准

互联网金融门户打造了"搜索－比价"的金融产品在线搜索方式，即采用金融产品垂直搜索方式，将相关金融机构的各类产品放在网站平台，客户通过对各类金融产品的价格、收益、特点等信息进行对比，自行挑选适合其自身需求的金融服务产品。

（二）顾客导向战略，注重用户体验

互联网金融门户的另一核心竞争优势是顾客导向型战略，即通过对市场进行细分来确定目标客户群，根据其特定需求提供相应服务。其宗旨是提升客户在交易过程中的用户体验，通过产品种类的扩充和营销手段的创新，动态地适应客户需求。

（三）占据网络入口，凸显渠道价值

从产业链角度分析，互联网金融门户的上游为金融产品供应商，即传统金融机构，下游为客户，而作为中间桥梁的互联网金融门户，其最大的价值就在于它的渠道价值。渠道通常指水渠、沟渠，是水流的通道，但现被引入到商业领域，引申意为商品销售路线，是商品的流通路线，指厂家的商品通过一定的社会网络或代理商卖向不同的区域，达到销售的目的。

第二节　互联网金融门户的发展

目前，互联网金融门户不仅商业模式获得了投资机构的认可，而且市场空间广阔，总体上呈现出了良好的发展态势。

（一）门户发展渠道化

互联网金融门户依托大数据技术，通过垂直搜索的方式解决了交易过程中的信息不对称问题，不仅为客户提供快速而全面的行业信息、便捷而精准的金融产品推荐服务，同时还为金融机构提供智能化的金融产品销售服务，有效地降低了金融机构的交易成本。

因此，在互联网金融生态系统中，互联网金融门户将成为集资讯、在线销售以及相关增值服务于一体的金融产品销售渠道。通过结构化的垂直搜索方式，搭建一个产业联盟平台，聚集产业链上下游企业，互联网金融门户不仅为产业链增加了技术协助，还为供需双方实现信息交流、业务对接以及利益共赢提供了良好的平台。

（二）产品类别多元化

对于垂直搜索平台而言，信息不对称是其致力解决的首要问题，因此，平台上的产品覆盖面越广、产品数量越多，其上游企业的资源越分散，信息传递越充分，平台价值也就越大。这也是"融360"在信贷搜索之后又上线了信用卡搜索、以记账理财为核心业务起家的手机APP"挖财"的重要原因。2013年7月推出基金交易服务以及软交所科技金融超市一上线就涉及企业

贷款、股权融资、政策融资、企业理财以及新三板 IPO 五大类金融产品。

可见,在经营产品类别方面,以垂直搜索平台为核心定位的互联网金融门户未来必将呈现产品多元化的发展趋势,即门户将汇聚不同种类的金融产品,从单一金融产品的垂直搜索平台转化为汇聚不同种类金融产品的综合类垂直搜索平台,如信贷类垂直搜索平台可以开展 P2P 网贷、信用卡等搜索业务,而保险类垂直搜索门户可将业务范围延伸到理财、中期信托、短期保险基金等,供用户搜索比价,从而深层次、多角度地挖掘和满足用户需求。

(三)业务模式多样化

互联网金融门户的核心是客户,随着人民生活水平日益提高,金融产品不断创新,满足客户对金融产品多元化需求的同时提升用户体验,将成为保障互联金融门户核心竞争力的关键。

在业务模式方面,互联网金融门户不会仅局限于当前的 B2C 模式,随着依托大数据、云计算等互联网金融核心技术的不断发展深化,互联网金融门户将通过对客户搜索习惯和行为特征进行有效记录和智能分析,从而协助金融机构为客户量身设计金融产品,通过自主定制产品的方式加强客户在交易过程中的自我成就感,提升用户体验,逐步形成互联网金融领域的 C2B模式。

(四)营销方式移动化

随着移动通信技术和手机终端设备的发展,越来越多的客户形成了使用手机浏览和支付的消费习惯。因此,结合移动互联网的发展趋势,未来互联网金融门户势必会涌现出一批像"铜板街"和"挖财"等手机 APP,便于客户随时随地进行搜索比价。通过 PC 端到移动端的全方位布局,互联网金融门户将使其产品信息的传播更加及时,业务流程更加便捷,从而更好地聚拢客户资源,充分发挥其渠道优势。

第三节　互联网金融门户的种类

一、根据汇集的金融产品、金融信息的种类划分

(一)P2P 网贷类门户

1. 定位

P2P 网贷类门户仅仅聚焦于 P2P 网贷行业,并不涉及银行等金融机构的传统信贷业务,因此,将其与传统信贷类门户加以区分,单独归类进行分析。

P2P 网贷类门户与 P2P 网贷平台存在本质上的差异。P2P 网贷平台是通过 P2P 网贷公司搭建的第三方互联网平台进行资金借、贷双方的匹配,是一种"个人对个人"的直接信贷模式。而 P2P 网贷类门户的核心定位是 P2P 网贷行业的第三方资讯平台,是 P2P 行业的外围服务提供商,通过为投资人提供最新的行业信息,并为其搭建互动交流平台,致力于推动 P2P 网贷行业健康发展。

资讯类网站是当今互联网的基本组成形态,也是 web1.0 的表现形式之一,人们通过网站

图 11-1　网贷之家金融门户

可以了解到大量的信息。P2P 网贷类门户也不例外,它是 P2P 网贷投资者最为关注的门户网站之一,是理财人和借款人了解 P2P 网贷行业以及各家 P2P 网贷平台运营状况的窗口,同时,P2P 网贷类门户的"曝光台"对存在倒闭及携款跑路风险的 P2P 网贷平台也能起到一定的监督及风险预警作用。现阶段,国内典型的 P2P 网贷类门户有网贷之家、网贷天眼以及 P2P 速贷导航等。

2. 运营模式

P2P 网贷门户网站秉承公平、公正、公开的原则,对互联网金融信息资源进行汇总、整理,并具备一定的风险预警及风险揭示功能,起到了对网贷平台的监督作用。因此,在 P2P 网贷类门户上,客户可以搜索到大量的 P2P 网贷行业资讯、行业数据,有效地降低了借贷双方的信息不对称程度。同时,P2P 网贷类门户以客观中立的立场,通过门户工作人员走访、考察等方式,将全国各地具备资质且运营状况良好的 P2P 网贷平台纳入网贷类门户的导航栏中,为有理财需求和有贷款需求的客户提供相关信息参考,有效地解决了其对 P2P 网贷平台信息获取问题。

此外,P2P 网贷类门户还具备一定的风险屏蔽及风险预警功能。例如,网贷之家通过平台准入审核,筛选出具备相关资质及良好信誉的 P2P 网贷平台,并对准入平台的信息进行实时监控,在携款跑路等事件发生前及时进行风险预警。

3. 盈利模式

目前,第三方资讯平台类互联网金融门户的盈利模式与传统资讯类网站的盈利模式相比并无太大差异,依然主要是通过广告联盟的方式来赚取利润。不难看出,该盈利模式的核心就在于流量,依靠网站的流量、访问量和点击率,吸引广告。门户日均访问量越多,越容易吸引企业投放广告,从而获取更多利润。

此外,有一部分 P2P 网贷类门户还通过对 P2P 网贷平台进行培训及相关咨询服务的方式来实现营收。

(二) 信贷类门户

图 11-2　好贷网金融门户

1. 定位

目前,该类别互联网金融门户核心业务形态主要以垂直搜索＋比价为主,因此,信贷类门户定位是信贷产品的垂直搜索平台,将传统的线下贷款流程以及信贷产品信息转移到网络,为传统信贷业务注入互联网基因。

现阶段,信贷类门户虽然将线下信贷产品业务流程转移到线上,初步实现了信贷业务流程在线化,但由于信贷产品极其复杂并具有一定风险性,因此,目前国内客户购买信贷产品的方式依然以 O2O(Online to Offline)模式为主,即客户通过在线搜索信贷产品信息进行比对,然后到线下的相关金融机构进行购买,这就是所谓的 ROPO(Research Online Purchase Offline)模式,而距离线上自助式购买还有很长的一段路要走。

2. 运营模式

鉴于信贷类门户的核心定位为垂直搜索平台,因此该类门户不参与借贷双方的交易,也不做属于自己的信贷产品。

　　在该类网站上,客户可以搜索到不同金融机构的信贷产品,并通过各类产品间的横向比较,选择出一款适合自身贷款需求的信贷产品。

　　在信贷产品信息采集方面,信贷类门户通过数据采集技术以及合作渠道提供的信息建立数据库,汇聚着各类信贷产品信息,并对产品信息进行实时更新,以确保客户搜索到的产品信息真实可靠。

　　在信贷产品搜索及匹配方面,信贷类门户设计了简明的信贷产品搜索框,包括贷款类型、贷款金额以及贷款期限等条件,便于精准定位客户的贷款需求,并根据其不同的需求进行数据分析和数据匹配,为客户筛选出满足其特定需求的信贷产品进行比价。

　　3. 盈利模式

　　该类互联网金融门户是信贷产品的垂直搜索平台,由于涉及具体金融产品,而不是行业资讯及行业数据,因此,信贷类门户的盈利模式与第三方资讯类门户有所不同。现阶段,其收入来源主要以推荐费以及佣金为主,广告费、咨询费以及培训费等收入占比较低。

　　（三）保险类门户

图 11 - 3　金融界保险金融门户

　　1. 定位

　　保险类门户的核心定位分为两类:一类是聚焦于保险产品的垂直搜索平台,利用云计算等技术精准、快速地为客户提供产品信息,从而有效解决保险市场中的信息不对称问题。另一类保险类门户定位于在线金融超市,充当的是网络保险经纪人的角色,能够为客户提供简易保险产品的在线选购、保费计算以及综合性保障方案等专业性服务。

保险类门户为客户提供了一种全新的保险选购方式，并实现了保险业务流程的网络化，具体包括保险信息咨询、保险计划书设计、投保、核保、保费计算、缴费、续期缴费等。

2. 运营模式

保险类门户对各家保险公司的产品信息进行汇总，并为客户和保险公司提供了交易平台。同时，为客户提供诸如综合性保障方案评估与设计等专业性服务，以确保在以服务营销为主的保险市场中，依靠更好的增值服务争取到更多的客户资源。

目前，虽然国内外保险类门户数目繁多，但按其业务模式划分，保险类门户主要以 B2C 模式、O2O 模式以及兼具 B2C 和 O2O 的混合业态经营模式三类模式为主。

此外，现阶段保险类门户汇集的险种还是以复杂程度低、同质化较高的意外险和车险为主。其原因不仅在于该险种易于横向比价，更为重要的是该类产品的边际成本较低，在保险类门户达到一定规模后，有助于其实现规模经济效益，从而发挥门户的渠道优势。

3. 盈利模式

纵观国内外的保险类门户，其盈利模式通常可以分为以下三种：第一种是客户完成投保后收取的手续费；第二种是依托保险类门户规模大、种类全、流量多等优势，通过广告联盟的方式收取广告费用；第三种是向保险机构或保险代理人提供客户信息和投保意向，从中收取佣金。

（四）理财类门户

图 11-4　格上理财金融门户

1. 定位

理财类门户作为独立的第三方理财机构，可以客观地分析客户理财需求，为其推荐相关理财产品,并提供综合性的理财规划服务。理财类门户与信贷类门户、保险类门户的定位并无太大差异,只是在聚焦的产品类别有所不同,其本质依然分为垂直搜索平台以及在线金融超市两大类,并依托于"搜索＋比价"的核心模式为客户提供货币基金、信托、私募股权基金(PE)等理财产品的投资理财服务。此外,部分理财类门户还搜集了大量的费率信息,以帮助客户降低日常开支。

2. 运营模式

理财类门户并不参与交易,其角色为独立的第三方理财机构。理财类门户结合国内外宏观经济形势的变化,依托云计算技术,通过合作机构等供应渠道汇集了大量诸如信托、基金等各类理财产品,并对其进行深度分析,甄选出优质的理财产品以供客户搜索比价。同时,通过分析客户当前的财务状况和理财需求,如资产状况、投资偏好以及财富目标等,根据其自身情况为用户制定财富管理策略以规避投资风险,向其推荐符合条件的理财产品,并为之提供综合性的理财规划服务。

除了传统的 PC 端门户网站,理财类门户还开拓了移动端市场,涌现了一批手机理财软件。移动端理财 APP 的出现,不仅使得客户可以随时随地查询和购买理财产品,更为重要的是有助于理财类门户发挥其自身的渠道优势,积累更庞大、更优质的客户资源。

3. 盈利模式

现阶段,理财类门户的盈利模式较为单一,主要以广告费和推荐费为主。理财类门户通过带给理财产品供应商用户量和交易量,收取相应的推荐费,因此其盈利模式的关键在于流量。所以有效地提高转化率,将流量引导到供应商完成整个现金化过程,将成为理财类门户稳定收入来源的重要保证。

(五)综合类门户

1. 定位

综合类门户的本质与信贷类门户、保险类门户以及理财类门户并无太大差异,其核心定位依然是互联网金融领域的垂直搜索平台和在线金融超市。综合类门户与其他门户的不同之处在于所经营的产品种类,后三者均聚焦于某种单一金融产品,而综合类门户则汇聚着多种金融产品。

综合类门户本身不参与交易,而是引入多元化的金融产品和大量相关业务人员,为客户搭建选购各类金融产品以及与业务人员联系对接的平台。

2. 运营模式

综合类门户主要起到金融产品垂直搜索平台以及在线金融超市的作用,业务模式仍然以B2C 及 O2O 模式为主。

在以垂直搜索平台为核心定位的综合类门户上,客户不仅可以快速、精准地搜索到各类金融产品,对其进行比价,还可以通过平台与相关业务人员联系对接,进行线下咨询及购买,并通过信息反馈系统实现金融 O2O 模式的闭环。

3. 盈利模式

综合类门户的本质与信贷类门户、保险类门户以及理财类门户并无太大差异,其核心定位依然是互联网金融领域的垂直搜索平台和在线金融超市,因此其盈利方式为以上各类金融门户的综合表现。

二、根据相关互联网金融门户平台的服务内容及服务方式分类

根据相关互联网金融门户平台的服务内容及服务方式不同,将互联网金融门户分为第三方资讯平台、垂直搜索平台以及在线金融超市三大类。

(一)第三方资讯平台是为客户提供全面、权威的金融行业数据及行业资讯的门户网站,典型代表有网贷之家、和讯网等。

(二)垂直搜索平台专门针对某一特定金融产品的垂直搜索门户网站。它是针对某一特定行业的专业化搜索,对某类专业信息的提取、整合以及处理后反馈给客户。客户在该类门户上可以快速地搜索到相关的金融产品信息。互联网金融垂直搜索平台通过提供信息的双向选择,从而有效地降低信息不对称程度。这类门户的典型代表有"融360"。

(三)在线金融超市汇聚了大量的金融产品,共提供在线导购及购买匹配,在利用互联网进行金融产品销售的基础上,还提供与之相关的第三方专业中介服务。一般情况下,我们称该类门户为金融中介。它们是通过提供导购及中介服务,为客户解决服务不对称的问题。此类门户的典型代表有"格上理财"、"91金融超市"以及"软交所科技金融服务平台"等。

这三类门户从产业链角度分别担任着不同的角色。其中,第三方资讯平台充当的是提供外围服务的角色,垂直搜索平台是媒介角色,二者在产业链中所处的位置相同,前者提供的是行业资讯和相关数据,后者提供的是产品信息。在线金融超市居于二者上游,在产业链中是代理商角色。三者均为产业链下游客户服务,而处于三者上游的企业便是金融机构。

第四节　互联网金融门户的作用

近年来,在利率市场化、国内金融消费逐渐递增的大趋势下,越来越多的金融行业信息、金融产品以及金融服务涌现出来。金融机构的信息处理和反馈、金融产品的销售以及金融服务的提供,都需要通过更为高效的渠道才能实现,而互联网金融门户就是其中之一,因此,互联网金融门户对金融业是一种有效的补充而非变革式的颠覆。

从短期看,互联网金融门户对金融业发展态势的影响主要体现在提高信息对称程度以及改变用户搜索金融产品信息方式两个方面。

从长期看,当互联网金融门户拥有了庞大的客户资源,积累了渠道优势后,势必会对上游的金融产品供应商形成反纵向控制。

一、降低金融市场信息不对称程度

互联网金融门户通过搜索引擎对信息进行组织、排序和检索,有效缓解了信息超载问题,其形成的"搜索＋比价"模式为客户提供了充足且精准的金融产品信息,减少了逆向选择的发生。互联网金融门户还起到了一定监督职能,通过企业征信以及风险预警等方式对相关企业进行实时监督,减少了道德风险的出现。

二、改变用户选择金融产品的方式

随着大数据以及云计算等互联网金融核心技术的发展,互联网金融门户将金融产品从线

下转移到了线上,形成了"搜索+比价"的方式,让用户快速且精准地搜索和比较非标准化、风险性和复杂性较高的金融产品成为可能,使得其足不出户就可以搜索到满足自身需求的金融产品。与传统的搜索方式相比,"搜索+比价"的方式大幅提高了客户的搜索效率,既节省了时间,又降低了交易成本,加快了信息及资金的流通速度。

三、形成对上游金融机构的反纵向控制

从长期看,随着利率市场化水平不断提升,资本市场不断完善,国内金融市场将会步入金融产品过剩的时代,金融领域的竞争格局也会从产品竞争逐步转向产业链竞争。届时,最稀缺的资源莫过于稳定的客户群体,而当互联网金融门户成长为掌握客户资源的重要渠道后,势必会拥有金融产品销售这一纵向结构的决策权以及对上游金融产品供应商(如银行、基金公司、保险公司、投资公司等)的议价能力,逐渐形成对上游供应商的反纵向控制。

四、积极打造互联网金融生态系统提高互联网金融的运行效率

我国互联网金融在初始阶段属于"单打独斗"式发展,各类互联网金融模式依赖网络巨头取得竞争优势,如BTA(百度、腾讯、阿里巴巴)。但是,随着互联网金融风险增大,互联网交易的违约率升高,如众多的P2P平台跑路,监管层加大了对金融创新的监管力度,加之传统金融在互联网端的竞争开始发力,我国互联网金融的发展向构建新型互联网金融生态圈方向发展,各大互联网金融巨头开始联合发展,不断增强合作互信,各大互联网金融机构通过互联网金融门户销售产品和服务,相互之间的业务功能互补,初步实现互联网金融模式的良性竞争,同时各大互联网金融巨头的合作能进一步加强单个互联网金融机构的风险抵御能力和应变能力,从而在系统层面降低互联网金融交易的不确定性风险。

本章小结

互联网金融门户是指利用互联网进行金融产品销售以及为金融产品销售提供第三方服务的平台,核心是"搜索+比价"模式,采用金融产品垂直比价的方式,将各家金融机构的产品放在平台上,用户通过对比挑选合适的金融产品。互联网金融门户多元化创新发展,形成了提供高端理财投资服务和理财产品的第三方理财机构,提供保险产品咨询、比价、购买服务的保险门户网站等。这种模式不存在太多政策风险,因为其平台既不主要负责金融产品的实际销售,也不承担任何不良的风险,同时资金也大多不通过中间平台。互联网金融门户最大的价值就在于它的渠道价值。互联网金融分流了银行业、信托业、保险业的客户,加剧了上述行业的竞争。

随着金融市场化进程,金融创新步伐的加快,各类信托产品、阳光私募基金和私募股权基金(PE)层出不穷,给投资人带来丰富的投资理财产品。这类投资理财产品合约条款复杂,投资收益起伏不定,加上投资人受到专业知识和投资技术的限制,投资人面对大量多元化的这类投资理财产品,往往很难做出明智选择,形成最佳投资组合,甚至因为对其中隐藏的风险不了解而受到损失。

在这样的背景下,第三方投资理财网上服务平台应运而生,更有少数机构发展成这一领域

有影响力的互联网金融门户,如北京格上理财顾问有限公司,因为其满足了投资人的理财需要,将来会有更快的发展,而且为阳光私募基金、信托产品等理财与资产管理行业提供了销售、交易的渠道,可以形成平台、行业和投资人三方共赢的格局。

 复习思考题

1. 互联网金融门户的含义,它和金融产品的关系是什么?
2. 金融门户的种类有哪些,以及它们的区别是什么?
3. 互联网金融门户有什么作用,它未来有怎样的发展前景?

第十二章　互联网金融监管

本章内容

第一节　互联网金融风险
第二节　互联网金融监管
本章小结

学习目标

——知识目标

了解互联网金融风险的概念,掌握互联网金融风险的基本特征和种类;了解互联网金融监管的定义及必要性,掌握互联网金融监管的内容,理解互联网金融的机构监管和监管协调。

——技能目标

能够在实际生活中识别存在的互联网金融风险并有意识地进行防范;能够动态地掌握互联网金融监管的相关政策并在实际生活中进行运用。

——能力目标

初步具备互联网金融风险的识别能力、防范能力,防范互联网金融诈骗;具备领悟国家对互联网金融监管的政策意图能力。

"没有人监管,我们觉得心里不踏实,我们强烈要求被监管。"互联网金融从业人员在11月12日北京大学互联网金融研究中心举办的首届年会"数字时代的中国普惠金融"中呼唤全面监管政策早日落地。

"剁手"的双十一刚过,中国人民银行金融市场司巡视员徐忠,全国人大财经委委员、中国银行原行长李礼辉等来自互联网金融监管部门、研究部门的官员、学者与互联网金融从业人员齐聚未名湖畔,讨论数字科技给中国普惠金融带来的机遇与挑战。综观整场年会,出现频率最高的词莫过于"监管"。

资料来源:中新经纬:互联网金融行业呼唤监管落地:"强烈要求被监管"。2016-11-13

第一节　互联网金融风险

风险是指在某一特定环境下、某一特定时间段内,某种损失发生的可能性。风险是由风险因素、风险事故和风险损失等要素组成。而互联网金融风险则是指第三方支付、P2P、网络借贷、众筹、互联网理财、互联网银行等互联网金融业务活动由于结果的不确定性和不可控性而导致发生损失的可能性。

一、互联网金融风险的基本特征

金融风险具有发生的隐蔽性、扩散的快捷性、结果的破坏性、类型的复杂性、影响的社会性等特征,而互联网金融发展所依托的平台是互联网(互联网技术和互联网精神),互联网具有技术性、虚拟性、开放性、共享性和创新性等特点。互联网的这些特点使得互联网金融风险具有不同于传统金融风险的一些特性。

(一)扩散速度更快捷

互联网金融具有更加强大的信息技术支持,信息传递无时间、地域限制,能够利用快速远程处理功能和高速高效的数据传输在最短时间内实现金融要素和金融信息的有效传播。然而,任何事物都具有两面性,一方面高速高效的数据传输可以使得支付清算等互联网金融业务更加便捷有效,提高互联网金融产品和服务的供给效率;另一方面,高速高效的数据传输也意味着加快了金融风险的扩散速度,即使很微小的风险未能有效管控,也会在金融市场和相关主体中快速扩散,减少了对差错和失误进行纠正的宝贵时间。

(二)交叉传染更严重

互联网金融是由多边信用共同建立起来的信用网络,网络节点交互联动、相互渗透,物理隔离的有效性相对减弱,不能像传统金融那样采取分业经营,或特许经营等措施,将那些可能导致风险的不同源头隔离开,降低风险相互传染、交叉传染的概率。反之,互联网金融与传统金融的深度合作、互联网金融企业本身的跨界混业经营和互联网提供的跨国金融便利,更是使得互联网金融机构和传统金融机构间、互联网金融业务种类间、国家间的风险相关性日益趋强,风险交叉传染的概率大幅提高,风险传染途径更加多样化,直接加剧、放大传统金融风险的程度和范围。由于缺乏类似传统金融"最后贷款人"的风险保障机制,在互联网金融任意网络节点出现的风险问题,都有可能迅速传染至整个网络,甚至会导致整个网络的崩溃,影响国家金融体系的安全和稳定。

(三)危害影响更广泛

相比于传统金融,互联网金融受众面更广、公众性更强。互联网金融属于普惠金融的范畴,其普惠性与草根性吸引了众多参与者,消费者多为中小企业和普通民众。其中,资金出借方多为金融知识、风险意识相对缺乏,不具备良好的风险识别能力和风险承受能力的普通民众,属于金融消费者中的弱势群体;资金需求方主要是在传统金融机构无法获得资金需求的小微企业、个体工商户和普通民众,用户本身风险较高,极容易出现不良率。由于涉及人数众多,一旦发生互联网金融风险特别是系统性风险,危害影响面相当广泛,将对整个社会产生巨大的负外部性,甚至引发严重群体性事件。

(四)风险监管更困难

互联网金融具有虚拟性和开放性,交易、支付、服务等业务都是在互联网或者移动互联网上完成,产品与服务不再受时间和空间的限制,交易时间短、速度快和频率高;而且混业经营模式是互联网金融的一种常态。互联网金融的这些特点使得对金融风险的防范和监管难以真正落到实处。互联网金融交易过程的虚拟化、交易对象的虚拟化导致了监管上的信息不对称,让以属地管理为主的金融监管部门难以全面准确了解监管对象的实际情况,难以掌握可能发生的互联网金融风险;互联网金融混业经营模式则对以机构监管、分业监管为主的金融监管方式难以采取更多实质性防范措施,可能会导致"监管真空"现象出现,监管模式亟待创新。

二、互联网金融风险的类型

(一)流动性风险

流动性风险一般是针对商业银行而言的,所谓流动性,是指银行能够随时应付客户提取存款的支付能力,也就是银行的清偿力。互联网金融与传统金融相比具有快速聚集资金的能力,但同时也具有更大的流动性风险。由于互联网平台上的补贴和承诺的高收益,以及信息的有效传递,因此互联网平台上的各个基金往往一开始发售,很快便抢购一空,节约了很大的销售成本。但眼下很多所谓的互联网金融没有任何的资本金,即使是投协议存款、短期票据这种在短期内风险较低的领域,未来依然存在很高的流动性风险,譬如债市意外大跌,大家纷纷赎回产品。同时互联网金融还有传统金融所没有的流动性风险,例如遇到"双十一"等日期,很可能发生大面积的赎回,因此不得不提前做好防范措施。

(二)信用风险

信用风险是指网络金融交易者在合约到期日不完全履行其义务的风险。互联网金融的信用风险来自两个方面。首先,对网络信贷而言,互联网金融服务方式的虚拟性使交易、支付的双方互不见面,只是通过网络发生联系,这使对交易者的身份、交易的真实性验证的难度加大,增大了交易者之间在身份确认、信用评价方面的信息不对称,而且中国目前的征信体系建设非常不完善,从而增大了信用风险;其次,网络平台上发售的基金,具有较高的预期收益,例如百度百发8%的预期收益率,在全球经济增长低迷、中国经济潜在增速下降、影子银行体系风险逐渐显现的背景下,如何才能实现如此高的收益? 如果是给企业做过桥贷款、给房地产开发商与地方融资平台融资,一旦经济出现大幅下滑、房地产泡沫破灭,那么必将导致信用违约的发生。

(三)法律风险

法律风险来源于违反法律、规章的可能性,或者有关交易各方的法律权利和业务的不明确性。当前,我国互联网金融还处于起步阶段,政府有关法规中对于网上交易权利与义务的规定大多不清晰,缺乏相应的管理及试行条例,缺乏法律规范调整。投资有收益,同时也有风险,互联网金融大部分以高收益吸引客户,但却没有风险提示,一旦发生纠纷,由于缺少相关的法律,双方当事人的权益得不到有效的保护。目前,部分互联网金融销售打擦边球,以互联网机构变相补贴、抽奖的方式来吸引客户。根据《证券投资基金销售管理办法》规定,基金销售机构不得采取抽奖、回扣或者送实物、保险和基金份额等方式销售基金。按此规定,百度、网易这类非基金销售机构,完全可以用各种办法进行补贴,而作为第三方基金销售机构的天天基金网和数米基金网的销售则存在违规嫌疑。

互联网金融除了有变相补贴、抽奖等以打擦边球的方式销售之外,还有变相吸储的嫌疑,互联网平台上的超高收益基金产品显然明显是为了跑马圈地,收益率难以持久保持。从目前发售的各个高收益基金产品情况来看,投资期限多为一个月,一个月后便打回原形,转为正常的货币基金收益。对于互联网与基金公司打造的这种圈钱模式,有变相吸储的嫌疑,是违反《商业银行法》的。《商业银行法》规定,非银行金融机构不允许对社会公众进行集资,不得非法进行存款业务。

(四) 技术风险

互联网金融的业务及大量风险控制工作均是由电脑程序和软件系统完成,所以电子信息系统的技术性和管理性安全就成为互联网金融运行最为重要的技术风险。这种风险既来自计算机系统停机、磁盘列阵破坏等不确定因素,也来自网络外部的数字攻击,以及计算机病毒破坏等因素。在传统金融中,安全风险可能只带来局部损失,但在网络金融中,安全风险会导致整个网络的瘫痪,是一种系统性风险。

第二节 互联网金融监管

金融监管是金融监督和金融管理的总称,是指政府通过特定的机构对金融交易行为主体进行某种限制或规定。金融主管当局通过对金融机构实施全面性、经常性的检查和督促,促进金融机构依法稳健地经营和发展。互联网金融监管是金融监管的一部分,主要是指政府通过一定的行为和措施对互联网金融进行监督和管理,以促进互联网金融的健康发展。

一、互联网金融监管的必要性

在市场有效的理想情境下,市场参与者是理性的,个体自利行为使得"看不见的手"自动实现市场均衡,均衡的市场价格全面和正确地反映了所有信息。此时,金融监管应采取自由放任理念,关键目标是排除造成市场非有效的因素,让市场机制发挥作用,少监管或不监管。但互联网金融在达到这个理想情景之前,仍会存在信息不对称和交易成本等大量非有效因素,使得自由放任监管理念不适用。

第一,互联网金融中,个体行为可能非理性。比如,在P2P网络贷款中,投资者购买的实际是针对借款者个人的信用贷款。即使P2P平台能准确揭示借款者信用风险,并且投资足够分散,个人信用贷款仍属于高风险投资,投资者不一定能充分认识到投资失败对个人的影响。

第二,个体理性,不意味着集体理性。比如,在以余额宝为代表的"第三方支付+货币市场基金"合作产品中,投资者购买的是货币市场基金份额,投资者可以随时赎回自己的资金,但货币市场基金的头寸一般有较长期限,或者付出一定折扣才能在二级市场上卖掉。这就存在期限错配和流动性转换问题。如果货币市场出现大幅波动,投资者为控制风险而赎回资金,从个体行为看,是完全理性的;但如果是大规模赎回,货币市场基金就会遭遇挤兑;从集体行为看,则是非理性的。

第三,市场纪律不一定能控制有害的风险承担行为。在我国,针对投资风险的各种隐性或显性担保大量存在(如隐性的存款保险、银行对柜台销售的理财产品的隐性承诺),老百姓也习惯了"刚性兑付",风险定价机制在一定程度上是失效的。

第四,互联网金融机构若涉及大量用户,或者达到一定的资金规模,出问题时很难通过市场出清方式解决。如果该机构涉及支付清算等基础业务,破产还可能损害金融系统的基础设施,构成系统性风险。如支付宝和余额宝涉及人数如此之多和业务规模如此之大,已经具有一定的系统重要性。

第五,互联网金融创新可能存在重大缺陷。比如,我国 P2P 网络贷款已经出现了良莠不齐局面。部分 P2P 平台中,客户资金与平台资金没有有效隔离,出现了若干平台负责人卷款"跑路"事件;部分 P2P 平台营销激进,将高风险产品销售给不具有风险识别和承担能力的人群(比如退休老人)。

第六,互联网金融消费中可能存在欺诈和非理性行为,金融机构可能开发和推销风险过高的产品,消费者可能购买自己根本不了解的产品。比如,在金融产品的网络销售中,部分产品除了笼统披露预期收益率外,很少向投资者说明该收益率通过何种策略取得、有什么风险等。而部分消费者因为金融知识有限和习惯了"刚性兑付",不一定清楚 P2P 网络贷款与存款、银行理财产品有什么不同。

因此,对互联网金融,不能因为发展不成熟就采取自由放任的监管理念,应该以监管促发展,在一定的负面清单、底线思维和监管红线下,鼓励互联网金融创新。

二、互联网金融的监管内容

(一) 功能监管

功能监管主要是针对风险的监管,基础是风险识别、计量、防范、预警和处置。在互联网金融中,风险指的仍是未来遭受损失的可能性,市场风险、信用风险、流动性风险、操作风险、声誉风险和法律合规风险等概念都适用,误导消费者、夸大宣传、欺诈等问题仍然存在。因此,对于互联网金融,审慎监管、行为监管、金融消费者保护等三种监管方式也都适用。

1. 审慎监管

审慎监管的目标是控制互联网的外部性,保护公众利益。审慎监管的基本方法是,在风险识别的基础上,通过引用一系列风险管理手段,控制互联网金融机构的风险承担行为以及负外部性,从而使外部性行为达到社会最优水平。

目前互联网金融的外部性主要是信用风险的外部性和流动性风险的外部性。针对这两类外部性,可以借鉴银行监管的相关做法,按照"内容重于形式"原则,采取相应监管措施。

2. 监管信用的外部性

部分互联网金融机构从事了信用中介活动。比如,在 P2P 网络贷款中,一些 P2P 平台直接介入借款链条,或者为借贷活动提供担保,总的效果都是承担了与借贷有关的信用风险。这类互联网金融机构就会产生信用风险的外部性,他们如果破产,不仅会使相关债权人、交易对手的利益受损,也会使具有类似业务或风险的互联网金融机构的债权人、交易对手怀疑自己机构的清偿能力,进而形成信息上的传染效应。

对信用风险的外部性,可以参考银行业的监管方法。在 Basel Ⅱ 和 Basel Ⅲ 下,银行为保障在信用风险的冲击下仍具有持续经营能力,需要计提资产损失准备金和资本,体现为不良资产拨备覆盖率、资本充足率等监管指标,具体监管指标依据风险计量来确定。比如 8% 的资本充足率,相当于保障在 99.9% 的情况下,银行的资产损失不会超过资本。

在 P2P 网络贷款中,部分平台划拨部分收入到风险储备池,用于保障投资者的本金。风险储备池在功能和经济内涵上与银行资产损失准备金、资本相当。如果允许 P2P 平台通过风险储备池来提供本金保障,那么风险储备池的充足标准,也应该依据风险计量来确定。

3. 监管针对流动性风险的外部性

部分互联网金融机构进行了流动性或期限转换,比如,信用中介活动经常伴随着流动性或期限转换。这类互联网金融机构就会产生流动性风险的外部性,他们如果遭受流动性危机,首先会影响债权人、交易对手的流动性。比如,如果货币市场基金集中、大量提取协议存款,会直接对存款银行造成流动性冲击。其次,会使具有类似业务或风险的互联网金融机构的债权人、交易对手怀疑自己机构的流动性状况,也会产生信息上的传染效果。此外,金融机构在遭受流动性危机时,通常会出售资产来回收现金,以满足流动性需求。短期内大规模出售资产会使资产价格下跌。在公允价值会计制度下,持有类似资产的其他金融机构也会受损,在极端情况下,甚至出现"资产价格下跌→引发抛售→资产价格进一步下跌"的恶性循环。

对流动性风险的外部性监管,也可以参照银行业的做法。Basel Ⅲ 引入了两个流动性监管指标——流动性覆盖比率和净稳定融资比率。其中,流动性覆盖比率已经开始实施,要求银行在资产方留有充足的优质流动性资产储备,以应付根据流动性压力测试估计的未来 30 天内净现金流出量。

按照类似监管逻辑,对"第三方支付+货币市场基金"合作产品,应该通过压力测试估算投资者在大型购物季、货币市场大幅波动等情境下的赎回金额,并据此对货币市场基金的头寸分布进行限制,确保有足够比例的高流动性寸头。

(二) 行为监管

行为监管,包括对互联网金融基础设施、互联网金融机构以及相关参与者行为的监管,主要目的是使互联网金融交易更安全、公平和有效。在一定意义上,行为监管是对互联网金融的运营的优化,主要内容如下:

第一,对互联网金融机构的股东、管理者的监管。一方面,在准入审查时,排除不审慎、能力不足、不诚实或有不良记录的股东和管理者;另一方面,在持续经营阶段,严格控制股东、管理者与互联网金融机构之间的关联交易,防止他们通过资产占用等方式损害互联网金融机构或者客户的合法权益。

第二,对互联网金融有关资金及证券的托管、交易和清算系统的监管。一方面,提高互联网金融交易效率,控制操作风险;另一方面,平台型互联网金融机构的资金与客户资金之间要有效隔离,防范挪用客户资金、"卷款"跑路等风险。

第三,要求互联网金融机构有健全的组织结构、内控制度和风险管理措施,并有符合要求的营业场所、IT 基础设施和安全保障措施。

(三)金融消费者保护

金融消费者保护,即保障金融消费者在互联网金融交易中的权益。金融消费者保护与行为监管有紧密联系,有学者认为金融消费者保护属于行为监管。

金融消费者保护的背景是消费者主权理论以及信息不对称下互联网金融机构对消费者权益的侵害。其必要性在于,互联网金融机构与金融消费者两方的利益不是完全一致的,互联网金融机构健康发展(这主要是审慎监管和行为的目标)不足以完全保障金融消费者权益。

现实中,由于专业知识的限制,金融消费者对金融产品的成本、风险、收益的了解根本不能与互联网金融机构相提并论,处于知识劣势,也不可能支付这方面的学习成本。其后果是,互联网金融机构掌握金融产品内部信息和定价的主导权,会有意识地利用金融消费者的信息劣势开展业务。此外,互联网金融机构对金融消费者有"锁定效应",欺诈行为一般不能被市场竞争消除(也就是,金融消费者发现欺诈行为后,也不会另选机构)。

针对金融消费者保护,可以进行自律监管,但如果金融消费者没有很好的低成本维权渠道,或者互联网金融机构过于强势,自律监管机构又缺乏有效措施,欺诈行为一般很难得到制止和处罚,甚至无法被披露出来。在这种情况下,自律监管面临失效,政府监管机构就作为金融消费者的代理人实施强制监管,主要措施有三类:第一,要求互联网金融机构加强信息披露,产品条款要简单明了、信息透明,使金融消费者明白其中风险和收益关系;第二,要开通金融消费者维权的渠道,包括赔偿机制和诉讼机制;第三,利用金融消费者的投诉及时发现监管漏洞。

功能监管要体现一致性原则。互联网金融机构如果实现了类似于传统金融的功能,就应该接受与传统金融相同的监管;不同的互联网金融机构如果从事了相同的业务,产生了相同的风险,就应该受到相同的监管。否则,就容易造成监管套利,既不利于市场公平竞争,也会产生风险盲区。

三、互联网金融的机构监管和监管协调

互联网金融的机构监管的隐含前提是,可以对互联网金融机构进行分类,并且同类机构从事类似业务,产生类似风险,因此适用于类似监管。但部分互联网金融活动已经出现了混业特征。在这种情况下,就需要根据互联网金融机构的具体业务、风险,从功能监管角度制定监管措施,并加强监管协调。

(一)互联网金融的机构监管

根据各种互联网金融机构在线支付、信息处理、资源配置上的差异,可以将现有互联网金融机构划分成五种主要类型:(1)金融互联网化,包括网络银行、手机银行、网络证券公司、网络金融交易平台、金融产品的网络销售;(2)移动支付与第三方支付;(3)基于大数据的网络贷款(以阿里小贷为代表);(4)P2P 网络贷款;(5)众筹融资。

1. 对金融互联网化、基于大数据的网络贷款的监管

首先,在金融互联网化方面,网络银行、手机银行、网络证券公司、网络保险公司和网络金融交易平台等主要体现互联网对银行、证券公司、保险公司和交易所等物理网点和人工服务的

替代。基于大数据的网络贷款，不管是以银行为载体，还是以小贷公司为载体，主要是改进贷款评估中的信息处理环节。与传统金融中介和市场相比，这些互联网金融机构在金融功能和风险特征上没有本质差异，所以针对传统金融中介和市场的监管框架和措施都适用，但需要加强对信息科技风险的监管。其次，对金融产品的网络销售，监管重点是金融消费者保护。

2. 对移动支付与第三方支付的监管

首先，对移动支付和第三方支付，我国已经建立起一定的监管框架，包括《反洗钱法》、《电子签名法》和《关于规范商业预付卡管理的意见》等法律法规，以及中国人民银行的《非金融机构支付服务管理办法》、《支付机构预付卡业务管理办法》、《支付机构客户备付金存管办法》和《银行卡收单业务管理办法》等规章制度。

其次，对以余额宝为代表的"第三方支付＋货币市场基金"合作产品，鉴于可能的流动性风险，应参考美国在本轮国际金融危机后对货币市场基金的监管措施：（1）要求这类产品如实向投资者揭示风险，避免投资者形成货币市场基金不亏损的错误预期。《证券投资基金销售管理办法》对此有明文规定。（2）要求这类产品如实披露头寸分布信息（包括证券品种、发行人、交易对手、金额、期限、评级等维度，不一定是每个头寸的详细信息）和资金申购、赎回信息。（3）要求这类产品满足平均期限、评级和投资集中度等方面的限制条件，确保有充足的流动性储备来应付压力情境下投资者的大额赎回。

3. 对 P2P 网络贷款的监管

如果 P2P 网络贷款走纯粹平台模式（既不想承担与贷款有关的信用风险，也不进行流动性或期限转换），而且投资者风险足够分散，对 P2P 平台本身不需要引入审慎监管。这方面的代表是美国。以 Lending Club 和 Prosper 为代表的美国 P2P 网络贷款具有以下特点：（1）投资人和借款人之间不存在直接债权债务关系，投资人购买的是 P2P 平台按美国证券法注册发行的票据（或收益权凭证），而给借款人的贷款则先由第三方银行提供，在转让给 P2P 平台；（2）票据和贷款之间存在镜像关系，借款人每个月对贷款本息偿付多少，P2P 平台就向持有对应票据的投资人支付多少；（3）如果借款人对贷款违约，对应票据的持有人不会受到 P2P 的支付（即 P2P 平台不对投资人提供担保），但这不构成 P2P 平台自身违约；（4）个人征信信息发达，P2P 平台不用开展大量线下尽职调查。在这些情况下，美国 SEC 是 P2P 网络贷款的主要监管者，而且 SEC 监管的重点是信息披露，而非 P2P 平台的运营情况。P2P 平台必须在发行说明书中不断更新每一笔票据的信息，包括对应贷款的条款，借款人的匿名信息等。

我国 P2P 网络贷款与美国同业有显著差异：（1）个人征信系统不完善，线上信息不足以满足信用评估的需求，P2P 平台普遍开展线下尽职调查；（2）老百姓习惯了"刚性兑付"，没有担保很难吸引投资者，P2P 平台普遍划拨部分收入到风险储备池，用于保障投资者的本金；（3）部分 P2P 平台采用"专业放贷人＋债券转让"模式，目标是更好地联结借款者的资金需求和投资者的理财需求，主动、批量开展业务，而非被动等待各自匹配，但容易演变成为"资金池"；（4）大量开展线下推广活动，金融消费者保护亟待加强。总的来说，我国 P2P 网络贷款更接近互联网上的新建借贷。目前，我国 P2P 网络贷款无论在机构数量上，还是在促成的贷款金额上，都超过了其他国家，整个行业鱼龙混杂，风险事件频发。我们认为，要以"放开准入，活动留痕，事后追责"理念，加强对 P2P 网络贷款的监管。

第一，准入监管。要对 P2P 平台的经营条件、股东、董监事和管理层设定基本的准入标准，要建立"谁批设机构，谁负责风险处置"的机制。

第二，运营监管。P2P 平台仅从事金融信息服务，在投资者和借款者之间建立直接对应的借贷关系，不能直接参与借贷活动。P2P 平台如果通过风险储备池等方式承担了贷款的信用风险，必须符合与银行资产损失准备金、资本相当的审慎标准。P2P 平台必须隔离自有资金与客户资金，了解自己的客户，建立合格投资者制度，不能有虚假宣传或误导陈述。

第三，信息监管。P2P 平台必须完整、真实地保存客户和借贷交易信息，以备事后追责，并且不能利用客户信息从事超出法律许可或未经客户授权的活动。P2P 平台要充分披露信息和揭示风险，保障客户的知情权和选择权。P2P 平台的股东或员工在自家平台上融资，也要如实披露，防止利益冲突和关联交易。

4. 对众筹融资的监管

目前，我国因为证券法对投资人数的限制，众筹融资更接近"预售＋团购"，不能服务中小企业的股权融资，但也不会产生很大的金融风险。将来，我国如果允许众筹融资以股权形式基于投资者回报，就需要将众筹融资纳入证券监管。

美国《JOBS 法案》值得借鉴，主要包括三方面限制。（1）对发行人的限制。如要在美国证券交易委员会（Securities and Exchange Commission, SEC）备案，向投资者和众筹融资平台披露规定信息，且每年通过众筹融资平台募资的总额不超过 100 万美元。（2）对众筹融资平台的限制。如必须在 SEC 登记为经纪商或"融资门户"，必须在自律监管组织注册；再融资预定目标未能完成时，不得将所筹资金给予发行人（即融资阀值机制）。（3）对投资者的限制（即投资者适当性监管）。如果个人投资者年收入或净资产少于 10 万美元，则投资限额为 2 000 美元或者年收入或净资产 5％中的高者；如果个人投资者年收入或净资产中某项达到或超过 10 万美元，则投资限额为该年收入或净资产的 10％。

（二）互联网金融的监管协调

目前，我国采取银行、证券、保险"分业经营，分业监管"框架，同时金融监管权高度集中在中央政府。但部分互联网金融活动已经出现了混业特征。比如，在金融产品的网络销售中，银行理财产品、证券投资产品、基金、保险产品、信托产品完全可以通过同一个网络平台销售。又如，以余额宝为代表的"第三方支付＋货币市场基金"合作产品就同时涉足支付业和证券业，在一定的意义上还涉及广义货币创造。另外，互联网金融机构大量涌现，规模小而分散，业务模式层出不穷，统一的中央金融监管可能鞭长莫及。所以，互联网金融机构的牌照发放、日常监管和风险处置责任，在不同政府部门（主要是"一行三会"和工信部）之间如何分担，在中央与地方政府之间如何分担，是非常复杂的问题。

2013 年 8 月，国务院为进一步加强金融监管协调，保障金融业稳健运行，同意成立由中国人民银行牵头的金融监管协调部际联席会议制度，职责之一就是"交叉性金融产品、跨市场金融创新的协调"。这实际上为互联网金融的监管协调搭建了制度框架。

2015 年 7 月，为鼓励金融创新，促进互联网金融健康发展，明确监管责任，规范市场秩序，经党中央、国务院同意，中国人民银行、工业和信息化部、公安部、财政部、国家工商总局、国务院法制办、中国银行业监督管理委员会、中国证券监督管理委员会、中国保险监督管理委员会、国家互联网信息办公室日前联合印发了《关于促进互联网金融健康发展的指导意见》（银发〔2015〕221 号），使互联网金融监管迈入了新的阶段。

2016 年 3 月 25 日，中国互联网金融协会成立。该协会是由中国人民银行牵头组建的一级协会,于 2014 年 4 月正式获得国务院批复,旨在对互联网金融行业进行自律管理。协会首批单位会员共有 437 家,包括银行、证券、基金等金融机构,也包括其他互联网金融从业机构及征信服务机构、融资担保类机构等,其中常务理事单位共 48 家。该协会的成立将对中国互联网金融行业的健康发展产生深远影响,尤其对颇受关注的网络借贷行业的健康发展,将起到重要的规范作用,网络借贷行业乱象有望得到根本性的改观。

本章小结

　　互联网金融风险则是指第三方支付、P2P、网络借贷、众筹、互联网理财、互联网银行等互联网金融业务活动,由于结果的不确定性和不可控性而导致发生损失的可能性。互联网金融风险具有扩散速度更快捷、交叉传染更严重、危害影响更广泛、风险监管更困难等特征。互联网金融风险的类型包括流动性风险、信用风险、法律风险、技术风险。

　　互联网金融监管是金融监管的一部分,主要是指政府通过一定的行为和措施对互联网金融进行监督和管理,以促进互联网金融的健康发展。互联网金融监管的必要性包括个体行为可能非理性;个体理性,不意味着集体理性;市场纪律不一定能控制有害的风险承担行为;互联网金融机构若涉及大量用户,或者达到一定的资金规模,出问题时很难通过市场出清方式解决;互联网金融创新可能存在重大缺陷;互联网金融消费中可能存在欺诈和非理性行为六个方面。互联网金融的监管内容有功能监管、审慎监管、行为监管、金融消费者保护四个层次。最后,要加强对互联网金融的机构监管和监管协调。

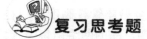

复习思考题

1. 什么是互联网金融的风险,谈谈你的理解?
2. 根据你所接触的互联网金融,列举出身边存在的互联网金融风险类型。
3. 谈谈互联网金融为什么要加强监管,应该从哪些方面着手?
4. 根据自己的理解,谈谈如何加强互联网金融的监管协调。
5. 根据自己的认识,谈谈互联网金融监管的未来趋势。

附录:　　　　　2014—2016 年互联网金融监管历程

　　2014 年 01 月 05 日,银监会、发展和改革委等八部委联合发布《关于清理规范非融资性担保公司的通知》,要求各省、自治区、直辖市人民政府于 2013 年 12 月至 2014 年 8 月底,对本行政区域内的非融资性担保公司进行一次集中清理规范,重点是以"担保"名义进行宣传但不经营担保业务的公司。对从事非法吸收存款、非法集资、非法理财、高利放贷等违法违规活动或违规经营融资性担保业务的,要坚决依法查处和取缔。

　　2014 年 03 月 19 日中国人民银行发布《中国人民银行关于手机支付业务发展的指导意

见》,鼓励商业银行、支付机构与银行卡清算机构等产业探索实现和推广"一卡多应用"的商业模式;支持商业银行与银行卡清算机构等产业相关各方紧密合作,改进客户体验,引导和培育客户手机支付消费习惯,扩大手机支付的普及率。鼓励支付机构基于银行卡(账户)开展手机支付业务,保障支付安全并采取有效措施核实与管理手机支付客户的相关信息。

2014 年 03 月 19 日,中国人民银行发布《支付机构网络支付业务管理办法》,个人支付账户的资金来源仅限于本人同名人民币银行借记账户、本支付机构按规定发行的预付卡充值和个人支付账户转入,资金只能用于消费和转账转出。个人支付账户转账单笔金额不得超过1 000元,统一客户所有支付账户转账年累计金额不得超过 1 万元。超过限额的,应通过客户的银行账户办理。个人支付账户单笔消费金额不得超过 5 000 元,同一个客户所有支付账户消费月累计金额不得超过 1 万元。超过限额的,应通过客户的银行账户办理。

2014 年 03 月 14 日,《中国人民银行支付结算司关于暂停支付宝公司线下条码(二维码)支付等业务意见的函》,总行有关部门将对该类业务的合规性、安全性进行总体评估。向支付宝公司提出监管意见,要求其立即暂停线下条码(二维码)支付、虚拟信用卡有关业务,采取有效措施确保业务暂停期间的平稳过渡,妥善处理客户服务按照属地监管原则,要求辖内商业银行、支付机构在推出创新产品与服务、与境外机构合作开展跨境支付业务时,履行提前报备义务,并督促指导辖内商业银行、支付机构严格按照有关制度规定和管理要求开展支付业务。

2014 年 04 月,中国人民银行首次提出"互联网金融的 5 大监管原则"。《中国金融稳定报告 2014》中专门对互联网金融的发展及监管列出专题予以阐述,互联网金融创新必须坚持金融服务实体经济的本质要求,合理把握创新的界限和力度。央行认为,互联网金融创新应服从宏观调控和金融稳定的总体要求。要切实维护消费者的合法权益;要维护公平竞争的市场秩序;要处理好政府监管和自律管理的关系,充分发挥行业自律的作用。

2015 年 07 月 18 日,中国人民银行、工业和信息化部、公安部、财政部、国家工商总局、国务院法制办、中国银行业监督管理委员会、中国证券监督管理委员会、中国保险监督管理委员会、国家互联网信息办公室联合发布《关于促进互联网金融健康发展的指导意见》,规定对互联网金融的监管分工和基本业务规则。遵循"依法监管、适度监管、分类监管、协同监管、创新监管"的原则,在监管职责划分上,明确一行三会监管职责此外,还规定了互联网支付、网络借贷、股权众筹融资、互联网基金销售和互联网信托、互联网消费金融应当遵守的基本业务规则。

2015 年 07 月 22 日,中国保监会发布《互联网保险业务监管暂行办法》,对互联网保险进行了定义,互联网保险业务是指保险机构依托互联网和移动通信等技术,通过自营网络平台、第三方网络平台等订立保险合同,提供保险服务的业务。在风险管控上,暂行办法提出,不能确保客户服务质量和风险管控的保险产品,保险机构应及时予以调整。此外,在经营条件、经营区域、信息披露、经营规则、监督管理等方面也都提出了明确的要求。

2015 年 07 月 31 日中国人民银行发布《非银行支付机构网络支付业务管理办法(征求意见稿)》,规范非银行支付机构网络支付业务,防范支付风险。支付机构应当遵循"了解你的客户"原则,采取有效措施核实并依法留存客户身份基本信息,建立客户唯一识别编码。支付机构不得为客户办理或者变相办理现金存取、信贷、融资、理财、担保、货币兑换业务。

2015 年 08 月 06 日最高人民法院发布《关于审理民间借贷案件适用法律若干问题的规定》明确,法律保护的固定利率为年利率 24%。年利率在 24% 以内的,当事人起诉到法院,法院都要给予支持。24% 的利率也是长期以来在审判实践中所确立的一个执法标准。年利率

36%以上的借贷合同为无效。企业之间为了生产、经营的需要相互拆借资金，或者企业因生产、经营的需要在单位内部通过借款形式向职工筹集资金的，法律予以保护。

2015年08月07日，证监会发布《关于对通过互联网开展股权融资活动的机构进行专项检查的通知》《关于商请规范通过互联网开展股权融资活动的函》，详细界定了股权众筹的概念，把市场上那些开展的冠以"股权众筹"名义的活动，是通过互联网形式进行的非公开股权融资或私募股权投资基金募集行为剔除出股权众筹的概念。

2015年9月26日，国务院印发《关于加快构建大众创业万众创新支撑平台的指导意见》指出，鼓励互联网企业依法合规设立网络借贷平台，为投融资双方提供借贷信息交互、撮合、资信评估等服务。

2015年10月12日，国家知识产权局等五部委《关于进一步加强知识产权运用和保护助力创新创业的意见》提出，支持互联网知识产权金融发展，鼓励金融机构为创新创业者提供知识产权资产证券化、专利保险等新型金融产品和服务。

2015年11月3日《中共中央关于制定国民经济和社会发展第十三个五年规划的建议》中提到，规范发展互联网金融。

2016年01月23日政府部门启动互联网金融专项整治。政法部门开展互联网金融领域专项整治，推动对民间融资借贷活动的规范和监管。打击不法分子利用网络借贷、网上理财等名义，以高息回报为诱饵，大肆进行非法集资等违法犯罪活动。

2016年03月10日，央行条法司、科技司组织，中国互联网金融协会等发布《互联网金融信息披露规范(初稿)》，对信息披露提出了严格要求，网贷机构不仅需将自身撮合的所有项目的相关情况进行充分披露，还需经过第三方事务所的审计，全面披露平台的运营数据等。对个体网络借贷、互联网非公开股权融资和互联网消费金融从业机构的信息披露标准进行了单独的要求。其中，P2P平台详细披露公司信息、交易总额、交易总笔数等21项平台运营信息，同时还要对借款项目、借款人、借款机构的信息进行披露。

2016年3月25日，中国互联网金融协会成立暨第一次会员代表大会在上海市召开。原央行副行长李东荣任会长。大会通过了《中国互联网金融协会章程》、《中国互联网金融协会自律公约》等5项基础制度。中国互联网金融协会是按照《关于促进互联网金融健康发展的指导意见》(银发〔2015〕221号)文件精神，经党中央、国务院同意，民政部批准，中国人民银行会同有关部门组建的全国性互联网金融行业自律组织。

2016年3月30日，由央行、银监会《关于加大对新消费领域金融支持的指导意见》，要求大力发展消费金融市场，积极构建消费金融组织体系、不断推进消费信贷管理的模式和产品创新。另外，加大对消费重点领域的金融支持，最终不断优化消费金融的发展环境。要求加快推进消费信贷管理模式和产品创新。鼓励银行业金融机构创新消费信贷抵质押模式，开发不同首付比例、期限和还款方式的信贷产品。

2016年04月13日，教育部办公厅和中国银行业监督管理委员会办公厅《关于加强校园不良网络借贷风险防范和教育引导工作的通知》，要求加强校园不良网络借贷平台的监管和整治，防止学生陷入校园贷款陷阱，教育学生要树立正确的消费观念，教育和引导学生树立正确的消费观念，提出四点要求：一、加大不良网络借贷监管力度；二、加大学生消费观教育力度；三、加大金融、网络安全知识普及力度；四、加大学生资助信贷体系建设力度。

2016年8月14日，银监会发布《网络借贷资金存管业务指引(征求意见稿)》。最大的爆点是此前业内"银行＋第三方支付机构"为 P2P 联合提供资金存管的模式或被叫停,因为其规定"存管银行不应外包或由合作机构承担,不得委托网贷机构和第三方机构代开出借人和借款人交易结算资金账户。"还提出"存管人不对网贷信息数据的真实性和准确性负责,若因委托人故意欺诈或数据发生错误导致的业务风险,由委托人承担"。

2016 年 8 月 17 日,住房和城乡建设部、国家发展和改革委、工业和信息化部、人民银行、税务总局、工商总局、银监会七部门联合印发《关于加强房地产中介管理促进行业健康发展的意见》。意见要求,房地产中介机构不得提供或与其他机构合作提供首付贷等违法违规的金融产品和服务,提供住房贷款代办服务的,应由委托人自主选择金融机构;意见要求各地中介机构全面实行房源信息核验制度,不得为不符合交易条件的保障性住房和禁止交易的房屋提供中介服务。此外,意见要求中介机构提供住房贷款代办服务的,应由委托人自主选择金融机构,不得将金融服务与其他服务捆绑;不得向金融机构收取或变相收取返佣等费用;金融机构不得与未在房地产主管部门备案的中介机构合作提供金融服务。

2016 年 8 月 24 日,银监会等四部委出台《网络借贷信息中介机构业务活动管理暂行办法》。《办法》规定网贷借贷金额应以小额为主,并明确划定了借款人的借款上限。其中"不得从事的债权转让行为,不再提供融资信息中介服务的高风险领域"。为新增禁止行为。网贷暂行管理办法对网贷主管机构银监会和地方金融监管机构职能进行了分工,实行"双负责"原则,即有银监会及其派出机构对网贷业务实施行为监管,制定网贷业务活动监管制度;地方金融监管机构负责网贷机构的监管。网贷暂行管理办法的出台,意味着在中国发展近十年的网贷行业迎来监管时期。

2016 年 10 月 31 日,中国互联网金融协会发布《互联网金融信息披露 个体网络借贷》标准(T/NIFA 1—2016)和《中国互联网金融协会信息披露自律管理规范》。《信息披露标准》定义并规范了 96 项披露指标,其中强制性披露指标逾 65 项、鼓励性披露指标逾 31 项,分为从业机构信息、平台运营信息与项目信息三方面。

参考文献

[1] 姚文平. 互联网金融. 北京：中信出版社，2014.

[2] 埃里克·杰克逊. 支付战争. 北京：中信出版社，2015.

[3] 孙成德. 玩转互联网金融. 北京：北京联合出版公司，2015.

[4] 吴卫明. 互联网金融知识读本. 北京：中国人民大学出版社，2015.

[5] 陈雄. 互联网金融实务. 厦门：厦门大学出版社，2016.

[6] 刘大赵. 证券投资基金. 大连：东北财经大学出版社，2015.

[7] 星火互联网金融研究院. P2P网贷基金. 北京：中国金融出版社，2016.

[8] 王吉. 我国互联网金融风险分析及应对策略研究. 吉林：吉林大学出版社，2015.

[9] 谢平，邹传伟. 互联网金融模式研究.《金融研究》，2012(12).

[10] 谢平等. 互联网金融的基础理论.《金融研究》，2015(8).

[11] 魏明侠，黄林. 互联网金融：研究述评与展望.《河南工业大学学报》，2015(3).

[12] 陈涛. 2015最新股权众筹融资操作技巧. 北京：百度文库，2015.

[13] 一米金融网. 为什么说京东众筹注定失败？北京：百度文库，2015.

[14] 佚名. 股权众筹与风险投资的五大不同点. 北京：知投网，2016.

[15] 许翔. 股权众筹和风险投资有什么区别？广州：腾讯微信，2015.

[16] 单世朋. 股权众筹代表平台分析. 北京：360doc个人图书馆，2015.

[17] 张涵. 美国SEC颁布众筹法案全民皆可众筹. 广州：21世纪经济报道，2015.

[18] 谢宏中. 股权众筹就是互联网＋创业投资. 北京：证券时报，2015.

[19] 马佳. 供应链金融融资模式分析及风险控制. 天津：天津大学硕士论文，2008.

[20] 金微. 应收账款融资存痛点. 北京：华夏时报，2016.

[21] 杨勇，韩树杰. 中国式众筹. 北京：中信出版社，2015.

[22] 李耀东，李钧. 互联网金融——框架与实践. 北京：电子工业出版社，2014.

[23] 国元证券. 供应链金融的几种模式. 中金在线，2015.

[24] 中信银行. 中信银行供应链金融业务交流. 北京：中信银行，2015.

[25] 中国冷链物流网. 什么是供应链金融服务？广州：中国冷链物流网，2016.

[26] 新金融. 供应链金融2.0时代. 北京：新金融，2016.

[27] 解码新金融. 供应链金融2万亿市场，是互联网金融的新机遇吗？上海：第1财经，2016.

[28] 黄文功. 我国P2P网络借贷的信用机制研究. 深圳：特区经济，2015.

[29] 欧清铭. B2C模式网络小额信贷运作原理分析. 昆明：时代金融，2011.

[30] 金晶. 互联网经济下的网络借贷业务模式研究. 北京：北京金融评论，2015.

[31] 冯晶. 浅析阿里小额贷款模式. 昆明：时代金融，2013.

[32] 闫春英. 完善我国P2P网络借贷平台风险控制体系的策略研究. 上海：经济学家，2015.

［33］百度百科. P2P 金融. 北京：百度百科，2015.

［34］百度百科. P2P 网络借贷平台. 北京：百度百科，2016.

［35］新浪科技. P2P 跑路. 美国不知为何物. 北京：新浪科技，2016.

［36］网贷之家. 2016 年 5 月网贷平台发展指数评级. 上海：网贷之家，2016.

［37］肖飒. P2P 战略大转移，转向差异化竞争. 北京：P2P 观察网，2016.

［38］搜狐互联网金融. 揭秘 P2P 平台六大骗局，小心血本无归. 搜狐证券，2016.

［39］姜岩. P2P 网络借贷中借款人的信用风险评估研究. 南京：理工大学硕士论文，2014.

［40］孙莉. 我国 B2C 网络融资服务模式研究. 云南：云南财经大学硕士论文，2014.

［41］王忠伟. "互联网＋"时代下的保险发展特点与思考. 北京：经贸实践，2015.

［42］证券时报网. 保险业渠道革命悄然而来. 北京：证券时报网，2014.

［43］金融时报. "互联网＋"对保险营销带来新挑战. 北京：金融时报，2015.

［44］中国产业信息网. 2015 年中国互联网保险市场发展现状、前景以及未来发展方向分析. 北京：中国产业信息网，2015.

［45］李忠献，赵广道. 互联网保险发展空间巨大. 北京：中国保险报·中保网，2015.

［46］中国报告大厅. 2015 年我国互联网保险行业发展现状分析：魅力与缺陷并存. 北京：中国报告大厅，2015.

［47］网易财经. 互联网基金产品报告. 广州：网易财经，2014.

［48］周利斌. 基于支付宝的天弘货币基金营销要素分析. 吉林：吉林大学硕士学位论文，2014.

［49］马恋. 互联网理财基金案例研究——以余额宝为例. 广州：暨南大学硕士学位论文，2014.

［50］赵启星，吴为，倪怡雯. 互联网货币基金运作与风险防范研究. 北京：农村金融研究，2015.

［51］中国互联网协会. 互联网基金销售创新与发展研究. 北京：互联网天地，2014.

［52］陈宝卫. 互联网基金发展现状、影响及监管对策. 北京：金融会计，2014.

［53］罗明雄. 互联网金融六大模式解析. 北京：高科技与产业化，2014.

［54］姚国章. 互联网金融及其风险研究. 南京：南京邮电大学学报，2015.